Grand Prix Motorcycle
Cha...
o...

(I)

Published by **G T FOULIS SPARKFORD YEOVIL SOMERSET BA22 7JJ ENGLAND**
© G T Foulis (English edition) 1975. All rights reserved
First published in French as *Les As du Continental Circus* by
Editions Payot Lausanne Switzerland in 1974
This English language edition is revised and corrected   **ISBN O 85429 208 X**
Distributed in the USA by **HAYNES PUBLICATIONS INC.**
9421 Winnetka Avenue Chatsworth Los Angeles California 91311 USA

Maurice Bula

Grand Prix Motorcycle Championships of the World 1949–1975 (I)

Haynes

G T Foulis

Distribution of titles according to countries

	Number of titles		Number of titles
Great Britain	46	Australia	3
Italy	38	Netherlands	3
Germany	30	Sweden	2
Rhodesia	8	Austria	1
Spain	6	Ireland	1
Switzerland	5	Finland	1
New Zealand	4	Venezuala	1

Abbreviations for countries

Andorra = Ando.	Germany (East) = All. Est	Norway = Norv.
Argentine = Argent.	Germany (West) = All.	Poland = Pol.
Australia = Austr.	Gibraltar = Gibral.	Portugal = Port.
Austria = Autr.	Great Britain = GB	Rhodesia = Rhod.
Belgium = Belg.	Hungary = Hong.	Russia = URSS
Brazil = Bres.	Ireland = Irl.	South Africa = S.Afr.
Canada = Can.	Italy = I	Spain = E
Ceylon = Ceyl.	Japan = Jap.	Sweden = Suede.
Czechoslovakia = Tchecos.	Monaco = Mona.	Switzerland = CH
Denmark = Dan.	Morocco = Mar.	United States of America = USA
Finland = Finl.	Netherlands = Holl.	Uruguay = Urug.
France = Fr.	New Zealand = NZ	Venezuala = V
		Yugoslavia = Youg.

Preface

The reputation as 'timekeepers to the world' is incontestably the prerogative of the Swiss. It is therefore natural that it should be one of them who undertakes to write the statistical history of the Motorcycle Grand Prix which count for the World Championship.

Additionally, that the author of this superb work should be Maurice Bula is particularly fortunate. For he has seen, just as I have, this history in the process of being made. Maurice is well known by Grand Prix riders for the feats he achieved in the championships; also for great feats he later accomplishes with his camera. He could, then, have published a book containing nothing but photographs; the fact that he has added to it such a wealth of information will enable all of us to appreciate more fully the glorious moments of our sport. Only an enthusiast such as he could undertake such a work of research, and finally bring into being this excellent book.

With time, the image of the great champions of yesteryear becomes blurred, pushed into the background by the events of the moment. But I would ask the reader, before he compares the track speeds of the past with those of today, not to forget the considerable improvements that have been made to the circuits themselves, and to tyres as well as to the increases in engine horsepower. He will then appreciate better the performances achieved in the past, without diminishing the merit of today's riders at all.

For a Grand Prix is, and always will be, a Grand Prix!

Jack Findlay

World Championships

'Continental Circus' is an expression traditionally used to describe the band of 'roving' competitors who raced motorcycles throughout Europe. The name was first used by the English, because for them to leave their native island was indeed to go on the Continent. The English riders, with

the multi-coloured vans featuring every conceivable advertiser's plaque, would wend their way across countries and their borders, in the direction of their next event, exactly like real circus people. The vans were equipped to transport the motorbikes and racing equipment, and fitted out so that one could sleep and cook in them. This method of travelling still exists but is being surpassed by the van and caravan. Nevertheless the original atmosphere still lives on; that extraordinary atmosphere which surrounds those who frequent the circuits and which lifts you into a world apart. And what is more, it is not confined to riders alone, but is sensed by all motorcycle enthusiasts.

Numerous are the fanatics who follow the

'Continental Circus' from one event to another, from one circuit to the next. All they have is their motorcycle, a tent to sleep in and their comaraderie.

The 'Continental Circus' now has a long history.

To tell its story in detail over this period is impossible. It is impossible also to pay homage to all those who brought life to the Grand Prix as they deserve. It would however be very unfair to pass over altogether the sacrifices and hardship which the majority of riders were submitted to, in order to achieve their membership of the Championship 'elite'.

When the championships were first beginning, during 1949/1950, participation in races meant a total change, far more than it would today, for riders coming from distant countries, some as far as the Antipodes. They confronted the 'Continental Circus', without money, rich only in a vast amount of willpower, the willpower to succeed and to make their name.

Many succeeded, while others sold their equipment to pay for their return ticket. Yet

many others never returned home; they became victims of their own enthusiasm, and of the temptation to transcend themselves in order to draw 'rewards' which were, moreover, very modest. Many do not appear in the honours list, after having led the whole

race but 'cracked' on the last lap. Many private contestants, measuring their strength against riders from the manufacturers' works teams, have brought life to the duration of a whole event, but have finished in only eighth or tenth position, thereby paying for the handicap of a slower machine. Yet for all that, these private riders have fired millions of spectators with enthusiasm; there could therefore be no question of highlighting certain riders and forgetting all the others.

To ride seated, kneeling, or lying flat on one's stomach?

During the memorable years of 1950 to 1956, one used to see at any event, a regular line up of fifteen to eighteen works machines, ridden by distinguished champions, and brought to perfection by wizards of mechanical skill. It was not enough for a private contestant to be an excellent rider, it was necessary also for him to have an understanding of mechanics, and to 'feel' the life of the engine to attract attention.

With four speed gearboxes, suitable gear ratios posed serious problems, to say nothing of the carburation. The fuel was no more than 80 octane! For this reason it was of paramount importance to choose an adequate main jet which would prevent one from burning out a valve or melting a piston, or even the cylinder head, which would be the inevitable result of too weak a mixture. If one adds to that, the problems of roadholding, brakes and tyres, we must recognise that the averages achieved during this era, are something in the nature of a miracle, even though it is not so long ago.

As the years have gone by, technology has developed, showing the importance of racing in improving the motorcycle for the man in the street. The temperamental magneto gives way to electronic ignition; drum brakes, the effectiveness of which would diminish as the laps went by, have been replaced by disc brakes ... it is no longer necessary to praise their advantages. Even if modern engines, which run at an incredible r/min, still pose numerous problems, it is rare to see today's riders dismantle the engine after each ride for a simple check.

All these improvements, which tend to increase speeds, have made us discover the most diverse mechanisms; engines with one, two, three, four, five, six and eight cylinders; two-stroke, four stroke, air cooled and water cooled; machines which are ridden seated, kneeling or lying flat. Gradually streamlined first using a profile which covered only the steering head; then more extensive streamlining, more aerodynamic, finally becoming fully streamlined, refined down to the last detail.

15 Points to the Winner

Until 1948, the Grand Prix were contested under the title Championship of Europe. In 1949 the first World Championship titles were awarded on the basis of a classification drawn up by adding up the best results. The calculation was done from placings obtained in half the number of events, plus one. If there was an odd number of events, a further one was added, and the resulting number divided by two. For example, out of twelve races, seven count towards the title (12 divided by 2 plus 1); out of thirteen races, again seven count towards the title (13 plus 1 divided by 2). The allocation of points was as follows: 10 for first place, 8 for the second, 7 to the third, 6 to the fourth, and 5 to the fifth. An extra point was awarded to the rider who had achieved the fastest lap.

From 1950 to 1968, the calculation was done another way: 8 points to the winner, 6 to the runner up, then 4,3,2 and 1 respectively to those following. Since 1969, the first ten riders placed, receive respectively 15,12,10,8,6,5,4, 3,2 and 1 points. For an event to be valid for the title, there had to be at least six riders at the start, which was unfortunately not always the case! The 125 cc race of the Ulster Grand Prix in 1950, 1951 and 1952, for example, was amongst the most pathetic; very few

starters, and the number who finished the course touched on the ridiculous. It must be recognised that the former layout of the course at Clady was responsible for a large part of the failure, with its 11.2 kilometers of straight road, and a total distance of more than 290 km; all that for 125 cc machines! The Irishman Cromie McCandless, victor on a Mondial in 1951, completed the eleven laps in 2 hours 28 minutes 57.2 seconds.

At Suzuka in 1963 the prospect was no brighter; only three riders at the start, all on Hondas (and with reason!) and three at the finish. The race, decidedly without interest, was stopped after five laps, after only 30 kms. In 1964, again at Suzuka, there were four starters .. and four finishers in the 50 cc category. A surprising situation when one thinks that it was in fact the Japanese manufacturers who made the race again after the empty years of 1958 to 1960. As the track at Suzuka belonged to Honda, the other Japanese makes did not appreciate the existence of this Grand Prix, and boycotted the races. Then again, the Japanese Grand Prix being the last event of the sporting calendar, only the teams which could still make a bid for the title would make the long and costly journey.

At the Argentinian Grand Prix in 1961 we find further proof of the lack of importance attached to these distant Grands Prix; only four riders out of the six starters crossed the finishing line.

The expense that participation in these races at the other end of the world involves, prevents the regulars of the 'Continental Circus' from taking part in them; with the result that the points awarded at the finish do not reflect the actual ability of the riders who receive the fruits, for they generally take part only in events where the competition is not too strong. When one thinks that at the French Grand Prix in 1973 over 100 riders were registered in the 250 cc category, and that only the best thirty were allowed to compete, one must recognise that it is natural not to take too much notice of the results of those far distant Grands Prix. They do not serve the cause of sport, and are hardly more than excuses for the team managers to go travelling!

About the speeds

The speeds achieved on the same circuit, compared from one year to the next, sometimes leave one wondering why the differences are so marked. But one must take account of the atmospheric conditions prevailing in certain cases, of changes to the track in others, and sometimes even the part played by modifications made to the FIM regulations. A case in point is the banning of completely streamlined bodywork from 1958, which caused a significant drop in speed.

The withdrawal of the big firms in Italy (Gilera, Guzzi, Mondial) Germany (BMW, DKW and NSU) and Britain (Norton and AJS) in 1956 and 1957 had already slowed down the rate of progress in racing speeds. Only MV-Agusta remained in entry lists, with its powerful 350 and 500 cc four-cylinder machines.

In 1949 and 1950 the cubic capacity of the side-cars was 600 cc. From 1951 and until today it has always been 500 cc. In 1969 a single cylinder engine was imposed on the 50 cc machines, and the number of gear ratios maximised to six. Previously Honda, for example, would enter a four-stroke two-cylinder machine with eight valves, turning over at more than 22,000 r/min, and with ten gears. At the Japanese Grand Prix in 1968, Suzuki introduced a new three-cylinder machine, a real rocket ship! For the 125 and 250 cc machines limitations were brought in, in 1970; they allowed for a maximum of two cylinders and six gears, whereas previously four and six cylinder machines with eight or ten gears had been used. The average speeds could not fail to

feel the effects. Nevertheless, these changes have been proved effective, placing the riders on a more equal footing with each other, and so allowing for much more intense competition to take place. They also brought competition machines down to a level nearer to that of the standard models.

However, competition racing departments do not remain inactive; the manufacturers are well aware of the publicity value of results obtained in competition, and accordingly often do not hesitate to invest considerable sums of money in this sector, their sole objective being to achieve supremacy. Today, almost all the records set up before the introduction of the latest restrictions have been beaten. At Spa-Francorchamps, at the Belgian Grand Prix in 1973, the Kreidler Van Veen machine was timed at more than 200 km. an hour, and its rider, the Dutchman Jan De Vries achieved victory at more than 160 km. an hour; as fast as the 500 cc machines in 1950.

Sons, Brothers and Cousins

The Englishman Steve Ellis once said "Racing is like a drug, once one has tasted it one can not do without it." This is all the more true in that a number of 'addicts' have influenced those around them. In the case of side-car riders the team is very often made up of members of the same family. The brothers Maurice and Trevor Tombs, Alan and Peter Birch, Jean-Claude and Albert Castella, George and Niel Boret, Michel and Serge Vanneste, to mention only the most recent, illustrate this tendency. Bill Boddice, side-car champion of England, often had to compete against his son Mickey. The Belgian Albert Vervroegan had his son Pierre as passenger, and occasionally as opponent. In the case of the solo riders, the Australian Harry Hinton entered the line up alongside his sons Eric and Harry. The Frenchman George Monneret had to struggle to avoid defeat by his sons Jean and Pierre.

Many champions saw their offspring succeed them. Stuart Graham, official rider for Honda (and later Suzuki), is none other than the son of the much lamented Leslie, 500 cc Champion of the World in 1949. Alberto Pagani, official rider for Linto and MV-Agusta similarly had a distinguished example in the person of his father, Nello 125 cc World Champion in 1949.

Adelmo Mandolini, Guzzi's official rider, is the father of the talented Giuseppe, who is to be found in the honour lists of the great international races from 1970 to 1972. The New Zealander Rod Coleman, official rider for AJS, and who retired from racing in 1954 after a dazzling career, sent his son Robert (Bob) on the Continent. The sadly missed Renzo Pasolini had a father who figured well in the honour lists.

Many similar names, as we go through the classifications, make a few explanations necessary. Alfredo Milani, official 150 cc rider for Gilera, and Albino, a rider for the same company but in the side-car category, are brothers, Albino being followed by a third brother Rossano. But Gilberto, who is to be found in the honour lists of 1966 to 1969, is not a member of the same family. Matti and Pentti Salonen, two brothers from Finland, do all their travelling together, but give each other nothing whilst on the track. Gianni and Guido Leoni, both official 125 cc riders for Mondial, were cousins, as were the Germans Siegfried and Erich Wuensche, respectively official rider from DKW and a private contestant on an MV in 1955.

The Italians Francesco and Walter Villa are brothers, and when they are not racing are busy with the manufacture of Villa motorcycles, achieving numerous successes whilst equipping the opposition! In 1955 the name H. Kassner was already prominently in the lists; first of all it was Horst and then, from 1972, Helmut. his brother. As for Ernest Hiller, he currently races with his son Reinhard.

The Italian Vittorio Zanzi has no blood ties with his team-mate, the Swiss Gianfranco Zanzi. Diulio Agostini, official rider for Guzzi, and winner of the French Grand Prix in 1955, and three times Champion of Italy, is no relation to the distinguished Giacomo, the superchampion with fifteen world titles. The British pair Terry and Alan Shepherd have but their name and the love of their sport in common, as have the many Andersons: the English 'ace' Fergus, twice World Champion on a 350 cc Guzzi; the New Zealander Hugh who took four world titles back to Suzuki before he achieved further success in motocross events; Bob, another high ranking Englishman who was killed at the wheel of a Formula One and who used to ride his 350 and 500 cc Nortons with such flair; Chris, placed fifth in the 250 cc category at the Dutch Grand Prix in 1966. And there remain the Anderssons - the Swedish ones - Akan and Kent. The 125 cc World Champion in 1973 and 1974 - but that's another side of the family.

Professionals, not kamikazes

A significant factor in the evolution of a sport which considers itself 'fashionable' is that the average age of the riders, which at the beginning of the World Championships was between 38 and 40, has fallen to less than 30. Perhaps the financial difficulties which beset young people a quarter of a century ago partly explain this development. These days it is certainly easier for a beginner to find the means which will enable him to satisfy his yearning for speed and competition.

But, now as before, to function always at the full extent of ones capabilities, to surpass oneself in the race for a higher placing in the listings, to beat ones' opponents whilst riding a machine with identical or even inferior qualities, bring regards which amply compensate for the sacrifices. The motorcycle competitor is not, as many think,

a kamikaze (Japanese suicide pilot). He is a thoughtful man who calculates and judges his moves, knowing perfectly well that any error could be fatal.

The regulars of the 'Continental Circus' are professionals who live for racing. Certain of them, the private entrants, live very soberly. All expenses being their own responsibility, they sacrifice their last savings for the maintenance of their machine. They travel by road, carry out their own mechanical checks, and race for absurdly low rewards. The works riders, on the other hand, are entrusted with perfectly tuned machines in perfect condition; they have no worries, other than to secure the results which bring them the prizes and the enticing contracts. They stay in the best hotels, frequently travel by air, and sleep well at night while the private entrant overhauls his engine in preparation for tomorrow's race, or follows the road to the next circuit.

It is never without hardships that competition riders reach that elevated level where everything comes more easily; they have all had to pass through the hard and pitiless school of training which produces the true champions.

Maurice Bula

Championnat du monde 1949 - 125 cc.

GP de Suisse, BERNE

1 N. Pagani I *Mondial* 114,93 km/h
2 R. Magi I *Morini*
3 C. Cavaccuiti I *MV-Agusta*
4 C. Ubbiali I *Mondial*
5 U. Masetti I *Morini*
6 F. Bertoni I *MV-Agusta*

GP de Hollande, ASSEN

1 N. Pagani I *Mondial* 110,86 km/h
2 O. Clemencigh I *MV-Agusta*
3 C. Ubbiali I *Mondial*
4 F. Bertoni I *MV-Agusta*
5 G. Matucci I *MV-Agusta*
6 J. Van Zutphen Holl. *Eysink*

GP d'Italie, MONZA

1 Gianni Leoni I *Mondial* 125,38 km/h
2 U. Masetti I *Morini*
3 N. Braga I *Mondial*
4 R. Magi I *Morini*
5 C. Ubbiali I *Mondial*
6 N. Pagani I *Mondial*

The 125 cc Mondial single cylinder four-stroke, champion in 1949.

125 cc.
N. Pagani
Mondial

NELLO PAGANI I *Champion du monde 1949*

Runner-up in the 500 cc category on a 4 cylinder Gilera, then official
rider for MV-Agusta until 1956, before taking responsibility for the competition
racing section of MV. Father of Alberto, runner up in the 500 cc class of the
World Championship in 1972.

1949 - 250 cc.

TT Anglais, ILE DE MAN

1 M. Barrington GB *Guzzi* 125,5 km/h
2 T. Wood GB *Guzzi*
3 R. Pike GB *Rudge*
4 R. Mead GB *Norton*
5 S. Sorensen Dan. *Excelsior*
6 E. Thomas GB *Guzzi*

GP de Suisse, BERNE

1 B. Ruffo I *Guzzi* 130,778 km/h
2 D. Ambrosini I *Benelli*
3 F. Anderson GB *Guzzi*
4 C. Mastellari I *Guzzi*
5 B. Musy CH *Guzzi*
6 T. Wood GB *Guzzi*

GP d'Ulster, BELFAST

1 M. Cann GB *Guzzi* 128,8 km/h
2 B. Ruffo I *Guzzi*
3 R. Mead GB *Norton*
4 G. Reeve GB *Rudge*
5 D. Beasley GB *Excelsior*
6 R. Pike GB *Rudge*

GP d'Italie, MONZA

1 D. Ambrosini I *Benelli* 144,236 km/h
2 Gianni Leoni I *Guzzi*
3 U. Masetti I *Benelli*
4 B. Ruffo I *Guzzi*
5 C. Mastellari I *Guzzi*
6 P. Castellani I *Guzzi*

Final preparations before the start.

BRUNO RUFFO I *Champion du monde 1949*

*Born on the 9th December 1920, this highly skilled rider is equally at home
on small cylinder machines as on the powerful 500 cc twin cylinder Moto-Guzzi.*

1949 - 350 cc.

TT Anglais, ILE DE MAN

1 F. Frith GB *Vélocette* 133,8 km/h
2 E. Lyons Irl. *Vélocette*
3 A. Bell GB *Norton*
4 H. Daniell GB *Norton*
5 R. Armstrong Irl. *AJS*
6 B. Foster GB *Vélocette*

GP de Suisse, BERNE

1 F. Frith GB *Vélocette* 136,703 km/h
2 L. Graham GB *AJS*
3 B. Doran GB *AJS*
4 R. Armstrong Irl. *AJS*
5 T. Wood GB *Vélocette*
6 A. Bell GB *Norton*

GP de Hollande, ASSEN

1 F. Frith GB *Vélocette* 137,96 km/h
2 B. Foster GB *Vélocette*
3 J. Lockett GB *Norton*
4 M. Whitworth GB *Vélocette*
5 E. Mc. Pherson Austr. *Vélocette*
6 B. Doran GB *AJS*

GP de Belgique, SPA

1 F. Frith GB *Vélocette* 144,48 km/h
2 B. Foster GB *Vélocette*
3 J. Lockett GB *Norton*
4 M. Whitworth GB *Vélocette*
5 E. Mc. Pherson Austr. *Vélocette*
6 R. Armstrong Irl. *AJS*

GP d'Ulster, BELFAST

1 F. Frith GB *Vélocette* 143,4 km/h
2 C. Salt GB *Vélocette*
3 R. Armstrong Irl. *AJS*
4 E. Mc. Pherson Austr. *Vélocette*
5 W. Fry GB *Vélocette*
6 J. Swarbrick NZ *AJS*

Essential components ...

FREDDY FRITH GB *Champion du monde 1949*

*Carried off the title with five victories, and as many new records!
Retired from competition after this brilliant success and opened
up a motorcycle business.*

1949 - 500 cc.

TT Anglais, ILE DE MAN

1 H. Daniell GB *Norton* 139,87 km/h
2 J. Lockett GB *Norton*
3 E. Lyons Irl. *Vélocette*
4 A. Bell GB *Norton*
5 S. Jensen NZ *Triumph*
6 C. Stevens GB *Triumph*

GP de Suisse, BERNE

1 L. Graham GB *AJS* 141,805 km/h
2 A. Artesiani I *Gilera*
3 H. Daniell GB *Norton*
4 N. Pagani I *Gilera*
5 F. Frith GB *Vélocette*
6 Guido Leoni I *Guzzi*

GP de Hollande, ASSEN

1 N. Pagani I *Gilera* 147,38 km/h
2 L. Graham GB *AJS*
3 A. Artesiani I *Gilera*
4 A. Bell GB *Norton*
5 J. Lockett GB *Norton*
6 H. Daniell GB *Norton*

GP de Belgique, SPA

1 B. Doran GB *AJS* 152,38 km/h
2 A. Artesiani I *Gilera*
3 E. Lorenzetti I *Guzzi*
4 A. Bell GB *Norton*
5 N. Pagani I *Gilera*
6 Guido Leoni I *Guzzi*

GP d'Ulster, BELFAST

1 L. Graham GB *AJS* 155,25 km/h
2 A. Bell GB *Norton*
3 N. Pagani I *Gilera*
4 B. Doran GB *AJS*
5 J. West GB *AJS*
6 C. Mc. Candless Irl. *Norton*

The 500 cc AJS 'Porcupine' twin.

GP d'Italie, MONZA

1 N. Pagani I *Gilera* 157,883 km/h
2 A. Artesiani I *Gilera*
3 B. Doran GB *AJS*
4 Gianni Leoni I *Guzzi*
5 B. Bertacchini I *Guzzi*
6 L. Graham GB *AJS*

LESLIE GRAHAM GB *Champion du monde 1949*

Works rider for MV-Agusta from 1952, he contributed greatly to the development of the four-cylinder 500 cc model. He was killed during the 1953 TT, the day after his victory in the 125 cc category. Father of Stuart, the talented newcomer of the years 1967-1968.

Championnat du monde de side-cars 1949

GP de Suisse, BERNE

1 E. Oliver / D. Jenkinson GB *Norton* 118,756 km/h
2 E. Frigerio / E. Ricotti I *Gilera*
3 H. Haldemann / H. Laederach CH *Norton*
4 J. Keller / E. Brutschi CH *Gilera*
5 A. Milani / G. Pizzocri I *Gilera*
6 R. Benz / M. Hirzel CH *BMW*

GP de Belgique, SPA

1 E. Oliver / D. Jenkinson GB *Norton* 121,516 km/h
2 F. Vanderschrick Belg. / M. Whitney GB *Norton*
3 E. Merlo / D. Magri I *Gilera*
4 R. Benz / M. Hirzel CH *BMW*
5 P. Harris / N. Smith GB *Norton*
6 R. Rorsvort / V. Lemput Belg. *BMW*

GP d'Italie, MONZA

1 E. Frigerio / E. Ricotti I *Gilera* 130,298 km/h
2 F. Vanderschrick Belg. / M. Whitney GB *Norton*
3 A. Milani / G. Pizzocri I *Gilera*
4 E. Merlo / D. Magri I *Gilera*
5 E. Oliver / E. Jenkinson GB *Norton*
6 J. Keller / A. Zellweger CH *Gilera*

The public wait, placid or impatient ...

ERIC OLIVER /
DENIS JENKINSON GB
Champions du monde 1949

*Oliver was a genius on three
wheels.
Jenkinson is now a journalist, an
expert in the motor sport field.
In this capacity he took part, as
the co-driver/navigator,
with Stirling Moss, in the famous
Mille-Miglia of 1955,
which they won in a
Mercedes-Benz.*

Side-cars
E. Oliver / D. Jenkinson
Norton

Championnat du monde 1950 - 125 cc.

GP de Hollande, ASSEN

1 B. Ruffo I *Mondial* 120,87 km/h
2 Gianni Leoni I *Mondial*
3 G. Matucci I *Morini*
4 N. Braga I *Mondial*
5 F. Benasedo I *MV-Agusta*
6 J. Lagervey Holl. *Sparte*

GP d'Ulster, BELFAST

1 C. Ubbiali I *Mondial* 124,71 km/h
2 B. Ruffo I *Mondial*
   Only 2 finishers, from 7 starters.

GP d'Italie, MONZA

1 Gianni Leoni I *Mondial* 132,206 km/h
2 C. Ubbiali I *Mondial*
3 L. Zinzani I *Morini*
4 B. Ruffo I *Mondial*
5 R. Alberti I *Mondial*
6 E. Soprani I *Morini*

The finish.

BRUNO RUFFO | *Champion du monde 1950*

Third in the 250 cc World Class on a Moto-Guzzi, taking also the 125 cc and 250 cc titles of the Italian Championship.

1950 - 250 cc.

TT Anglais, ILE DE MAN

1 D. Ambrosini I *Benelli* 125,692 km/h
2 M. Cann GB *Guzzi*
3 R. Mead GB *Vélocette*
4 R. Pike GB *Rudge*
5 L. Bayliss GB *Elbee*
6 A. Jones GB *Guzzi*

GP de Suisse, GENEVE

1 D. Ambrosini I *Benelli* 122,376 km/h
2 B. Ruffo I *Guzzi*
3 D. Dale GB *Benelli*
4 B. Musy CH *Guzzi*
5 C. Bellotti CH *Guzzi*
6 O. Francone I *Guzzi*

GP d'Ulster, BELFAST

1 M. Cann GB *Guzzi* 133,195 km/h
2 D. Ambrosini I *Benelli*
3 H. Billington Irl. *Guzzi*
4 A. Burton GB *Excelsior*
5 G. Andrews GB *Excelsior*
6 W. Campbell GB *Excelsior*

GP d'Italie, MONZA

1 D. Ambrosini I *Benelli* 145,629 km/h
2 F. Anderson GB *Guzzi*
3 B. Francisci I *Benelli*
4 C. Mastellari I *Guzzi*
5 A. Montanari I *Guzzi*
6 V. Plebani I *Guzzi*

At Monza, the riders come out onto the grid.

DARIO AMBROSINI I *Champion du monde 1950*

Runner-up in 1949, he finished in third place in 1951,
the year he later met his death at the French Grand Prix at Albi.

250 cc.
D. Ambrosini
Benelli

1950 - 350 cc.

TT Anglais, ILE DE MAN

1 A. Bell GB *Norton* 138,986 km/h
2 G. Duke GB *Norton*
3 H. Daniell GB *Norton*
4 L. Graham GB *AJS*
5 E. Frend GB *AJS*
6 J. Lockett GB *Norton*

GP de Belgique, SPA

1 B. Foster GB *Vélocette* 156,632 km/h
2 A. Bell GB *Norton*
3 G. Duke GB *Norton*
4 B. Lomas GB *Vélocette*
5 C. Salt GB *Vélocette*
6 H. Daniell GB *Norton*

GP de Hollande, ASSEN

1 B. Foster GB *Vélocette* 142,549 km/h
2 G. Duke GB *Norton*
3 B. Lomas GB *Vélocette*
4 J. Lockett GB *Norton*
5 R. Armstrong Irl. *Vélocette*
6 H. Hinton Austr. *Norton*

GP de Suisse, GENÈVE

1 L. Graham GB *AJS* 126,021 km/h
2 B. Foster GB *Vélocette*
3 G. Duke GB *Norton*
4 R. Armstrong Irl. *Vélocette*
5 E. Frend GB *AJS*
6 D. Dale GB *AJS*

GP d'Ulster, BELFAST

1 B. Foster GB *Vélocette* 147,121 km/h
2 R. Armstrong Irl. *Vélocette*
3 H. Hinton Austr. *Norton*
4 E. Mc. Pherson Austr. *AJS*
5 C. Sandford GB *AJS*
6 H. Daniell GB *Norton*

Spectators at Assen.

GP d'Italie, MONZA

1 G. Duke GB *Norton* 152,958 km/h
2 L. Graham GB *AJS*
3 H. Hinton Austr. *Norton*
4 D. Dale GB *Norton*
5 B. Lomas GB *Vélocette*
6 C. Sandford GB *AJS*

BOB FOSTER GB *Champion du monde 1950*

*Runner-up in 1949, and works rider for Moto-Guzzi, he carried off
an incredible number of victories during a career which began in 1934. He retired
after winning this title, and runs his own motor car business at Parkstone.*

350 cc.
B. Foster
Vélocette

1950 - 500 cc.

TT Anglais, ILE DE MAN

1 G. Duke GB *Norton* 148,554 km/h
2 A. Bell GB *Norton*
3 J. Lockett GB *Norton*
4 L. Graham GB *AJS*
5 H. Daniell GB *Norton*
6 R. Armstrong Irl. *Vélocette*

GP de Belgique, SPA

1 U. Masetti I *Gilera* 162,899 km/h
2 N. Pagani I *Gilera*
3 E. Frend GB *AJS*
4 C. Bandirola I *Gilera*
5 A. Artesiani I *MV-Agusta*
6 H. Hinton Austr. *Norton*

GP de Hollande, ASSEN

1 U. Masetti I *Gilera* 147,926 km/h
2 N. Pagani I *Gilera*
3 H. Hinton Austr. *Norton*
4 C. Bandirola I *Gilera*
5 E. Mc. Pherson Austr. *Norton*
6 S. Jensen Austr. *Triumph*

GP de Suisse, GENEVE

1 L. Graham GB *AJS* 126,25 km/h
2 U. Masetti I *Gilera*
3 C. Bandirola I *Gilera*
4 G. Duke GB *Norton*
5 H. Daniell GB *Norton*
6 J. Lockett GB *Norton*

GP d'Ulster, BELFAST

1 G. Duke GB *Norton* 160,191 km/h
2 L. Graham GB *AJS*
3 J. Lockett GB *Norton*
4 D. Dale GB *Norton*
5 J. West GB *AJS*
6 U. Masetti I *Gilera*

GP d'Italie, MONZA

1 G. Duke GB *Norton* 164,78 km/h
2 U. Masetti I *Gilera*
3 A. Artesiani I *MV-Agusta*
4 A. Milani I *Gilera*
5 C. Bandirola I *Gilera*
6 D. Dale GB *Norton*

The impressive start of the 500 cc race at Monza.

UMBERTO MASETTI | *Champion du monde 1950*

After having ridden 125 cc machines, he branched out into the larger capacity classes, carrying off the title one point ahead of Geoff Duke. He was team-mate of Pagani whom he beat in the national championship. Date of birth: 4 May 1926.

Championnat du monde de side-cars 1950

GP de Belgique, SPA

1 E. Oliver GB / L. Dobelli I *Norton* 133,072 km/h
2 E. Frigerio / E. Ricotti I *Gilera*
3 H. Haldemann / J. Albisser CH *Norton*
4 F. Aubert / R. Aubert CH *Norton*
5 A. Vervroegen / N. Verwoot Belg. *FN*
6 F. Muhlemann / M. Muhlemann CH *Triumph*

GP de Suisse, GENÈVE

1 E. Oliver GB / L. Dobelli I *Norton* 115,478 km/h
2 E. Frigerio / E. Ricotti I *Gilera*
3 F. Aubert / R. Aubert CH *Norton*
4 H. Meuwly / P. Devaud CH *Gilera*
5 W. Wirth / F. Schurtenberger CH *Gilera*
6 M. Masuy Belg. / D. Jenkinson GB *BMW*

GP d'Italie, MONZA

1 E. Oliver GB / L. Dobelli I *Norton* 138,324 km/h
2 E. Frigerio / E. Ricotti I *Gilera*
3 H. Haldemann / J. Albisser CH *Norton*
4 J. Keller / G. Zanzi CH *Gilera*
5 E. Merlo / D. Magri I *Gilera*
6 F. Muhlemann / M. Muhlemann CH *Triumph*

Haldemann's unorthodox outfit.

ERIC OLIVER GB/
LORENZO DOBELLI I
Champions du monde 1950

*Winners in the three events, at
record speeds, they were considered
the scourge of the side-car class
at every meeting they entered.
Sixteen wins were achieved during
the course of the season, as well
as the championship.*

Side-cars
E. Oliver / L. Dobelli
Norton

Championnat du monde 1951 - 125 cc.

GP d'Espagne, BARCELONE

1 Guido Leoni I *Mondial* 86,235 km/h
2 C. Ubbiali I *Mondial*
3 V. Zanzi I *Morini*
4 R. Alberti I *Mondial*
5 J. Bulto E *Montesa*
6 A. Elizade E *Montesa*

TT Anglais, ILE DE MAN

1 C. Mc. Candless Irl. *Mondial* 120,531 km/h
2 C. Ubbiali I *Mondial*
3 Gianni Leoni I *Mondial*
4 N. Pagani I *Mondial*
5 J. Bulto E *Montesa*
6 J. Liobet E *Montesa*

GP de Hollande, ASSEN

1 Gianni Leoni I *Mondial* 123,27 km/h
2 L. Zinzani I *Morini*
3 L. Graham GB *MV-Agusta*
4 V. Zanzi I *Morini*
5 F. Bertoni I *MV-Agusta*
6 E. Mendogni I *Morini*

GP d'Italie, MONZA

1 C. Ubbiali I *Mondial* 136,104 km/h
2 R. Ferri I *Mondial*
3 L. Zinzani I *Morini*
4 C. Mc. Candless Irl. *Mondial*
5 O. Spadoni I *Mondial*
6 G. Matucci I *MV-Agusta*

GP d'Ulster, BELFAST *

1 C. Mc. Candless Irl. *Mondial* 117,923 km/h
2 G. Zanzi CH *Mondial*
3 C. Clegg Irl. *Excelsior*
   3 finishers only.

* The race did not count in the title, for there were not sufficient riders.

C. McCandless, C. Ubbiali and L. Parry: the Mondial TT team.

125 cc.
C. Ubbiali
Mondial

CARLO UBBIALI I *Champion du monde 1951*

*After twice finishing in third place, in 1949 and 1950, he at last won the title!
Until 1967, he was the winner of the most titles, with nine, in the whole
history of the world championships. He was born on the 24th September 1923.*

1951 - 250 cc.

GP de Suisse, BERNE

1 D. Ambrosini I *Benelli* 119,8 km/h
2 B. Ruffo I *Guzzi*
3 Gianni Leoni I *Guzzi*
4 B. Musy CH *Guzzi*
5 C. Sandford GB *Vélocette*
6 N. Grieco I *Parilla*

TT Anglais, ILE DE MAN

1 T. Wood GB *Guzzi* 131,000 km/h
2 D. Ambrosini I *Benelli*
3 E. Lorenzetti I *Guzzi*
4 W. Hutt GB *Guzzi*
5 A. Wheeler GB *Vélocette*
6 F. Purslow GB *Norton*

GP de France, ALBI

1 B. Ruffo I *Guzzi* 136,99 km/h
2 Gianni Leoni I *Guzzi*
3 T. Wood GB *Guzzi*
4 F. Anderson GB *Guzzi*
5 B. Lomas GB *Vélocette*
6 W. Gerber CH *Guzzi*

GP d'Ulster, BELFAST

1 B. Ruffo I *Guzzi* 139,78 km/h
2 M. Cann GB *Guzzi*
3 A. Wheeler GB *Vélocette*
4 T. Wood GB *Guzzi*
5 D. Beasley GB *Vélocette*
6 N. Blemings Irl. *Excelsior*

GP d'Italie, MONZA

1 E. Lorenzetti I *Guzzi* 143,79 km/h
2 T. Wood GB *Guzzi*
3 B. Ruffo I *Guzzi*
4 A. Montanari I *Guzzi*
5 B. Francisci I *Guzzi*
6 G. Paciocca I *Guzzi*

Ambrosini's famous Benelli 250 cc.

250 cc.
B. Ruffo
Guzzi

BRUNO RUFFO I *Champion du monde 1951*

*For the third consecutive year, the title was carried off by the talented Ruffo.
A serious fall at Senigallia spoilt his 1952 season, and a further fall during
the TT in 1953 brought his career to a close.*

1951 - 350 cc.

GP d'Espagne, BARCELONE

1 T. Wood GB *Guzzi* 93,92 km/h
2 L. Graham GB *Vélocette*
3 C. Petch GB *AJS*
4 F. Aranda E *Vélocette*
5 J. Raffeld Belg. *Vélocette*
6 J. Grace Gibral. *Norton*

GP de Suisse, BERNE

1 L. Graham GB *Vélocette* 129,54 km/h
2 C. Sandford GB *Vélocette*
3 R. Armstrong Irl. *AJS*
4 P. Fuhrer CH *Vélocette*
5 S. Mason GB *Vélocette*
6 L. Fassl Autr. *AJS*

TT Anglais, ILE DE MAN

1 G. Duke GB *Norton* 144,7 km/h
2 J. Lockett GB *Norton*
3 J. Brett GB *Norton*
4 M. Featherstone GB *AJS*
5 B. Lomas GB *Vélocette*
6 B. Foster GB *Vélocette*

GP de Belgique, SPA

1 G. Duke GB *Norton* 161,16 km/h
2 J. Lockett GB *Norton*
3 B. Lomas GB *Vélocette*
4 C. Sandford GB *Vélocette*
5 B. Doran GB *AJS*
6 M. Featherstone GB *AJS*

GP de Hollande, ASSEN

1 B. Doran GB *AJS* 142,68 km/h
2 C. Petch GB *AJS*
3 K. Kavanagh Austr. *Norton*
4 R. Coleman NZ *AJS*
5 S. Sandys-Winsch GB *Vélocette*
6 B. Matthews Irl. *Vélocette*

GP de France, ALBI

1 G. Duke GB *Norton* 141,67 km/h
2 J. Brett GB *Norton*
3 B. Doran GB *AJS*
4 J. Lockett GB *Norton*
5 R. Armstrong Irl. *AJS*
6 R. Colemann NZ *AJS*

GP d'Ulster, BELFAST

1 G. Duke GB *Norton* 155,86 km/h
2 K. Kavanagh Austr. *Norton*
3 J. Lockett GB *Norton*
4 R. Armstrong Irl. *AJS*
5 B. Doran GB *AJS*
6 J. Brett GB *Norton*

GP d'Italie, MONZA

1 G. Duke GB *Norton* 157,7 km/h
2 K. Kavanagh Austr. *Norton*
3 J. Brett GB *Norton*
4 B. Doran GB *AJS*
5 R. Armstrong Irl. *AJS*
6 R. Coleman NZ *AJS*

Clipping the straw bales ...

GEOFFREY DUKE GB *Champion du monde 1951*

*Born on 29th March 1923. After a promising debut in moto-cross, he switched to
road racing and won the 500 cc Manx Grand Prix in 1949, an event contested by
private entrants on the famous Isle of Man TT course.*

1951 - 500 cc.

GP d'Espagne, BARCELONE

1 U. Masetti I *Gilera* 94,013 km/h
2 T. Wood GB *Norton*
3 A. Artesiani I *MV-Agusta*
4 R. Montane E *Norton*
5 C. Bandirola I *MV-Agusta*
6 R. Vidal E *Norton*

GP de Suisse, BERNE

1 F. Anderson GB *Guzzi* 129,09 km/h
2 R. Armstrong Irl. *AJS*
3 E. Lorenzetti I *Guzzi*
4 C. Bandirola I *MV-Agusta*
5 B. Musy CH *Guzzi*
6 W. Lips CH *Norton*

TT Anglais, ILE DE MAN

1 G. Duke GB *Norton* 151,0 km/h
2 B. Doran GB *AJS*
3 C. Mc. Candless Irl. *Norton*
4 T. Mc. Ewan GB *Norton*
5 M. Barrington GB *Norton*
6 A. Parry GB *Norton*

GP de Belgique, SPA

1 G. Duke GB *Norton* 171,77 km/h
2 A. Milani I *Gilera*
3 D. Geminiani I *Guzzi*
4 R. Armstrong Irl. *AJS*
5 N. Pagani I *Gilera*
6 J. Lockett GB *Norton*

GP de Hollande, ASSEN

1 G. Duke GB *Norton* 154,07 km/h
2 A. Milani I *Gilera*
3 E. Lorenzetti I *Guzzi*
4 J. Lockett GB *Norton*
5 J. Brett GB *Norton*
6 V. Perry NZ *Norton*

GP de France, ALBI

1 A. Milani I *Gilera* 159,7 km/h
2 B. Doran GB *AJS*
3 N. Pagani I *Gilera*
4 U. Masetti I *Gilera*
5 G. Duke GB *Norton*
6 J. Brett GB *Norton*

GP d'Ulster, BELFAST

1 G. Duke GB *Norton* 153,76 km/h
2 K. Kavanagh Austr. *Norton*
3 U. Masetti I *Gilera*
4 A. Milani I *Gilera*
5 J. Lockett GB *Norton*
6 B. Doran GB *AJS*

GP d'Italie, MONZA

1 A. Milani I *Gilera* 169,3 km/h
2 U. Masetti I *Gilera*
3 N. Pagani I *Gilera*
4 G. Duke GB *Norton*
5 B. Ruffo I *Guzzi*
6 B. Doran GB *AJS*

The four-cylinder Gilera.

GEOFFREY DUKE GB *Champion du monde 1951*

*The first rider to win a double in the World Championship in the same year.
He was then aged 28. He lost the title in 1952, following
a fall in the German Grand Prix at Schotten.*

Championnat du monde de side-cars 1951

GP d'Espagne, BARCELONE

1 E. Oliver GB / L. Dobelli I *Norton* 80,919 km/h
2 E. Frigerio / E. Ricotti I *Gilera*
3 A. Milani / G. Pizzocri I *Gilera*
4 G. Carru / C. Musso I *Carru-Triumph*
5 S. Vogel / L. Vinatzer Autr. *BMW*
6 M. Masuy Belg. / D. Jenkinson GB *Norton*

GP de Suisse, BERNE

1 E. Frigerio / E. Ricotti I *Gilera* 113,713 km/h
2 A. Milani / G. Pizzocri I *Gilera*
3 E. Merlo / D. Magri I *Gilera*
4 M. Masuy Belg. / D. Jenkinson GB *Norton*
5 E. Oliver GB / L. Dobelli I *Norton*
6 G. Carru / C. Musso I *Carru-Triumph*

GP de Belgique, SPA

1 E. Oliver GB / L. Dobelli I *Norton* 139,068 km/h
2 E. Frigerio / E. Ricotti I *Gilera*
3 P. Harris / N. Smith GB *Norton*
4 C. Smith / B. Onslow GB *Norton*
5 F. Vanderschrick / J.-M. Tass Belg. *Norton*
6 A. Milani / G. Pizzocri I *Gilera*

GP de France, ALBI

1 E. Oliver GB / L. Dobelli I *Norton* 132,443 km/h
2 E. Frigerio / E. Ricotti I *Gilera*
3 J. Murit / A. Emo Fr. *Norton*
4 J. Drion Fr. / B. Onslow GB *Norton*
5 R. Betemps / G. Burgraff Fr. *Triumph*
6 A. Vervroegen / P. Cuvelier Belg. *FN*

GP d'Italie, MONZA

1 A. Milani / G. Pizzocri I *Gilera* 143,943 km/h
2 E. Oliver GB / L. Dobelli I *Norton*
3 P. Harris / N. Smith GB *Norton*
4 H. Haldemann / J. Albisser CH *Norton*
5 J. Drion Fr. / B. Onslow GB *Norton*
6 J. Murit / A. Emo Fr. *Norton*

Peace on the circuit before the on-coming storm.

ERIC OLIVER GB/
LORENZO DOBELLI I
Champions du monde 1951

A second consecutive title for this
brilliant partnership, and the third
for Oliver. In 1952 a fall at
Bordeaux and a damaged side-car
wheel eliminated all chances of
victory, in favour of Cyril Smith.

Side-cars
E. Oliver / L. Dobelli
Norton

Championnat du monde 1952 - 125 cc.

TT Anglais, ILE DE MAN

1 C. Sandford GB *MV-Agusta* 121,57 km/h
2 C. Ubbiali I *Mondial*
3 A. Parry GB *Mondial*
4 C. Mc. Candless Irl. *Mondial*
5 A. Copeta I *MV-Agusta*
6 F. Burman GB *EMC-Puch*

GP de Hollande, ASSEN

1 C. Sandford GB *MV-Agusta* 126,89 km/h
2 C. Ubbiali I *Mondial*
3 L. Zinzani I *Morini*
4 G. Sala I *MV-Agusta*
5 A. Copeta I *MV-Agusta*
6 L. Simons Holl. *Mondial*

GP d'Allemagne, SOLITUDE

1 W. Haas All. *NSU* 117,633 km/h
2 C. Ubbiali I *Mondial*
3 C. Sandford GB *MV-Agusta*
4 A. Copeta I *MV-Agusta*
5 H. Luttenberger All. *NSU*
6 L. Zinzani I *Morini*

GP d'Ulster, BELFAST

1 C. Sandford GB *MV-Agusta* 124,627 km/h
2 B. Lomas GB *MV-Agusta*
3 C. Salt GB *MV-Agusta*
3 finishers from 8 starters. sur 8 partants

GP d'Italie, MONZA

1 E. Mendogni I *Morini* 135,899 km/h
2 C. Ubbiali I *Mondial*
3 L. Graham GB *MV-Agusta*
4 L. Zinzani I *Morini*
5 G. Sala I *MV-Agusta*
6 H. Luttenberger All. *NSU*

Viewing the race through the eye of the camera!

GP d'Espagne, BARCELONE

1 E. Mendogni I *Morini* 92,863 km/h
2 L. Graham GB *MV-Agusta*
3 C. Sandford GB *MV-Agusta*
4 R. Ferri I *Morini*
5 H.-P. Müller All. *Mondial*
6 L. Zinzani I *Morini*

CECIL SANDFORD GB *Champion du monde 1952*

125 cc.

C. Sandford
MV-Agusta

*Previously an official rider for Velocette and, for Moto-Guzzi,
he rode works machines for MV until 1954, then three-cylinder
DKWs and FB-Mondials, on which he won a new title in 1957.*

1952 - 250 cc.

GP de Suisse, BERNE

1 F. Anderson GB *Guzzi* 137,015 km/h
2 E. Lorenzetti I *Guzzi*
3 L. Graham GB *Benelli*
4 A. Montanari I *Guzzi*
5 N. Grieco I *Parilla*
6 G. Gehring All. *Guzzi*

TT Anglais, ILE DE MAN

1 F. Anderson GB *Guzzi* 134,89 km/h
2 E. Lorenzetti I *Guzzi*
3 S. Lawton GB *Guzzi*
4 L. Graham GB *Vélocette*
5 M. Cann GB *Guzzi*
6 B. Ruffo I *Guzzi*

GP de Hollande, ASSEN

1 E. Lorenzetti I *Guzzi* 136,85 km/h
2 B. Ruffo I *Guzzi*
3 F. Anderson GB *Guzzi*
4 A. Wheeler GB *Guzzi*
5 B. Webster GB *Vélocette*
6 S. Postma Holl. *Guzzi*

GP d'Allemagne, SOLITUDE

1 R. Felgenheier All. *DKW* 125,357 km/h
2 H. Thorn-Prikker All. *Guzzi*
3 H. Gablenz All. *Horex*
4 E. Kluge All. *DKW*
5 G. Gehring All. *Guzzi*
6 A. Wheeler GB *Guzzi*

GP d'Ulster, BELFAST

1 M. Cann GB *Guzzi* 138,75 km/h
2 E. Lorenzetti I *Guzzi*
3 L. Graham GB *Vélocette*
4 R. Mead GB *Vélocette*
5 B. Rood GB *Vélocette*
6 R. Petty GB *Norton*

GP d'Italie, MONZA

1 E. Lorenzetti I *Guzzi* 150,837 km/h
2 W. Haas All. *NSU*
3 F. Anderson GB *Guzzi*
4 A. Montanari I *Guzzi*
5 R. Colombo I *NSU*
6 B. Francisci I *Guzzi*

The single-cylinder Moto-Guzzi, with its external fly wheel.

ENRICO LORENZETTI | *Champion du monde 1952*

He retired from competition after more than fifteen years, having been the victim of an incredible number of falls, several of them very serious. A courageous rider!

250 cc.
E. Lorenzetti
Guzzi

1952 - 350 cc.

GP de Suisse, BERNE

1 G. Duke GB *Norton* 147,409 km/h
2 R. Coleman NZ *AJS*
3 R. Armstrong Irl. *Norton*
4 J. Brett GB *AJS*
5 S. Lawton GB *AJS*
6 R. Amm Rhod. *Norton*

TT Anglais, ILE DE MAN

1 G. Duke GB *Norton* 145,308 km/h
2 R. Armstrong Irl. *Norton*
3 R. Coleman NZ *AJS*
4 B. Lomas GB *AJS*
5 S. Lawton GB *AJS*
6 G. Brown GB *AJS*

GP de Hollande, ASSEN

1 G. Duke GB *Norton* 149,72 km/h
2 R. Amm Rhod. *Norton*
3 R. Coleman NZ *AJS*
4 R. Armstrong Irl. *Norton*
5 K. Kavanagh Austr. *Norton*
6 J. Brett GB *AJS*

GP de Belgique, SPA

1 G. Duke GB *Norton* 163,792 km/h
2 R. Amm Rhod. *Norton*
3 R. Armstrong Irl. *Norton*
4 J. Brett GB *AJS*
5 B. Lomas GB *AJS*
6 L. Graham GB *Velocette*

GP d'Allemagne, SOLITUDE

1 R. Armstrong Irl. *Norton* 130,441 km/h
2 K. Kavanagh Austr. *Norton*
3 B. Lomas GB *AJS*
4 S. Lawton GB *Norton*
5 E. Kluge All. *DKW*
6 E. Ring Austr. *AJS*

GP d'Ulster, BELFAST

1 K. Kavanagh Austr. *Norton* 152,694 km/h
2 R. Armstrong Irl. *Norton*
3 R. Coleman NZ *AJS*
4 J. Brett GB *AJS*
5 E. Ring Austr. *AJS*
6 M. O'Rourke GB *AJS*

GP d'Italie, MONZA

1 R. Amm Rhod. *Norton* 157,154 km/h
2 R. Coleman NZ *AJS*
3 R. Sherry GB *AJS*
4 J. Brett GB *AJS*
5 A. Goffin Belg. *Norton*
6 R. Schnell All. *Horex*

Private entrants on Nortons.

350 cc.

G. Duke
Norton

GEOFFREY DUKE GB *Champion du monde 1952*

*He was elected 'Sportsman of the Year' and awarded the
OBE by the Queen of England - the highest
distinction ever bestowed on a motorcyclist.*

1952 - 500 cc.

GP de Suisse, BERNE

1 J. Brett GB *AJS* 150,988 km/h
2 B. Doran GB *AJS*
3 C. Bandirola I *MV-Agusta*
4 N. Pagani I *Gilera*
5 R. Coleman NZ *AJS*
6 R. Amm Rhod. *Norton*

TT Anglais, ILE DE MAN

1 R. Armstrong Irl. *Norton* 149,621 km/h
2 L. Graham GB *MV-Agusta*
3 R. Amm Rhod. *Norton*
4 R. Coleman NZ *AJS*
5 B. Lomas GB *AJS*
6 C. Mc. Candless Irl. *Norton*

GP de Hollande, ASSEN

1 U. Masetti I *Gilera* 156,46 km/h
2 G. Duke GB *Norton*
3 K. Kavanagh Austr. *Norton*
4 R. Armstrong Irl. *Norton*
5 R. Coleman NZ *AJS*
6 N. Pagani I *Gilera*

GP de Belgique, SPA

1 U. Masetti I *Gilera* 172,506 km/h
2 G. Duke GB *Norton*
3 R. Amm Rhod. *Norton*
4 J. Brett GB *AJS*
5 R. Coleman NZ *AJS*
6 N. Pagani I *Gilera*

GP d'Allemagne, SOLITUDE

1 R. Armstrong Irl. *Norton* 133,74 km/h
2 K. Kavanagh Austr. *Norton*
3 S. Lawton GB *Norton*
4 L. Graham GB *MV-Agusta*
5 A. Goffin Belg. *Norton*
6 H. Baltisberger All. *BMW*

GP d'Ulster, BELFAST

1 C. Mc. Candless Irl. *Gilera* 160,6 km/h
2 R. Coleman NZ *AJS*
3 B. Lomas GB *MV-Agusta*
4 J. Brett GB *AJS*
5 Ph. Carter GB *Norton*
6 J. Surtees GB *Norton*

GP d'Italie, MONZA

1 L. Graham GB *MV-Agusta* 171,161 km/h
2 U. Masetti I *Gilera*
3 N. Pagani I *Gilera*
4 C. Bandirola I *MV-Agusta*
5 G. Colnago I *Gilera*
6 R. Armstrong Irl. *Norton*

GP d'Espagne, BARCELONE

1 L. Graham GB *MV-Agusta* 95,882 km/h
2 U. Masetti I *Gilera*
3 K. Kavanagh Austr. *Norton*
4 N. Pagani I *Gilera*
5 R. Armstrong Irl. *Norton*
6 S. Lawton GB *Norton*

The 500 cc Manx Norton.

500 cc.
U. Masetti
Gilera

UMBERTO MASETTI | *Champion du monde 1952*

At the end of the 1952 season, he left Gilera for MV-Agusta, where he was principal rider until 1957. He retired from racing and went to live in Argentina, returning to the fray for the Grands Prix which he contested there in 1961, 1962 and 1963.

Championnat du monde de side-cars 1952

GP de Suisse, BERNE

1 A. Milani / G. Pizzocri I *Gilera* 127,289 km/h
2 C. Smith / R. Clements GB *Norton*
3 J. Drion Fr. / I. Stoll All. *Norton*
4 F. Aubert / R. Aubert CH *Norton*
5 M. Masuy / J. Nies Belg. *Norton*
6 J. Murit / A. Emo Fr. *Norton*

GP de Belgique, SPA

1 E. Oliver / E. Bliss GB *Norton* 144,562 km/h
2 A. Milani / G. Pizzocri I *Gilera*
3 C. Smith / R. Clements GB *Norton*
4 E. Merlo / D. Magri I *Gilera*
5 M. Masuy / J. Nies Belg. *Norton*
6 J. Drion Fr. / I. Stoll All. *Norton*

GP d'Allemagne, SOLITUDE

1 C. Smith / R. Clements GB *Norton* 116,100 km/h
2 E. Merlo / D. Magri I *Gilera*
3 J. Drion Fr. / I. Stoll All. *Norton*
4 M. Masuy / J. Nies Belg. *Norton*
5 J. Deronne / P. Leys Belg. *Norton*
6 W. Noll / F. Cron All. *BMW*

GP d'Italie, MONZA

1 E. Merlo / D. Magri I *Gilera* 147,668 km/h
2 C. Smith / R. Clements GB *Norton*
3 A. Milani / G. Pizzocri I *Gilera*
4 J. Drion Fr. / I. Stoll All. *Norton*
5 M. Masuy / J. Nies Belg. *Norton*
6 F. Taylor / P. Glover GB *Norton*

GP d'Espagne, BARCELONE

1 E. Oliver / E. Bliss GB *Norton* 86,627 km/h
2 J. Drion Fr. / I. Stoll All. *Norton*
3 C. Smith / R. Clements GB *Norton*
4 O. Schmid / O. Kolle All. *Norton*
5 R. Betemps / A. Drivet Fr. *Triumph*
6 R. Koch / A. Flach All. *BMW*

Even before the start, the crash helmets team up together!

CYRIL SMITH/
BOB CLEMENTS GB
Champions du monde 1952

*Smith raced until 1959. In the
year in which he retired,
BMW's supremacy relegated
him to positions which did
not do justice to his great
skill. He died in 1962.*

Side-cars
C. Smith / R. Clements
Norton

Championnat du monde 1953 - 125 cc.

TT Anglais, ILE DE MAN

1 L. Graham GB *MV-Agusta* 125,191 km/h
2 W. Haas All. *NSU*
3 C. Sandford GB *MV-Agusta*
4 A. Copeta I *MV-Agusta*
5 A. Jones GB *MV-Agusta*
6 B. Webster GB *MV-Agusta*

GP de Hollande, ASSEN

1 W. Haas All. *NSU* 126,978 km/h
2 C. Ubbiali I *MV-Agusta*
3 C. Sandford GB *MV-Agusta*
4 L. Zinzani I *Morini*
5 H. Veer Holl. *Morini*
6 L. Simons Holl. *Mondial*

GP d'Allemagne, SCHOTTEN

1 C. Ubbiali I *MV-Agusta* 111,5 km/h
2 W. Haas All. *NSU*
3 O. Daiker All. *NSU*
4 A. Copeta I *MV-Agusta*
5 W. Reichert All. *NSU*
6 K. Lottes All. *MV-Agusta*

GP d'Ulster, BELFAST

1 W. Haas All. *NSU* 120,540 km/h
2 C. Sandford GB *MV-Agusta*
3 R. Armstrong Irl. *NSU*
4 O. Daiker All. *NSU*
5 T. Forconi I *MV-Agusta*
6 F. Purslow GB *MV-Agusta*

GP d'Italie, MONZA

1 W. Haas All. *NSU* 140,059 km/h
2 E. Mendogni I *Morini*
3 C. Ubbiali I *MV-Agusta*
4 A. Copeta I *MV-Agusta*
5 W. Brandt All. *NSU*
6 P. Campanelli I *MV-Agusta*

The two-stroke twin-cylinder DKW.

GP d'Espagne, BARCELONE

1 A. Copeta I *MV-Agusta* 95,562 km/h
2 C. Sandford GB *MV-Agusta*
3 R. Hollaus Autr. *NSU*
4 W. Brandt All. *NSU*
5 M. Cama E *Montesa*
6 G. Braun All. *Mondial*

WERNER HAAS All. *Champion du monde 1953*

*Works rider for N.S.U. after having made a promising debut on a 125 cc Puch.
A super-champion who made a great impression as soon as he appeared, he
was unknown in the big events before 1952, even in Germany.*

1953 - 250 cc.

TT Anglais, ILE DE MAN

1 F. Anderson GB *Guzzi* 136,36 km/h
2 W. Haas All. *NSU*
3 S. Wuensche All. *DKW*
4 A. Wheeler GB *Guzzi*
5 S. Willis Austr. *Vélocette*
6 T. Wood GB *Guzzi*

GP de Hollande, ASSEN

1 W. Haas All. *NSU* 146,973 km/h
2 F. Anderson GB *Guzzi*
3 R. Armstrong Irl. *NSU*
4 E. Lorenzetti I *Guzzi*
5 S. Wuensche All. *DKW*
6 A. Hobl All. *DKW*

GP d'Allemagne, SCHOTTEN

1 W. Haas All. *NSU* 119,800 km/h
2 A. Montanari I *Guzzi*
3 A. Hobl All. *DKW*
4 W. Reichert All. *NSU*
5 O. Daiker All. *NSU*
6 R. Hollaus Autr. *Guzzi*

GP d'Ulster, BELFAST

1 R. Armstrong Irl. *NSU* 131,63 km/h
2 W. Haas All. *NSU*
3 F. Anderson GB *Guzzi*
4 E. Lorenzetti I *Guzzi*
5 O. Daiker All. *NSU*
6 A. Wheeler GB *Guzzi*

GP de Suisse, BERNE

1 R. Armstrong Irl. *NSU* 142,199 km/h
2 A. Montanari I *Guzzi*
3 F. Anderson GB *Guzzi*
4 E. Lorenzetti I *Guzzi*
5 O. Daiker All. *NSU*
6 W. Haas All. *NSU*

GP d'Italie, MONZA

1 E. Lorenzetti I *Guzzi* 158,637 km/h
2 W. Haas All. *NSU*
3 A. Montanari I *Guzzi*
4 R. Armstrong Irl. *NSU*
5 W. Brandt All. *NSU*
6 U. Masetti I *NSU*

GP d'Espagne, BARCELONE

1 E. Lorenzetti I *Guzzi* 93,196 km/h
2 K. Kavanagh Austr. *Guzzi*
3 F. Anderson GB *Guzzi*
4 A. Montanari I *Guzzi*
5 T. Wood GB *Guzzi*
6 A. Hobl All. *DKW*

The two-stroke three-cylinder DKW.

WERNER HAAS All. *Champion du monde 1953*

The first German to carry off a World Title, and the
second rider to achieve the double, in spite
of very strong competition from other machines and riders.

1953 - 350 cc.

TT Anglais, ILE DE MAN

1 R. Amm Rhod. *Norton* 145,678 km/h
2 K. Kavanagh Austr. *Norton*
3 F. Anderson GB *Guzzi*
4 J. Brett GB *Norton*
5 B. Doran GB *AJS*
6 D. Farrant GB *AJS*

GP de Hollande, ASSEN

1 E. Lorenzetti I *Guzzi* 150,465 km/h
2 R. Amm Rhod. *Norton*
3 K. Kavanagh Austr. *Norton*
4 J. Brett GB *Norton*
5 E. Ring Austr. *AJS*
6 B. Doran GB *AJS*

GP de Belgique, SPA

1 F. Anderson GB *Guzzi* 166,367 km/h
2 E. Lorenzetti I *Guzzi*
3 R. Amm Rhod. *Norton*
4 J. Brett GB *Norton*
5 K. Kavanagh Austr. *Norton*
6 R. Coleman NZ *AJS*

GP de France, ROUEN

1 F. Anderson GB *Guzzi* 125,048 km/h
2 P. Monneret Fr. *AJS*
3 E. Lorenzetti I *Guzzi*
4 J. Albisser CH *Norton*
5 T. Wood GB *Norton*
6 R. Laurent NZ *AJS*

GP d'Ulster, BELFAST

1 K. Mudford NZ *Norton* 135,26 km/h
2 B. Mc. Intyre GB *AJS*
3 R. Coleman NZ *AJS*
4 H. Pearce GB *Vélocette*
5 M. Templeton GB *AJS*
6 K. Harwood GB *AJS*

GP de Suisse, BERNE

1 F. Anderson GB *Guzzi* 146,013 km/h
2 K. Kavanagh Austr. *Norton*
3 R. Coleman NZ *AJS*
4 J. Brett GB *Norton*
5 D. Farrant GB *AJS*
6 K. Hoffmann All. *DKW*

GP d'Italie, MONZA

1 E. Lorenzetti I *Guzzi* 160,305 km/h
2 F. Anderson GB *Guzzi*
3 D. Agostini I *Guzzi*
4 A. Hobl All. *DKW*
5 L. Simpson NZ *AJS*
6 T. Mc. Alpine Austr. *Norton*

The rear wheel of a Moto-Guzzi.

FERGUS ANDERSON GB *Champion du monde 1953*

A rider of undeniable talent, who rode Rudge, Velocette, Norton, NSU, DKW and Moto-Guzzi, in all capacities, during the course of a career started in 1937. Equally well known as a sports writer.

1953 - 500 cc.

TT Anglais, ILE DE MAN

1 R. Amm Rhod. *Norton* 151,037 km/h
2 J. Brett GB *Norton*
3 R. Armstrong Irl. *Gilera*
4 R. Coleman NZ *AJS*
5 B. Doran GB *AJS*
6 P. Davey GB *Norton*

GP de Hollande, ASSEN

1 G. Duke GB *Gilera* 160,895 km/h
2 R. Armstrong Irl. *Gilera*
3 K. Kavanagh Austr. *Norton*
4 G. Colnago I *Gilera*
5 J. Brett GB *Norton*
6 B. Doran GB *AJS*

GP de Belgique, SPA

1 A. Milani I *Gilera* 177,401 km/h
2 R. Amm Rhod. *Norton*
3 R. Armstrong Irl. *Gilera*
4 K. Kavanagh Austr. *Norton*
5 R. Coleman NZ *AJS*
6 D. Dale GB *Gilera*

GP de France, ROUEN

1 G. Duke GB *Gilera* 130,0 km/h
2 R. Armstrong Irl. *Gilera*
3 A. Milani I *Gilera*
4 K. Kavanagh Austr. *Norton*
5 G. Colnago I *Gilera*
6 J. Brett GB *Norton*

GP d'Ulster, BELFAST

1 K. Kavanagh Austr. *Norton* 144,59 km/h
2 G. Duke GB *Gilera*
3 J. Brett GB *Norton*
4 R. Armstrong Irl. *Gilera*
5 D. Farrant GB *AJS*
6 K. Mudford NZ *Norton*

GP de Suisse, BERNE

1 G. Duke GB *Gilera* 158,015 km/h
2 A. Milani I *Gilera*
3 R. Armstrong Irl. *Gilera*
4 G. Colnago I *Gilera*
5 R. Coleman NZ *AJS*
6 D. Farrant GB *AJS*

GP d'Italie, MONZA

1 G. Duke GB *Gilera* 172,046 km/h
2 D. Dale GB *Gilera*
3 L. Liberati I *Gilera*
4 R. Armstrong Irl. *Gilera*
5 C. Sandford GB *MV-Agusta*
6 H.-P. Müller All. *MV-Agusta*

GP d'Espagne, BARCELONE

1 F. Anderson GB *Guzzi* 96,603 km/h
2 C. Bandirola I *MV-Agusta*
3 D. Dale GB *Gilera*
4 G. Colnago I *Gilera*
5 N. Pagani I *Gilera*
6 T. Wood GB *Norton*

The engine unit of the four-cylinder 500 cc MV.

500 cc.
G. Duke
Gilera

GEOFFREY DUKE GB *Champion du monde 1953*

Realising that a Norton would no longer be fast enough, and that he would have to take too many risks, he opted for Arcore's four-cylinder (models). He also tried his hand at cars, driving Aston Martins.

Championnat du monde de side-cars 1953

GP de Belgique, SPA

1 E. Oliver / S. Dibben GB *Norton* 145,807 km/h
2 C. Smith / B. Onslow GB *Norton*
3 W. Krauss / B. Huser All. *BMW*
4 M. Masuy / J. Nies Belg. *Norton*
5 H. Haldemann / J. Albisser CH *Norton*
6 W. Noll / F. Cron All. *BMW*

GP de France, ROUEN

1 E. Oliver / S. Dibben GB *Norton* 115,879 km/h
2 C. Smith / R. Clements GB *Norton*
3 H. Haldemann / J. Albisser CH *Norton*
4 J. Deronne / P. Leys Belg. *Norton*
5 M. Masuy / J. Nies Belg. *Norton*
6 J. Murit / F. Flahaut Fr. *Norton*

GP d'Ulster, BELFAST

1 C. Smith / R. Clements GB *Norton* 125,180 km/h
2 P. Harris / R. Campbell GB *Norton*
3 J. Drion Fr. / I. Stoll All. *Norton*
4 T. Bounds / R. Kings Irl. *Norton*
5 F. Purslow / F. Kay GB *BSA*
   Only 5 finishers from 7 starters.

GP de Suisse, BERNE

1 E. Oliver / S. Dibben GB *Norton* 132,728 km/h
2 C. Smith / R. Clements GB *Norton*
3 W. Noll / F. Cron All. *BMW*
4 H. Haldemann / J. Albisser CH *Norton*
5 J. Drion Fr. / I. Stoll All. *Norton*
6 J. Deronne / P. Leys Belg. *Norton*

GP d'Italie, MONZA

1 E. Oliver / S. Dibben GB *Norton* 142,960 km/h
2 C. Smith / R. Clements GB *Norton*
3 J. Drion Fr. / I. Stoll All. *Norton*
4 H. Haldemann / J. Albisser CH *Norton*
5 F. Taylor / P. Glover GB *Norton*
6 F. Hillebrand / M. Grunwald All. *BMW*

A 500 cc Manx Norton, modified by a private entrant.

ERIC OLIVER/
STANLEY DIBBEN GB
Champions du monde 1953

Oliver tried his luck again in 1954,
but the successful BMWs relegated
him to second place. He retired
from active sport in 1955.
S. Dibben continued his career
with C. Smith, whose daughter he
had married.

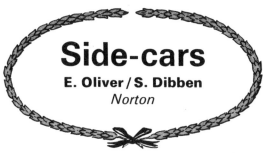

Side-cars
E. Oliver / S. Dibben
Norton

Championnat du monde 1954 - 125 cc.

TT Anglais, ILE DE MAN

1 R. Hollaus Autr. *NSU* 111,960 km/h
2 C. Ubbiali I *MV-Agusta*
3 C. Sandford GB *MV-Agusta*
4 H. Baltisberger All. *NSU*
5 J. Lloyd GB *MV-Agusta*
6 F. Purslow GB *MV-Agusta*

GP d'Ulster, BELFAST

1 R. Hollaus Autr. *NSU* 123,920 km/h
2 H.-P. Müller All. *NSU*
3 H. Baltisberger All. *NSU*
4 W. Haas All. *NSU*
5 C. Sandford GB *MV-Agusta*
6 A. Copeta I *MV-Agusta*

GP de Hollande, ASSEN

1 R. Hollaus Autr. *NSU* 137,391 km/h
2 H.-P. Müller All. *NSU*
3 C. Ubbiali I *MV-Agusta*
4 H. Baltisberger All. *NSU*
5 W. Haas All. *NSU*
6 K. Lottes All. *MV-Agusta*

GP d'Allemagne, SOLITUDE

1 R. Hollaus Autr. *NSU* 127,00 km/h
2 W. Haas All. *NSU*
3 C. Ubbiali I *MV-Agusta*
4 H.-P. Müller All. *NSU*
5 C. Sandford GB *MV-Agusta*
6 K. Lottes All. *MV-Agusta*

GP d'Italie, MONZA

1 G. Sala I *MV-Agusta* 146,535 km/h
2 T. Provini I *Mondial*
3 C. Ubbiali I *MV-Agusta*
4 M. Genevini I *MV-Agusta*
5 F. Bertoni I *MV-Agusta*
6 W. Scheidhauer All. *MV-Agusta*

GP d'Espagne, BARCELONE

1 T. Provini I *Mondial* 103,912 km/h
2 R. Colombo I *MV-Agusta*
3 A. Elizade E *Montesa*
4 J. Bertran E *Montesa*
5 C. Paragues E *Lube*
6 V. Corsin E *MV-Agusta*

The 125 cc MV, with double overhead camshafts and Earles front forks.

RUPPERT HOLLAUS Autr. *Champion du monde 1954 à titre posthume*

125 cc.
R. Hollaus
NSU

*Killed during the Italian Grand Prix trials at Monza, on the famous
Lesmo curve. Runner-up in the 250 cc class, behind W. Haas.*

1954 - 250 cc.

GP de France, REIMS

1 W. Haas All. *NSU* 162,685 km/h
2 H.-P. Müller All. *NSU*
3 R. Hollaus Autr. *NSU*
4 H. Baltisberger All. *NSU*
5 T. Wood GB *Guzzi*
6 L. Baviera I *Guzzi*

TT Anglais, ILE DE MAN

1 W. Haas All. *NSU* 146,270 km/h
2 R. Hollaus Autr. *NSU*
3 R. Armstrong Irl. *NSU*
4 H.-P. Müller All. *NSU*
5 F. Anderson GB *Guzzi*
6 H. Baltisberger All. *NSU*

GP d'Ulster, BELFAST

1 W. Haas All. *NSU* 124,890 km/h
2 H. Baltisberger All. *NSU*
3 H.-P. Müller All. *NSU*
4 A. Wheeler GB *Guzzi*
5 J. Horne GB *Rudge*
6 R. Geeson GB *REG*

GP de Hollande, ASSEN

1 W. Haas All. *NSU* 153,624 km/h
2 R. Hollaus Autr. *NSU*
3 H. Baltisberger All. *NSU*
4 K. Kavanagh Austr. *Guzzi*
5 H.-P. Müller All. *NSU*
6 A. Wheeler GB *Guzzi*

GP d'Allemagne, SOLITUDE

1 W. Haas All. *NSU* 136,200 km/h
2 R. Hollaus Autr. *NSU*
3 H. Hallmeier All. *Adler*
4 A. Wheeler GB *Guzzi*
5 W. Reichert All. *NSU*
6 W. Vogel All. *Adler*

GP de Suisse, BERNE

1 R. Hollaus Autr. *NSU* 126,925 km/h
2 G. Braun All. *NSU*
3 H.-P. Müller All. *NSU*
4 L. Taveri CH *Guzzi*
5 R. Colombo I *Guzzi*
6 W. Vogel All. *Adler*

GP d'Italie, MONZA

1 A. Wheeler GB *Guzzi* 148,657 km/h
2 R. Ferri I *Guzzi*
3 K. Knopf All. *NSU*
4 R. Colombo I *Guzzi*
5 T. Wood GB *Guzzi*
6 A. Marelli I *Guzzi*

The 250 cc twin-cylinder NSU.

WERNER HAAS All. *Champion du monde 1954*

Retired from competition riding, he died in an air accident during the Spring of 1955.

250 cc.
W. Haas
NSU

CHAMPIONNAT DU MONDE
1954 - 350 cc.

GP de France, REIMS

1 P. Monneret Fr. *AJS* 153,897 km/h
2 A. Goffin Belg. *Norton*
3 B. Matthews Irl. *Vélocette*
4 J. Collot Fr. *Norton*
5 C. Stormont NZ *BSA*
6 F. Dauwe Belg. *Norton*

TT Anglais, ILE DE MAN

1 R. Coleman NZ *AJS* 147,250 km/h
2 D. Farrant GB *AJS*
3 R. Keeler GB *Norton*
4 L. Simpson NZ *AJS*
5 P. Davey GB *Norton*
6 J. Clark GB *AJS*

GP d'Ulster, BELFAST

1 R. Amm Rhod. *Norton* 134,303 km/h
2 J. Brett GB *Norton*
3 B. Mc. Intyre GB *AJS*
4 G. Laing Austr. *Norton*
5 L. Simpson NZ *AJS*
6 M. Quincey Austr. *Norton*

GP de Belgique, SPA

1 K. Kavanagh Austr. *Guzzi* 163,686 km/h
2 F. Anderson GB *Guzzi*
3 S. Wuensche All. *DKW*
4 E. Lorenzetti I *Guzzi*
5 L. Simpson NZ *AJS*
6 B. Mc. Intyre GB *AJS*

GP de Hollande, ASSEN

1 F. Anderson GB *Guzzi* 157,248 km/h
2 E. Lorenzetti I *Guzzi*
3 R. Coleman NZ *AJS*
4 B. Mc. Intyre GB *AJS*
5 K. Hoffmann All. *DKW*
6 A. Montanari I *Guzzi*

GP d'Allemagne, SOLITUDE

1 R. Amm Rhod. *Norton* 134,600 km/h
2 R. Coleman NZ *AJS*
3 J. Brett GB *Norton*
4 M. Quincey Austr. *Norton*
5 L. Simpson NZ *AJS*
6 G. Braun All. *Horex*

GP de Suisse, BERNE

1 F. Anderson GB *Guzzi* 141,464 km/h
2 K. Kavanagh Austr. *Guzzi*
3 R. Amm Rhod. *Norton*
4 J. Brett GB *Norton*
5 R. Coleman NZ *AJS*
6 B. Mc. Intyre GB *AJS*

GP d'Italie, MONZA

1 F. Anderson GB *Guzzi* 163,670 km/h
2 E. Lorenzetti I *Guzzi*
3 K. Kavanagh Austr. *Guzzi*
4 D. Agostini I *Guzzi*
5 R. Amm Rhod. *Norton*
6 J. Brett GB *Norton*

GP d'Espagne, BARCELONE

1 F. Anderson GB *Guzzi* 106,960 km/h
2 D. Agostini I *Guzzi*
3 J. Grace Gibral. *Norton*
4 G. Braun All. *NSU*
5 B. Matthews Irl. *Vélocette*
6 A. Goffin Belg. *Norton*

Rivals but good friends, Ray Amm and Ken Kavanagh.

350 cc.
F. Anderson
Guzzi

FERGUS ANDERSON GB *Champion du monde 1954*

Retired from racing after winning this second title, he became director of Moto-Guzzi's competition department, then in 1956 took to the track again and was killed on a fast bend on the international circuit at Floreffe whilst riding a 500 cc BMW. He was 47.

GP de France, REIMS

1 P. Monneret Fr. *Gilera* 174,920 km/h
2 A. Milani I *Gilera*
3 J. Collot Fr. *Norton*
4 L. Taveri CH *Norton*
5 B. Matthews Irl. *Norton*
6 C. Julian GB *Norton*

TT Anglais, ILE DE MAN

1 R. Amm Rhod. *Norton* 141,810 km/h
2 G. Duke GB *Gilera*
3 J. Brett GB *Norton*
4 R. Armstrong Irl. *Gilera*
5 R. Allison S. Afr. *Norton*
6 G. Laing Austr. *Norton*

GP d'Ulster, BELFAST *

1 R. Amm Rhod. *Norton* 141,41 km/h
2 R. Coleman NZ *AJS*
3 G. Laing Austr. *Norton*
4 M. Quincey Austr. *Norton*
5 J. Surtees GB *Norton*
6 J. Ahearn Austr. *Norton*

GP de Belgique, SPA

1 G. Duke GB *Gilera* 176,348 km/h
2 K. Kavanagh Austr. *Guzzi*
3 L. Martin Belg. *Gilera*
4 B. Mc. Intyre GB *AJS*
5 K. Campbell Austr. *Norton*
6 G. Murphy NZ *Matchless*

GP de Hollande, ASSEN

1 G. Duke GB *Gilera* 167,763 km/h
2 F. Anderson GB *Guzzi*
3 C. Bandirola I *MV-Agusta*
4 R. Coleman NZ *AJS*
5 D. Dale GB *MV-Agusta*
6 B. Mc. Intyre GB *AJS*

GP d'Allemagne, SOLITUDE

1 G. Duke GB *Gilera* 144,100 km/h
2 R. Amm Rhod. *Norton*
3 R. Armstrong Irl. *Gilera*
4 K. Kavanagh Austr. *Guzzi*
5 F. Anderson GB *Guzzi*
6 J. Brett GB *Norton*

GP de Suisse, BERNE

1 G. Duke GB *Gilera* 150,850 km/h
2 R. Amm Rhod. *Norton*
3 R. Armstrong Irl. *Gilera*
4 J. Brett GB *Norton*
5 R. Coleman NZ *AJS*
6 D. Farrant GB *AJS*

GP d'Italie, MONZA

1 G. Duke GB *Gilera* 179,474 km/h
2 U. Masetti I *Gilera*
3 C. Bandirola I *MV-Agusta*
4 D. Dale GB *MV-Agusta*
5 R. Armstrong Irl. *Gilera*
6 K. Kavanagh Austr. *Guzzi*

GP d'Espagne, BARCELONE

1 D. Dale GB *MV-Agusta* 107,739 km/h
2 K. Kavanagh Austr. *Guzzi*
3 N. Pagani I *MV-Agusta*
4 T. Wood GB *Norton*
5 A. Goffin Belg. *Norton*
6 J. Clark GB *Norton*

* *The Ulster Grand Prix did not count as a World Championship event because owing to bad weather the distance was reduced to 188.92 kilometers (15 laps), and so did not reach the 200 kilometer minimum distance imposed for a 500 cc category race by the FIM ruling.*

Jack Brett with his 'push-bike'.

GEOFFREY DUKE GB *Champion du monde 1954*

*The fifth title carried off by the remarkable Duke, twenty points
ahead of his runner-up, the Rhodesian Ray Amm on a Norton.*

500 cc.
G. Duke
Gilera

Championnat du monde de side-cars 1954

TT Anglais, ILE DE MAN

1 E. Oliver / L. Nutt GB *Norton* 110,830 km/h
2 F. Hillebrand / M. Grunwald All. *BMW*
3 W. Noll / F. Cron All. *BMW*
4 W. Schneider / H. Strauss All. *BMW*
5 J. Drion Fr. / I. Stoll All. *Norton*
6 B. Boddice / J. Pirie GB *Norton*

GP d'Ulster, BELFAST

1 E. Oliver / L. Nutt GB *Norton* 123,055 km/h
2 C. Smith / S. Dibben GB *Norton*
3 W. Noll / F. Cron All. *BMW*
4 F. Hillebrand / M. Grunwald All. *BMW*
5 W. Schneider / H. Strauss All. *BMW*
6 J. Drion Fr. / I. Stoll All. *Norton*

GP de Belgique, SPA

1 E. Oliver / L. Nutt GB *Norton* 151,703 km/h
2 W. Noll / F. Cron All. *BMW*
3 C. Smith / S. Dibben GB *Norton*
4 F. Hillebrand / M. Grunwald All. *BMW*
5 W. Schneider / H. Strauss All. *BMW*
6 J. Deronne / P. Leys Belg. *Norton*

GP d'Allemagne, SOLITUDE

1 W. Noll / F. Cron All. *BMW* 122,800 km/h
2 W. Schneider / H. Strauss All. *BMW*
3 C. Smith / S. Dibben GB *Norton*
4 O. Schmid / O. Kolle All. *Norton*
5 L. Neussner / W. Oxner All. *Norton*
6 E. Kussin / F. Steidel Autr. *Norton*

GP de Suisse, BERNE

1 W. Noll / F. Cron All. *BMW* 130,100 km/h
2 C. Smith / S. Dibben GB *Norton*
3 W. Faust / K. Remmert All. *BMW*
4 W. Schneider / H. Strauss All. *BMW*
5 E. Oliver / L. Nutt GB *Norton*
6 H. Haldemann / L. Taveri CH *Norton*

GP d'Italie, MONZA

1 W. Noll / F. Cron All. *BMW* 149,968 km/h
2 C. Smith / S. Dibben GB *Norton*
3 W. Faust / K. Remmert All. *BMW*
4 J. Drion Fr. / I. Stoll All. *BMW*
5 F. Hillebrand / M. Grunwald All. *BMW*
6 R. Betemps / A. Drivet Fr. *Norton*

In the heat of the struggle.

**WILHELM NOLL/
FRITZ CRON** All.
Champions du monde 1954

*The team which put an end
to the reign of English supremacy
taking the title with three
victories, as many as those
achieved by Eric Oliver. Their
placings in the lists of finishers
made the difference. Works riders
for BMW.*

Side-cars
W. Noll / F. Cron
BMW

Championnat du monde 1955 - 125 cc.

GP d'Espagne, BARCELONE

1 L. Taveri CH *MV-Agusta* 105,271 km/h
2 R. Ferri I *Mondial*
3 C. Ubbiali I *MV-Agusta*
4 G. Lattanzi I *Mondial*
5 A. Copeta I *MV-Agusta*
6 M. Cama E *Montesa*

GP de France, REIMS

1 C. Ubbiali I *MV-Agusta* 147,598 km/h
2 L. Taveri CH *MV-Agusta*
3 G. Lattanzi I *Mondial*
4 T. Provini I *Mondial*
5 A. Copeta I *MV-Agusta*
6 R. Ferri I *Mondial*

TT Anglais, ILE DE MAN

1 C. Ubbiali I *MV-Agusta* 112,122 km/h
2 L. Taveri CH *MV-Agusta*
3 G. Lattanzi I *Mondial*
4 B. Lomas GB *MV-Agusta*
5 B. Webster GB *MV-Agusta*
6 R. Porter GB *MV-Agusta*

GP d'Allemagne, NURBURGRING

1 C. Ubbiali I *MV-Agusta* 110,500 km/h
2 L. Taveri CH *MV-Agusta*
3 R. Venturi I *MV-Agusta*
4 K. Lottes All. *MV-Agusta*
5 K. Pertrusche All. Est *IFA*
6 E. Krumpholz All. Est *IFA*

GP de Hollande, ASSEN

1 C. Ubbiali I *MV-Agusta* 112,977 km/h
2 R. Venturi I *MV-Agusta*
3 R. Grimas Holl. *Mondial*
4 B. Webster GB *MV-Agusta*
5 W. Scheidhauer All. *MV-Agusta*
6 E. Wuensche All. *MV-Agusta*

Two riders from MV-Agusta congratulate each other.

GP d'Italie, MONZA

1 C. Ubbiali I *MV-Agusta* 151,229 km/h
2 R. Venturi I *MV-Agusta*
3 A. Copeta I *MV-Agusta*
4 A. Hobl All. *DKW*
5 S. Wuensche All. *DKW*
6 P. Campanelli I *Mondial*

125 cc.
C. Ubbiali
MV-Agusta

CARLO UBBIALI | *Champion du monde 1955*

Renowned for his sprint finishes, when he always gained the advantage, particularly at Monza, where he was the master!

CHAMPIONNAT DU MONDE
1955 - 250 cc.

TT Anglais, ILE DE MAN

1 B. Lomas GB *MV-Agusta* 114,834 km/h
2 C. Sandford GB *Guzzi*
3 H.-P. Müller All. *NSU*
4 A. Wheeler GB *Guzzi*
5 D. Chadwick GB *RD Spécial*
6 B. Webster GB *Vélocette*

GP d'Allemagne, NURBURGRING

1 H.-P. Müller All. *NSU* 123,800 km/h
2 W. Brandt All. *NSU*
3 C. Sandford GB *Guzzi*
4 L. Taveri CH *MV-Agusta*
5 A. Wheeler GB *Guzzi*
6 H. Hallmeier All. *NSU*

GP de Hollande, ASSEN *

1 L. Taveri CH *MV-Agusta* 122,076 km/h
2 B. Lomas GB *MV-Agusta*
3 U. Masetti I *MV-Agusta*
4 H.-P. Müller All. *NSU*
5 E. Lorenzetti I *Guzzi*
6 C. Sandford GB *Guzzi*

GP d'Ulster, BELFAST

1 J. Surtees GB *NSU* 141,023 km/h
2 S. Miller Irl. *NSU*
3 U. Masetti I *MV-Agusta*
4 B. Lomas GB *MV-Agusta*
5 C. Sandford GB *Guzzi*
6 H.-P. Müller All. *NSU*

GP d'Italie, MONZA

1 C. Ubbiali I *MV-Agusta* 162,986 km/h
2 H. Baltisberger All. *NSU*
3 S. Miller Irl. *NSU*
4 H.-P. Müller All. *NSU*
5 B. Lomas GB *MV-Agusta*
6 U. Masetti I *MV-Agusta*

* *Bill Lomas had been the first across the finishing line, but was demoted to second place by the international jury for having filled up with petrol without stopping his engine.*

The starter's flag has dropped ... and the bikes are off.

HERMANN-PETER MULLER All. *Champion du monde 1955*

Having a number of points equal to the Englishman Bill Lomas, he took the title following the latter's down-grading at Assen. He retired from racing after winning this World Title, after more than fifteen years active competition.

250 cc.
H.-P. Muller
NSU

1955 - 350 cc.

GP de France, REIMS

1 D. Agostini I *Guzzi* 156,729 km/h
2 D. Dale GB *Guzzi*
3 R. Colombo I *Guzzi*
4 A. Goffin Belg. *Norton*
5 G. Murphy NZ *AJS*
6 J. Collot Fr. *Norton*

TT Anglais, ILE DE MAN

1 B. Lomas GB *Guzzi* 148,597 km/h
2 B. Mc. Intyre GB *Norton*
3 C. Sandford GB *Guzzi*
4 J. Surtees GB *Norton*
5 M. Quincey Austr. *Norton*
6 J. Hartle GB *Norton*

GP d'Allemagne, NURBURGRING

1 B. Lomas GB *Guzzi* 127,900 km/h
2 A. Hobl All. *DKW*
3 J. Surtees GB *Norton*
4 C. Sandford GB *Guzzi*
5 K. Kavanagh Austr. *Guzzi*
6 K. Hoffmann All. *DKW*

GP de Belgique, SPA

1 B. Lomas GB *Guzzi* 170,078 km/h
2 A. Hobl All. *DKW*
3 K. Campbell Austr. *Norton*
4 C. Sandford GB *Guzzi*
5 R. Colombo I *Guzzi*
6 H. Bartle All. *DKW*

GP de Hollande, ASSEN

1 K. Kavanagh Austr. *Guzzi* 125,615 km/h
2 B. Lomas GB *Guzzi*
3 D. Dale GB *Guzzi*
4 A. Hobl All. *DKW*
5 K. Hoffmann All. *DKW*
6 H. Bartle All. *DKW*

GP d'Ulster, BELFAST

1 B. Lomas GB *Guzzi* 143,729 km/h
2 J. Hartle GB *Norton*
3 J. Surtees GB *Norton*
4 C. Sandford GB *Guzzi*
5 B. Mc. Intyre GB *Norton*
6 G. Murphy NZ *AJS*

GP d'Italie, MONZA

1 D. Dale GB *Guzzi* 168,277 km/h
2 B. Lomas GB *Guzzi*
3 K. Kavanagh Austr. *Guzzi*
4 E. Lorenzetti I *Guzzi*
5 A. Hobl All. *DKW*
6 R. Colombo I *Guzzi*

Beneath the loud speakers, the public waits.

350 cc.
B. Lomas
Guzzi

BILL LOMAS GB *Champion du monde 1955*

Previously a works rider for NSU and AJS, he also rode for MV-Agusta in the 250 cc class and for Moto-Guzzi in the 500 cc class during the 1955 season.

1955 - 500 cc.

GP d'Espagne, BARCELONE

1 R. Armstrong Irl. *Gilera* 109,246 km/h
2 C. Bandirola I *MV-Agusta*
3 U. Masetti I *MV-Agusta*
4 O. Valdinoci I *Gilera*
5 N. Pagani I *MV-Agusta*
6 T. Forconi I *MV-Agusta*

GP de France, REIMS

1 G. Duke GB *Gilera* 180,298 km/h
2 L. Liberati I *Gilera*
3 R. Armstrong Irl. *Gilera*
4 T. Forconi I *MV-Agusta*
5 J. Collot Fr. *Norton*
6 F. Dauwe Belg. *Norton*

TT Anglais, ILE DE MAN

1 G. Duke GB *Gilera* 157,600 km/h
2 R. Armstrong Irl. *Gilera*
3 K. Kavanagh Austr. *Guzzi*
4 J. Brett GB *Norton*
5 B. Mc. Intyre GB *Norton*
6 D. Ennett GB *Matchless*

GP d'Allemagne, NURBURGRING

1 G. Duke GB *Gilera* 130,912 km/h
2 W. Zeller All. *BMW*
3 C. Bandirola I *MV-Agusta*
4 U. Masetti I *MV-Agusta*
5 G. Colnago I *Gilera*
6 J. Ahearn Austr. *Norton*

GP de Belgique, SPA

1 G. Colnago I *Gilera* 179,023 km/h
2 P. Monneret Fr. *Gilera*
3 L. Martin Belg. *Gilera*
4 D. Agostini I *Guzzi*
5 A. Goffin Belg. *Norton*
6 J. Storr GB *Norton*

GP de Hollande, ASSEN

1 G. Duke GB *Gilera* 128,585 km/h
2 R. Armstrong Irl. *Gilera*
3 U. Masetti I *MV-Agusta*
4 H. Veer Holl. *Gilera*
5 B. Brown Austr. *Matchless*
6 E. Grant NZ *Norton*

GP d'Ulster, BELFAST

1 B. Lomas GB *Guzzi* 148,510 km/h
2 J. Hartle GB *Norton*
3 D. Dale GB *Guzzi*
4 B. Mc. Intyre GB *Norton*
5 G. Murphy Austr. *Matchless*
6 J. Clark GB *Matchless*

GP d'Italie, MONZA

1 U. Masetti I *MV-Agusta* 177,390 km/h
2 R. Armstrong Irl. *Gilera*
3 G. Duke GB *Gilera*
4 G. Colnago I *Gilera*
5 A. Milani I *Gilera*
6 E. Riedelbauch All. *BMW*

Bandirola and Dale.

500 cc.

G. Duke
Gilera

GEOFFREY DUKE GB *Champion du monde 1955*

Duke's last great year; the suspension imposed on him following the Dutch Grand Prix spoilt his 1956 season. Then a serious fall at Imola at the beginning of 1957 was to handicap him again. He retired at the end of the 1959 season. In 1963 he founded the Duke 'Stable', with 350 and 500 cc four-cylinder Gilera machines. His riders were John Hartle and Phil Read, the latter a replacement for the injured Derek Minter, who had been the team's Number One.

Championnat du monde de side-cars 1955

GP d'Espagne, BARCELONE

1 W. Faust / K. Remmert All. *BMW* 98,967 km/h
2 C. Smith / S. Dibben GB *Norton*
3 E. Oliver / L. Nutt GB *Norton*
4 R. Koch / C. Wirth All. *BMW*
5 E. Merlo / D. Magri I *Gilera*
6 R. Benz / J. Kuchler CH *Norton*

TT Anglais, ILE DE MAN

1 W. Schneider / H. Strauss All. *BMW* 112,670 km/h
2 B. Boddice / W. Storr GB *Norton*
3 P. Harris / R. Campbell GB *Matchless*
4 J. Beeton / E. Billingham GB *Norton*
5 F. Taylor / R. Taylor GB *Norton*
6 E. Walker / D. Roberts GB *Norton*

GP d'Allemagne, NURBURGRING

1 W. Faust / K. Remmert All. *BMW* 116,800 km/h
2 W. Noll / F. Cron All. *BMW*
3 W. Schneider / H. Strauss All. *BMW*
4 J. Drion Fr. / I. Stoll All. *Norton*
5 B. Mitchell / G. Max Austr. *Norton*
6 J. Murit Fr. / F. Flahaut Mar. *BMW*

GP de Belgique, SPA

1 W. Noll / F. Cron All. *BMW* 154,625 km/h
2 W. Faust / K. Remmert All. *BMW*
3 W. Schneider / H. Strauss All. *BMW*
4 J. Deronne / P. Leys Belg. *BMW*
5 P. Harris / R. Campbell GB *Matchless*
6 J. Drion Fr. / I. Stoll All. *Norton*

GP de Hollande, ASSEN

1 W. Faust / K. Remmert All. *BMW* 116,083 km/h
2 W. Noll / F. Cron All. *BMW*
3 B. Mitchell / G. Max Austr. *Norton*
4 J. Murit Fr. / F. Flahaut Mar. *BMW*
5 J. Drion Fr. / I. Stoll All. *Norton*
6 H. Steman / M. DeHaas Holl. *BMW*

GP d'Italie, MONZA

1 W. Noll / F. Cron All. *BMW* 150,144 km/h
2 W. Schneider / H. Strauss All. *BMW*
3 J. Drion Fr. / I. Stoll All. *Norton*
4 F. Camathias / M. Bula CH *BMW*
5 J. Murit Fr. / F. Flahaut Mar. *BMW*
6 F. Seeber / F. Heiss All. *BMW*

The overhead camshaft layout of the BMW RS.

WILLY FAUST /
KARL REMMERT All.
Champions du monde 1955

*Victim of a terrible accident during
some BMW trials at Hockenheim,
this brilliant partnership was
dissolved by the death of Remmert.
Faust recovered, after a long
period in hospital.*

Side-cars
W. Faust / K. Remmert
BMW

Championnat du monde 1956 - 125 cc.

TT Anglais, ILE DE MAN

1 C. Ubbiali I *MV-Agusta* 112,301 km/h
2 M. Cama E *Montesa*
3 F. Gonzales E *Montesa*
4 E. Sirera E *Montesa*
5 D. Chadwick GB *LEF*
6 V. Parus Tchécos. *CZ*

GP de Hollande, ASSEN

1 C. Ubbiali I *MV-Agusta* 120,59 km/h
2 L. Taveri CH *MV-Agusta*
3 A. Hobl All. *DKW*
4 C. Sandford GB *Mondial*
5 K. Hoffmann All. *DKW*
6 F. Bartos Tchécos. *CZ*

GP de Belgique, SPA

1 C. Ubbiali I *MV-Agusta* 160,790 km/h
2 F. Libanori I *MV-Agusta*
3 P. Monneret Fr. *Gilera*
4 L. Taveri CH *MV-Agusta*
5 K. Hoffmann All. *DKW*
6 J. Grace Gibral. *Montesa*

GP d'Allemagne, SOLITUDE

1 R. Ferri I *Gilera* 136,787 km/h
2 C. Ubbiali I *MV-Agusta*
3 T. Provini I *Mondial*
4 F. Libanori I *MV-Agusta*
5 A. Hobl All. *DKW*
6 K. Hoffmann All. *DKW*

GP d'Ulster, BELFAST

1 C. Ubbiali I *MV-Agusta* 130,350 km/h
2 R. Ferri I *Gilera*
3 B. Webster GB *MV-Agusta*
4 C. Maddrick GB *MV-Agusta*
5 E. Cope GB *MV-Agusta*
   5 finishers only.

Occupational hazards.

GP d'Italie, MONZA

1 C. Ubbiali I *MV-Agusta* 160,728 km/h
2 T. Provini I *Mondial*
3 R. Sartori I *Mondial*
4 L. Taveri CH *MV-Agusta*
5 S. Artusi I *Ducati*
6 K. Hoffmann All. *DKW*

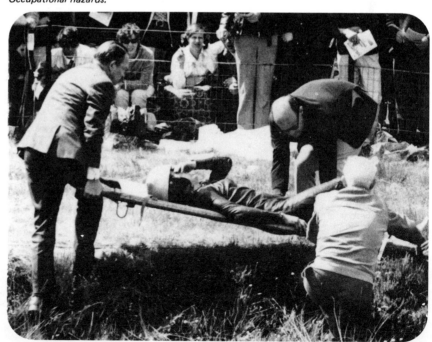

CARLO UBBIALI I *Champion du monde 1956*

125 cc.
C. Ubbiali
MV-Agusta

With no opponent to equal him, this super-champion from Italy
won five of the six events he contested, as in 1955!

1956 - 250 cc.

TT Anglais, ILE DE MAN

1 C. Ubbiali I *MV-Agusta* 107,903 km/h
2 R. Colombo I *MV-Agusta*
3 H. Baltisberger All. *NSU*
4 H. Kassner All. *NSU*
5 F. Bartos Tchécos. *CZ*
6 A. Wheeler GB *Guzzi*

GP de Hollande, ASSEN

1 C. Ubbiali I *MV-Agusta* 125,854 km/h
2 L. Taveri CH *MV-Agusta*
3 E. Lorenzetti I *Guzzi*
4 R. Colombo I *MV-Agusta*
5 H. Kassner All. *NSU*
6 J. Kostir Tchécos. *CZ*

GP de Belgique, SPA

1 C. Ubbiali I *MV-Agusta* 168,696 km/h
2 L. Taveri CH *MV-Agusta*
3 H. Kassner All. *NSU*
4 K. Koster Holl. *NSU*
5 L. Simons Holl. *NSU*
6 J.-P. Bayle Fr. *NSU*

GP d'Allemagne, SOLITUDE

1 C. Ubbiali I *MV-Agusta* 141,405 km/h
2 L. Taveri CH *MV-Agusta*
3 R. Venturi I *MV-Agusta*
4 H. Baltisberger All. *NSU*
5 B. Brown Austr. *NSU*
6 R. Heck All. *NSU*

GP d'Ulster, BELFAST

1 L. Taveri CH *MV-Agusta* 138,824 km/h
2 S. Miller Irl. *NSU*
3 A. Wheeler GB *Guzzi*
4 B. Coleman NZ *NSU*
5 C. Maddrick GB *Guzzi*
6 M. Bula CH *NSU*

GP d'Italie, MONZA

1 C. Ubbiali I *MV-Agusta* 167,015 km/h
2 E. Lorenzetti I *Guzzi*
3 R. Venturi I *MV-Agusta*
4 L. Taveri CH *MV-Agusta*
5 A. Montanari I *Guzzi*
6 S. Miller Irl. *NSU*

Taveri, with Ubbiali and Provini at his heels.

250 cc.
C. Ubbiali
MV-Agusta

CARLO UBBIALI I *Champion du monde 1956*

The title was also secured with five wins in the six Grands Prix contested. At the German Grand Prix, at Solitude, he achieved the fifth best time of the day in all classes with a 250 cc machine.

1956 - 350 cc.

TT Anglais, ILE DE MAN

1 K. Kavanagh Austr. *Guzzi* 143,750 km/h
2 D. Ennett GB *AJS*
3 J. Hartle GB *Norton*
4 C. Sandford GB *DKW*
5 E. Grant S. Afr. *Norton*
6 A. Trow GB *Norton*

GP de Hollande, ASSEN

1 B. Lomas GB *Guzzi* 129,601 km/h
2 J. Surtees GB *MV-Agusta*
3 A. Hobl All. *DKW*
4 C. Sandford GB *DKW*
5 K. Kavanagh Austr. *Guzzi*
6 D. Dale GB *Guzzi*

GP de Belgique, SPA

1 J. Surtees GB *MV-Agusta* 176,466 km/h
2 A. Hobl All. *DKW*
3 C. Sandford GB *DKW*
4 K. Hoffmann All. *DKW*
5 U. Masetti I *MV-Agusta*
6 H. Bartl All. *DKW*

GP d'Allemagne, SOLITUDE

1 B. Lomas GB *Guzzi* 146,200 km/h
2 A. Hobl All. *DKW*
3 D. Dale GB *Guzzi*
4 C. Sandford GB *DKW*
5 H. Bartl All. *DKW*
6 B. Matthews Irl. *Norton*

GP d'Ulster, BELFAST

1 B. Lomas GB *Guzzi* 144,898 km/h
2 D. Dale GB *Guzzi*
3 J. Hartle GB *Norton*
4 J. Brett GB *Norton*
5 G. Murphy NZ *AJS*
6 B. Brown Austr. *AJS*

GP d'Italie, MONZA

1 L. Liberati I *Gilera* 178,396 km/h
2 D. Dale GB *Guzzi*
3 R. Colombo I *MV-Agusta*
4 K. Hoffmann All. *DKW*
5 C. Sandford GB *DKW*
6 A. Hobl All. *DKW*

A private entrant at 'tuning time'.

BILL LOMAS GB *Champion du monde 1956*

After winning this second title, the talented Lomas retired from road racing.
This decision was influenced by the bad fall he sustained during the Shell
Gold Cup Race at Imola in April 1957.

350 cc.
B. Lomas
Guzzi

1956 - 500 cc.

TT Anglais, ILE DE MAN

1 J. Surtees GB *MV-Agusta* 155,410 km/h
2 J. Hartle GB *Norton*
3 J. Brett GB *Norton*
4 W. Zeller All. *BMW*
5 B. Lomas GB *Guzzi*
6 D. Ennett GB *Matchless*

GP de Hollande, ASSEN

1 J. Surtees GB *MV-Agusta* 132,703 km/h
2 W. Zeller All. *BMW*
3 E. Grant S. Afr. *Norton*
4 K. Bryen Austr. *Norton*
5 P. Fahey NZ *Matchless*
6 E. Hiller All. *BMW*

GP de Belgique, SPA

1 J. Surtees GB *MV-Agusta* 184,076 km/h
2 W. Zeller All. *BMW*
3 P. Monneret Fr. *Gilera*
4 U. Masetti I *MV-Agusta*
5 A. Milani I *Gilera*
6 A. Goffin Belg. *Norton*

GP d'Allemagne, SOLITUDE

1 R. Armstrong Irl. *Gilera* 148,700 km/h
2 U. Masetti I *MV-Agusta*
3 P. Monneret Fr. *Gilera*
4 G. Klinger Autr. *BMW*
5 E. Grant S. Afr. *Norton*
6 K. Bryen Austr. *Norton*

GP d'Ulster, BELFAST

1 J. Hartle GB *Norton* 137,860 km/h
2 B. Brown Austr. *Matchless*
3 G. Murphy NZ *Matchless*
4 G. Tanner GB *Norton*
5 R. Herron GB *Norton*
6 J. Brett GB *Norton*

The absence of the distinguished Geoffrey Duke from the 500 cc World Title events during 1956 was due to the fact that he was suspended by the FIM until July 1st for having supported the private riders in their strike movement at the Dutch Grand Prix in 1955. The private contestants did only one lap, at slow speed, and then returned to the pits because they considered themselves underpaid. Thirteen of them were suspended for six months: Jack Ahearn, Australia, Reginald Armstrong, Ireland; Bob Brown, Australia; Keith Campbell, Australia; Peter Davey, GB; Geoffrey Duke, GB; Bob Fitton, GB; Phil Heath, GB; John Hemplemann, New Zealand; Eric Houseley, GB; Bob Matthews, Ireland; Tony MacAlpine, Austraila; and Chris Stormont, New Zealand. The Italians, Guiseppe Colnago, Umberto Masetti, Alfredo Milani and Francis Flahaut from Morocco, were suspended for four months.

GP d'Italie, MONZA

1 G. Duke GB *Gilera* 182,928 km/h
2 L. Liberati I *Gilera*
3 P. Monneret Fr. *Gilera*
4 R. Armstrong Irl. *Gilera*
5 C. Bandirola I *MV-Agusta*
6 W. Zeller All. *BMW*

Continual concentration.

500 cc.
J. Surtees
MV-Agusta

JOHN SURTEES GB   *Champion du monde 1956*

Born the 11th February 1934. Winner of the first three Grands Prix, he collected enough points to carry off the title before taking a fall at Solitude, where he fractured his left arm.

Championnat du monde de side-cars 1956

TT Anglais, ILE DE MAN

1 F. Hillebrand / M. Grunwald All. *BMW* 112,148 km/h
2 P. Harris / R. Campbell GB *Norton*
3 B. Boddice / W. Storr GB *Norton*
4 B. Mitchell Austr. / E. Bliss GB *Norton*
5 J. Beeton / L. Nutt GB *Norton*
6 E. Walker / D. Roberts GB *Norton*

GP de Hollande, ASSEN

1 F. Hillebrand / M. Grunwald All. *BMW* 118,150 km/h
2 W. Noll / F. Cron All. *BMW*
3 C. Smith / S. Dibben GB *Norton*
4 B. Mitchell Austr. / E. Bliss GB *Norton*
5 F. Camathias / M. Bula CH *BMW*
6 J. Drion Fr. / I. Stoll All. *BMW*

GP de Belgique, SPA

1 W. Noll / F. Cron All. *BMW* 156,556 km/h
2 P. Harris / R. Campbell GB *Norton*
3 B. Mitchell Austr. / E. Bliss GB *Norton*
4 F. Hillebrand / M. Grunwald All. *BMW*
5 H. Fath / E. Ohr All. *BMW*
6 J. Drion Fr. / I. Stoll All. *BMW*

GP d'Allemagne, SOLITUDE

1 W. Noll / F. Cron All. *BMW* 136,800 km/h
2 F. Hillebrand / M. Grunwald All. *BMW*
3 H. Fath / E. Ohr All. *BMW*
4 W. Schneider / H. Strauss All. *BMW*
5 C. Smith / S. Dibben GB *Norton*
6 L. Neussner / D. Hess All. *BMW*

GP d'Ulster, BELFAST

1 W. Noll / F. Cron All. *BMW* 126,927 km/h
2 P. Harris / R. Campbell GB *Norton*
3 F. Camathias / M. Bula CH *BMW*
4 F. Taylor / R. Taylor GB *Norton*
5 B. Beevers / J. Mundy GB *Norton*
6 J. Wijns Belg. / M. Woollett GB *BMW*

GP d'Italie, MONZA

1 A. Milani / R. Milani I *Gilera* 157,298 km/h
2 P. Harris / R. Campbell GB *Norton*
3 F. Hillebrand / M. Grunwald All *BMW*
4 F. Camathias / M. Bula CH *BMW*
5 J. Drion Fr. / I. Stoll All. *BMW*
6 W. Schneider / H. Strauss All. *BMW*

A works BMW side-car outfit completely streamlined.

**WILHELM NOLL /
FRITZ CRON** All.
Champions du monde 1956

They retired from road racing after two titles and a second place. Noll was also World Recordholder on the BMW side-car. In 1957 he tried his hand at car racing, but without success.

Side-cars
W. Noll / F. Cron
BMW

Championnat du monde 1957 - 125 cc.

GP d'Allemagne, HOCKENHEIM

1 C. Ubbiali I *MV-Agusta* 159,8 km/h
2 T. Provini I *Mondial*
3 R. Colombo I *MV-Agusta*
4 H. Fugner All. Est *MZ*
5 L. Taveri CH *MV-Agusta*
6 E. Degner All. Est *MZ*

TT Anglais, ILE DE MAN

1 T. Provini I *Mondial* 118,540 km/h
2 C. Ubbiali I *MV-Agusta*
3 L. Taveri CH *MV-Agusta*
4 S. Miller Irl. *Mondial*
5 C. Sandford GB *Mondial*
6 R. Colombo I *MV-Agusta*

GP de Hollande, ASSEN

1 T. Provini I *Mondial* 123,484 km/h
2 R. Colombo I *MV-Agusta*
3 L. Taveri CH *MV-Agusta*
4 C. Sandford GB *Mondial*
5 F. Libanori I *MV-Agusta*
6 S. Miller Irl. *Mondial*

GP de Belgique, SPA

1 T. Provini I *Mondial* 164,524 km/h
2 L. Taveri CH *MV-Agusta*
3 C. Sandford GB *Mondial*
4 F. Bartos Tchécos. *CZ*
5 B. Webster GB *MV-Agusta*
6 C. Maddrick GB *MV-Agusta*

GP d'Ulster, BELFAST

1 L. Taveri CH *MV-Agusta* 126,025 km/h
2 T. Provini I *Mondial*
3 R. Venturi I *MV-Agusta*
4 D. Chadwick GB *MV-Agusta*
5 S. Miller Irl. *Mondial*
6 B. Webster GB *MV-Agusta*

GP d'Italie, MONZA

1 C. Ubbiali I *MV-Agusta* 159,640 km/h
2 S. Miller Irl. *Mondial*
3 L. Taveri CH *MV-Agusta*
4 F. Libanori I *MV-Agusta*
5 R. Venturi I *MV-Agusta*
6 G. Sala I *Mondial*

The lap of honour, with his mechanic riding pillion.

125 cc.

T. Provini
Mondial

TARQUINIO PROVINI | *Champion du monde 1957*

Italian Champion, defeating Ubbiali, he was also World runner-up in the 250 cc class, behind his team-mate Sandford. A rider whose style brought him the admiration of racegoers everywhere.

1957 - 250 cc.

GP d'Allemagne, HOCKENHEIM

1 C. Ubbiali I *MV-Agusta* 176,803 km/h
2 R. Colombo I *MV-Agusta*
3 C. Sandford GB *Mondial*
4 E. Lorenzetti I *Guzzi*
5 L. Taveri CH *MV-Agusta*
6 H. Hallmeier All. *NSU*

TT Anglais, ILE DE MAN

1 C. Sandford GB *Mondial* 121,960 km/h
2 L. Taveri CH *MV-Agusta*
3 R. Colombo I *MV-Agusta*
4 F. Bartos Tchécos. *CZ*
5 S. Miller Irl. *Mondial*
6 D. Chadwick GB *MV-Agusta*

GP de Hollande, ASSEN

1 T. Provini I *Mondial* 128,020 km/h
2 C. Sandford GB *Mondial*
3 S. Miller Irl. *Mondial*
4 F. Libanori I *MV-Agusta*
5 F. Stastny Tchécos. *Jawa*
6 A. Wheeler GB *Guzzi*

GP de Belgique, SPA

1 J. Hartle GB *MV-Agusta* 171,518 km/h
2 S. Miller Irl. *Mondial*
3 C. Sandford GB *Mondial*
4 A. Wheeler GB *Guzzi*
5 F. Bartos Tchécos. *CZ*
6 G. Beer All. *Adler*

GP d'Ulster, BELFAST

1 C. Sandford GB *Mondial* 137,215 km/h
2 D. Chadwick GB *MV-Agusta*
3 T. Robb Irl. *NSU*
4 B. Brown Austr. *NSU*
5 G. Andrews GB *NSU*
6 L. Hodgins GB *Vélocette*

The 250 cc Mondial - World Champion.

GP d'Italie, MONZA

1 T. Provini I *Mondial* 176,115 km/h
2 R. Venturi I *MV-Agusta*
3 E. Lorenzetti I *Guzzi*
4 C. Sandford GB *Mondial*
5 S. Miller Irl. *Mondial*
6 A. Montanari I *Guzzi*

CECIL SANDFORD GB *Champion du monde 1957*

*An all-rounder, who was successful on all types of machines - two-stroke
or four-stroke, single or multi cylinder. He retired at the height of his
career in 1957.*

1957 - 350 cc.

GP d'Allemagne, HOCKENHEIM

1 L. Liberati I *Gilera* 171,900 km/h
2 J. Hartle GB *Norton*
3 H. Hallmeier All. *NSU*
4 U. Masetti I *MV-Agusta*
5 A. Montanari I *Guzzi*
6 R. Thomson Austr. *AJS*

TT Anglais, ILE DE MAN

1 B. Mc. Intyre GB *Gilera* 152,840 km/h
2 K. Campbell Austr. *Guzzi*
3 B. Brown Austr. *Gilera*
4 J. Surtees GB *MV-Agusta*
5 E. Hinton Austr. *Norton*
6 G. Murphy NZ *AJS*

GP de Hollande, ASSEN

1 K. Campbell Austr. *Guzzi* 132,504 km/h
2 B. Mc. Intyre GB *Gilera*
3 L. Liberati I *Gilera*
4 J. Brett GB *Norton*
5 K. Bryen Austr. *Norton*
6 J. Hartle GB *Norton*

GP de Belgique, SPA

1 K. Campbell Austr. *Guzzi* 184,003 km/h
2 L. Liberati I *Gilera*
3 K. Bryen Austr. *Guzzi*
4 A. Montanari I *Guzzi*
5 B. Brown Austr. *Gilera*
6 G. Colnago I *Guzzi*

GP d'Ulster, BELFAST

1 K. Campbell Austr. *Guzzi* 137,215 km/h
2 K. Bryen Austr. *Guzzi*
3 L. Liberati I *Gilera*
4 J. Hartle GB *Norton*
5 D. Chadwick GB *Norton*
6 F. Purslow GB *Norton*

GP d'Italie, MONZA

1 B. Mc. Intyre GB *Gilera* 180,063 km/h
2 G. Colnago I *Guzzi*
3 L. Liberati I *Gilera*
4 A. Milani I *Gilera*
5 A. Mandolini I *Guzzi*
6 J. Hartle GB *Norton*

All round the circuit, every seat is a good one.

KEITH CAMPBELL Austr. *Champion du monde 1957*

G. Duke's brother-in-law. He set a memorable lap record at the Belgian Grand Prix, at the helm of the powerful eight-cylinder 500 cc Moto-Guzzi.
He became a private entrant again following Moto-Guzzi's official withdrawal, and was killed at Cadours, during the 500 cc race, having previously won the 350 cc race.

CHAMPIONNAT DU MONDE
1957 - 500 cc.

GP d'Italie, MONZA
1 L. Liberati I *Gilera* 186,275 km/h
2 G. Duke GB *Gilera*
3 A. Milani I *Gilera*
4 J. Surtees GB *MV-Agusta*
5 U. Masetti I *MV-Agusta*
6 T. Shepherd GB *MV-Agusta*

GP d'Allemagne, HOCKENHEIM
1 L. Liberati I *Gilera* 200,012 km/h
2 B. Mc. Intyre GB *Gilera*
3 W. Zeller All. *BMW*
4 D. Dale GB *Guzzi*
5 T. Shepherd GB *MV-Agusta*
6 E. Hiller All. *BMW*

GP d'Ulster, BELFAST
1 L. Liberati I *Gilera* 147,319 km/h
2 B. Mc. Intyre GB *Gilera*
3 G. Duke GB *Gilera*
4 G. Tanner GB *Norton*
5 K. Bryen Austr. *Guzzi*
6 T. Shepherd GB *MV-Agusta*

The Italian Libero Liberati, on a Gilera 4, who had crossed the finishing line as the winner, was downgraded in favour of the Englishman Jack Brett, on a Norton, for having entered the race on Bob Brown's machine without having advised the jury that he was doing so.

TT Anglais, ILE DE MAN
1 B. Mc. Intyre GB *Gilera* 159,308 km/h
2 J. Surtees GB *MV-Agusta*
3 B. Brown Austr. *Gilera*
4 D. Dale GB *Guzzi*
5 K. Campbell Austr. *Guzzi*
6 A. Trow GB *Norton*

GP de Hollande, ASSEN
1 J. Surtees GB *MV-Agusta* 132,806 km/h
2 L. Liberati I *Gilera*
3 W. Zeller All. *BMW*
4 J. Brett GB *Norton*
5 E. Hiller All. *BMW*
6 K. Bryen Austr. *Norton*

The engine/gear box unit of the 500 cc BMW RS.

GP de Belgique, SPA *
1 J. Brett GB *Norton* 182,542 km/h
2 K. Bryen Austr. *Norton*
3 D. Minter GB *Norton*
4 M. O'Rourke GB *Norton*
5 H. Jaeger All. *BMW*
5 finishers only.

500 cc.
L. Liberati
Gilera

LIBERO LIBERATI | *Champion du monde 1957*

He was also runner-up in the 350 cc class. He abandoned international competition after Gilera's withdrawal, and returned only very occasionally to the track. He was killed during trials on a touring bike at Terni in 1962.

Championnat du monde de side-cars 1957

GP d'Allemagne, HOCKENHEIM

1 F. Hillebrand / M. Grunwald All. *BMW* 164,000 km/h
2 W. Schneider / H. Strauss All. *BMW*
3 J. Knebel / R. Amfaldern All. *BMW*
4 F. Camathias / J. Galliker CH *BMW*
5 L. Neussner / D. Hess All. *BMW*
6 C. Smith / S. Dibben GB *Norton*

TT Anglais, ILE DE MAN

1 F. Hillebrand / M. Grunwald All. *BMW* 115,690 km/h
2 W. Schneider / H. Strauss All. *BMW*
3 F. Camathias / J. Galliker CH *BMW*
4 J. Beeton / C. Billingham GB *Norton*
5 C. Freeman / J. Chisnell GB *Norton*
6 P. Woollett / G. Loft GB *Norton*

GP de Hollande, ASSEN

1 F. Hillebrand / M. Grunwald All. *BMW* 117,469 km/h
2 J. Beeton / T. Partige GB *Norton*
3 L. Neussner / D. Hess All. *BMW*
4 E. Strub CH / H. Cecco All. *BMW*
5 M. Beauvais / A. Coudert Fr. *Norton*
6 W. Grossmann / W. Volk All. *Norton*

GP de Belgique, SPA

1 W. Schneider / H. Strauss All. *BMW* 159,353 km/h
2 F. Camathias / J. Galliker CH *BMW*
3 F. Hillebrand / M. Grunwald All. *BMW*
4 P. Harris / R. Campbell GB *Norton*
5 J. Drion Fr. / I. Stoll All. *BMW*
6 M. Beauvais / A. Coudert Fr. *Norton*

GP d'Italie, MONZA

1 A. Milani / R. Milani I *Gilera* 159,455 km/h
2 C. Smith / E. Bliss GB *Norton*
3 F. Camathias CH / H. Cecco All. *BMW*
4 F. Scheidegger CH / H. Burckardt All. *BMW*
5 J. Drion Fr. / I. Stoll All. *BMW*
6 L. Neussner / D. Hess All. *BMW*

The Camathias - Cecco partnership gets airborne.

FRITZ HILLEBRAND/
MANFRED GRUNWALD All.
Champions du monde 1957

*Victims of a bad skid during the
international races at Bilbao on
August 24th 1957, Hillebrand (born
the 22nd November 1917) was
killed, and Grunwald decided to
retire.*

Side-cars
F. Hillebrand / M. Grunwald
BMW

Championnat du monde 1958 - 125 cc.

TT Anglais, ILE DE MAN

1 C. Ubbiali I *MV-Agusta* 117,25 km/h
2 R. Ferri I *Ducati*
3 D. Chadwick GB *Ducati*
4 S. Miller Irl. *Ducati*
5 E. Degner All. Est *MZ*
6 H. Fuegner All. Est *MZ*

GP de Belgique, SPA

1 A. Gandossi I *Ducati* 157,860 km/h
2 R. Ferri I *Ducati*
3 T. Provini I *MV-Agusta*
4 D. Chadwick GB *Ducati*
5 C. Ubbiali I *MV-Agusta*
6 L. Taveri CH *Ducati*

GP de Hollande, ASSEN

1 C. Ubbiali I *MV-Agusta* 124,768 km/h
2 L. Taveri CH *Ducati*
3 T. Provini I *MV-Agusta*
4 A. Gandossi I *Ducati*
5 D. Chadwick GB *Ducati*
6 E. Degner All. Est *MZ*

GP d'Allemagne, NURBURGRING

1 C. Ubbiali I *MV-Agusta* 121,803 km/h
2 T. Provini I *MV-Agusta*
3 E. Degner All. Est *MZ*
4 H. Fuegner All. Est *MZ*
5 W. Brehme All. Est *MZ*
6 W. Musiol All. Est *MZ*

GP de Suède, HEDEMORA

1 A. Gandossi I *Ducati* 146,894 km/h
2 L. Taveri CH *Ducati*
3 C. Ubbiali I *MV-Agusta*
4 T. Provini I *MV-Agusta*
5 E. Degner All. Est *MZ*
6 H. Fuegner All. Est *MZ*

GP d'Ulster, BELFAST

1 C. Ubbiali I *MV-Agusta* 123,957 km/h
2 L. Taveri CH *Ducati*
3 D. Chadwick GB *Ducati*
4 A. Gandossi I *Ducati*
5 H. Fuegner All. Est *MZ*
6 A. Wheeler GB *Mondial*

GP d'Italie, MONZA

1 B. Spaggiari I *Ducati* 155,827 km/h
2 A. Gandossi I *Ducati*
3 F. Villa I *Ducati*
4 D. Chadwick GB *Ducati*
5 L. Taveri CH *Ducati*
6 A. Vezzalini I *MV-Agusta*

The MZ rotary valve single cylinder two-stroke.

CARLO UBBIALI I *Champion du monde 1958*

Ubbiali's fifth title, after a particularly well contested season not helped by the appearance of the new Ducati single cylinder machines, with their desmodromic valve gear.

1958 - 250 cc.

TT Anglais, ILE DE MAN

1 T. Provini I *MV-Agusta* 123,740 km/h
2 C. Ubbiali I *MV-Agusta*
3 M. Hailwood GB *NSU*
4 B. Brown Austr. *NSU*
5 D. Falk All. *Adler*
6 S. Miller Irl. *Ducati*

GP de Hollande, ASSEN

1 T. Provini I *MV-Agusta* 125,371 km/h
2 C. Ubbiali I *MV-Agusta*
3 D. Falk All. *Adler*
4 M. Hailwood GB *NSU*
5 A. Wheeler GB *Mondial*
6 H. Kassner All. *NSU*

GP d'Allemagne, NURBURGRING

1 T. Provini I *MV-Agusta* 119,000 km/h
2 H. Fuegner All. Est *MZ*
3 D. Falk All. *Adler*
4 H. Kassner All. *NSU*
5 X. Heiss All. *NSU*
6 W. Reichert All. *NSU*

GP de Suède, HEDEMORA

1 H. Fuegner All. Est *MZ* 151,500 km/h
2 M. Hailwood GB *NSU*
3 G. Monty GB *NSU*
4 G. Beer All. *Adler*
5 J. Autengruber Autr. *NSU*
6 W. Lecke All. *DKW*

GP d'Ulster, BELFAST

1 T. Provini I *MV-Agusta* 124,553 km/h
2 T. Robb Irl. *NSU*
3 D. Chadwick GB *MV-Agusta*
4 E. Degner All. Est *MZ*
5 H. Fuegner All. Est *MZ*
6 D. Dale GB *NSU*

GP d'Italie, MONZA

1 E. Mendogni I *Morini* 168,211 km/h
2 G. Zubani I *Morini*
3 C. Ubbiali I *MV-Agusta*
4 G. Beer All. *Adler*
5 J. Autengruber Autr. *NSU*
6 D. Falk All. *Adler*

Taveri, Ubbiali and Provini at the TT.

TARQUINIO PROVINI | *Champion du monde 1958*

Provini again rode for MV in 1959, then a Morini 250, and in 1964 the four-cylinder Benelli. A bad fall in the 1965 TT forced him to retire, following a fractured pelvis. He established the Protar factory for scale model production.

1958 - 350 cc.

TT Anglais, ILE DE MAN

1 J. Surtees GB *MV-Agusta* 151,230 km/h
2 D. Chadwick GB *Norton*
3 G. Tanner GB *Norton*
4 T. Shepherd GB *Norton*
5 G. Catlin GB *Norton*
6 A. King GB *Norton*

GP de Belgique, SPA

1 J. Surtees GB *MV-Agusta* 177,804 km/h
2 J. Hartle GB *MV-Agusta*
3 K. Campbell Austr. *Norton*
4 D. Minter GB *Norton*
5 G. Duke GB *Norton*
6 D. Chadwick GB *Norton*

GP de Hollande, ASSEN

1 J. Surtees GB *MV-Agusta* 131,039 km/h
2 J. Hartle GB *MV-Agusta*
3 K. Campbell Austr. *Norton*
4 D. Minter GB *Norton*
5 M. Hailwood GB *Norton*
6 L. Taveri CH *Norton*

GP d'Allemagne, NURBURGRING

1 J. Surtees GB *MV-Agusta* 129,500 km/h
2 J. Hartle GB *MV-Agusta*
3 D. Chadwick GB *Norton*
4 M. Hailwood GB *Norton*
5 B. Anderson GB *Norton*
6 D. Dale GB *Norton*

GP de Suède, HEDEMORA

1 G. Duke GB *Norton* 156,550 km/h
2 B. Anderson GB *Norton*
3 M. Hailwood GB *Norton*
4 A. Trow GB *Norton*
5 G. Monty GB *Norton*
6 M. O'Rourke GB *Norton*

GP d'Ulster, BELFAST

1 J. Surtees GB *MV-Agusta* 129,460 km/h
2 J. Hartle GB *MV-Agusta*
3 T. Shepherd GB *Norton*
4 G. Duke GB *Norton*
5 B. Mc. Intyre GB *Norton*
6 D. Minter GB *Norton*

GP d'Italie, MONZA

1 J. Surtees GB *MV-Agusta* 173,253 km/h
2 J. Hartle GB *MV-Agusta*
3 G. Duke GB *Norton*
4 B. Anderson GB *Norton*
5 D. Chadwick GB *Norton*
6 B. Brown Austr. *AJS*

John Surtees, with his father.

350 cc.
J. Surtees
MV-Agusta

JOHN SURTEES GB *Champion du monde 1958*

After the withdrawal of Gilera, Moto-Guzzi and Mondial, MV was the only Italian firm which was officially represented. Surtees' great talent, almost without equal, was in beating previous records!

1958 - 500 cc.

TT Anglais, ILE DE MAN

1 J. Surtees GB *MV-Agusta* 158,700 km/h
2 B. Anderson GB *Norton*
3 B. Brown Austr. *Norton*
4 D. Minter GB *Norton*
5 D. Chadwick GB *Norton*
6 H. Anderson NZ *Norton*

GP de Belgique, SPA

1 J. Surtees GB *MV-Agusta* 185,589 km/h
2 K. Campbell Austr. *Norton*
3 J. Hartle GB *MV-Agusta*
4 G. Duke GB *BMW*
5 D. Dale GB *BMW*
6 B. Anderson GB *Norton*

GP de Hollande, ASSEN

1 J. Surtees GB *MV-Agusta* 134,955 km/h
2 J. Hartle GB *MV-Agusta*
3 D. Minter GB *Norton*
4 E. Hiller All. *BMW*
5 D. Dale GB *BMW*
6 G. Hocking Rhod. *Norton*

GP de Suède, HEDEMORA

1 G. Duke GB *Norton* 165,300 km/h
2 D. Dale GB *BMW*
3 T. Shepherd GB *Norton*
4 G. Hocking Rhod. *Norton*
5 E. Hiller All. *BMW*
6 B. Brown Austr. *Norton*

GP d'Allemagne, NURBURGRING

1 J. Surtees GB *MV-Agusta* 112,600 km/h
2 J. Hartle GB *MV-Agusta*
3 G. Hocking Rhod. *Norton*
4 E. Hiller All. *BMW*
5 D. Dale GB *BMW*
6 B. Brown Austr. *Norton*

GP d'Ulster, BELFAST

1 J. Surtees GB *MV-Agusta* 139,570 km/h
2 B. Mc. Intyre GB *Norton*
3 J. Hartle GB *MV-Agusta*
4 D. Minter GB *Norton*
5 G. Duke GB *Norton*
6 D. Dale GB *BMW*

GP d'Italie, MONZA

1 J. Surtees GB *MV-Agusta* 184,285 km/h
2 R. Venturi I *MV-Agusta*
3 U. Masetti I *MV-Agusta*
4 D. Dale GB *BMW*
5 C. Bandirola I *MV-Agusta*
6 D. Chadwick GB *Norton*

The last minutes before the race begins.

500 cc.
J. Surtees
MV-Agusta

JOHN SURTEES GB *Champion du monde 1958*

An exceptional rider, he was timed during the Italian Grand Prix at Monza in 1958 as having only two tenths of a second difference between his first and twentieth laps. What precision!

Championnat du monde de side-cars 1958

TT Anglais, ILE DE MAN

1 W. Schneider / H. Strauss All. *BMW* 117,490 km/h
2 F. Camathias CH / H. Cecco All. *BMW*
3 J. Beeton / E. Bulgin GB *Norton*
4 A. Ritter / F. Blauth All. *BMW*
5 R. Walker / D. Roberts GB *Norton*
6 J. Woollett / G. Loft GB *Norton*

GP de Belgique, SPA

1 W. Schneider / H. Strauss All. *BMW* 165,848 km/h
2 F. Camathias CH / H. Cecco All. *BMW*
3 H. Fath / F. Rudolf All. *BMW*
4 C. Smith / S. Dibben GB *Norton*
5 J. Beeton / E. Bulgin GB *Norton*
6 L. Neussner / D. Hess All. *BMW*

GP de Hollande, ASSEN

1 F. Camathias CH / H. Cecco All. *BMW* 119,685 km/h
2 W. Schneider / H. Strauss All. *BMW*
3 H. Fath / F. Rudolf All. *BMW*
4 C. Smith / S. Dibben GB *Norton*
5 B. Boddice / B. Canning GB *Norton*
6 L. Neussner / D. Hess All. *BMW*

GP d'Allemagne, NURBURGRING

1 W. Schneider / H. Strauss All. *BMW* 112,800 km/h
2 F. Camathias CH / H. Cecco All. *BMW*
3 R. Richert / G. Klim All. *BMW*
4 A. Rohsiepe / A. Gardyanczik All. *BMW*
5 L. Neussner / D. Hess All. *BMW*
6 A. Butscher / H. Munz All. *BMW*

The four-cylinder machine, with Fath fuel injection.

WALTER SCHNEIDER/
HANS STRAUSS All.
Champions du monde 1958

*Works riders for BMW, they met
with relentless opposition from the
private partnership of Florian
Camathias and Hilmar Cecco.*

Side-cars
W. Schneider / H. Strauss
BMW

Championnat du monde 1959 - 125 cc.

TT Anglais, ILE DE MAN

1 T. Provini I *MV-Agusta* 119,180 km/h
2 L. Taveri CH *MZ*
3 M. Hailwood GB *Ducati*
4 H. Fuegner All. Est *MZ*
5 C. Ubbiali I *MV-Agusta*
6 N. Taniguchi Jap. *Honda*

GP d'Allemagne, HOCKENHEIM

1 C. Ubbiali I *MV-Agusta* 157,400 km/h
2 T. Provini I *MV-Agusta*
3 M. Hailwood GB *Ducati*
4 F. Villa I *Ducati*
5 B. Spaggiari I *Ducati*
6 E. Degner All. Est *MZ*

GP de Hollande, ASSEN

1 C. Ubbiali I *MV-Agusta* 123,426 km/h
2 B. Spaggiari I *Ducati*
3 M. Hailwood GB *Ducati*
4 H. Fuegner All. Est *MZ*
5 D. Minter GB *MZ*
6 K. Kavanagh Austr. *Ducati*

GP de Belgique, SPA

1 C. Ubbiali I *MV-Agusta* 159,034 km/h
2 T. Provini I *MV-Agusta*
3 L. Taveri CH *Ducati*
4 D. Minter GB *MZ*
5 K. Kavanagh Austr. *Ducati*
6 K. Kronmuller All. *Ducati*

GP de Suède, KRISTIANSTAD

1 T. Provini I *MV-Agusta* 132,760 km/h
2 C. Ubbiali I *MV-Agusta*
3 W. Musiol All. Est *MZ*
4 M. Hailwood GB *Ducati*
5 K. Kavanagh Austr. *Ducati*
6 O. Svensson Suède *Ducati*

GP d'Ulster, BELFAST

1 M. Hailwood GB *Ducati* 131,890 km/h
2 G. Hocking Rhod. *MZ*
3 E. Degner All. Est *MZ*
4 K. Kavanagh Austr. *Ducati*
5 A. Pagani I *Ducati*
6 A. Wheeler GB *Ducati*

GP d'Italie, MONZA

1 E. Degner All. Est *MZ* 154,727 km/h
2 C. Ubbiali I *MV-Agusta*
3 L. Taveri CH *Ducati*
4 D. Minter GB *MZ*
5 T. Provini I *MV-Agusta*
6 G. Hocking Rhod. *MV-Agusta*

Time for the entertainment to begin!

CARLO UBBIALI | *Champion du monde 1959*

125 cc.
C. Ubbiali
MV-Agusta

A new double for Ubbiali, who thus became the champion with the greatest number of titles in the whole history of world motorcycle sport.

1959 - 250 cc.

TT Anglais, ILE DE MAN

1 T. Provini I *MV-Agusta* 125,250 km/h
2 C. Ubbiali I *MV-Agusta*
3 D. Chadwick GB *MV-Agusta*
4 T. Robb Irl. *GMS*
5 H. Kassner All. *NSU*
6 R. Thalhammer Autr. *NSU*

GP d'Allemagne, HOCKENHEIM

1 C. Ubbiali I *MV-Agusta* 176,570 km/h
2 E. Mendogni I *Morini*
3 H. Fuegner All. Est *MZ*
4 L. Liberati I *Morini*
5 M. Hailwood GB *Mondial*
6 G. Duke GB *Benelli*

GP de Hollande, ASSEN

1 T. Provini I *MV-Agusta* 131,437 km/h
2 C. Ubbiali I *MV-Agusta*
3 D. Minter GB *Morini*
4 M. Hailwood GB *Mondial*
5 H. Fuegner All. Est *MZ*
6 E. Degner All. Est *MZ*

GP de Suède, KRISTIANSTAD

1 G. Hocking Rhod. *MZ* 140,001 km/h
2 C. Ubbiali I *MV-Agusta*
3 G. Duke GB *Benelli*
4 E. Degner All. Est *MZ*
5 M. Hailwood GB *Mondial*
6 D. Dale GB *Benelli*

GP d'Ulster, BELFAST

1 G. Hocking Rhod. *MZ* 143,919 km/h
2 M. Hailwood GB *Mondial*
3 E. Degner All. Est *MZ*
4 T. Robb Irl. *GMS*
5 P. Carter Irl. *NSU*
6 G. Beer All. *Adler*

The chequered flag of victory.

GP d'Italie, MONZA

1 C. Ubbiali I *MV-Agusta* 173,050 km/h
2 E. Degner All. Est *MZ*
3 E. Mendogni I *Morini*
4 D. Minter GB *Morini*
5 L. Taveri CH *MZ*
6 T. Robb Irl. *MZ*

250 cc.
C. Ubbiali
MV-Agusta

CARLO UBBIALI I *Champion du monde 1959*

In the course of his distinguished career, this super-champion from Bergamo carried off no less than 39 Grand Prix titles, and was placed second twenty times, as well as carrying off fifteen national titles.

1959 - 350 cc.

GP de France, CLERMONT-FERRAND

1 J. Surtees GB *MV-Agusta* 118,067 km/h
2 G. Hocking Rhod. *Norton*
3 J. Hartle GB *MV-Agusta*
4 B. Anderson GB *Norton*
5 P. Driver S. Afr. *Norton*
6 T. Shepherd GB *Norton*

TT Anglais, ILE DE MAN

1 J. Surtees GB *MV-Agusta* 153,530 km/h
2 J. Hartle GB *MV-Agusta*
3 A. King GB *Norton*
4 G. Duke GB *Norton*
5 B. Anderson GB *Norton*
6 D. Chadwick GB *Norton*

GP d'Allemagne, HOCKENHEIM

1 J. Surtees GB *MV-Agusta* 177,600 km/h
2 G. Hocking Rhod. *Norton*
3 E. Brambilla I *MV-Agusta*
4 G. Duke GB *Norton*
5 J. Hempleman NZ *Norton*
6 J. Redman Rhod. *Norton*

GP de Suède, KRISTIANSTAD

1 J. Surtees GB *MV-Agusta* 149,900 km/h
2 J. Hartle GB *MV-Agusta*
3 B. Brown Austr. *Norton*
4 D. Dale GB *AJS*
5 M. Hailwood GB *AJS*
6 J. Redman Rhod. *Norton*

GP d'Ulster, BELFAST

1 J. Surtees GB *MV-Agusta* 146,933 km/h
2 B. Brown Austr. *Norton*
3 G. Duke GB *Norton*
4 D. Dale GB *AJS*
5 T. Phillis Austr. *Norton*
6 J. Hempleman NZ *Norton*

A motorcycle can sometimes look like a beetle!

GP d'Italie, MONZA

1 J. Surtees GB *MV-Agusta* 172,436 km/h
2 R. Venturi I *MV-Agusta*
3 B. Brown Austr. *Norton*
4 J. Hempleman NZ *Norton*
5 P. Driver S. Afr. *Norton*
6 G. Milani I *Norton*

JOHN SURTEES GB *Champion du monde 1959*

350 cc.
J. Surtees
MV-Agusta

After winning his titles in 1958, he had no competition the following year and again achieved the double. Hartle alone could be a match for him. Surtees was to score thirty eight victories in World Championship events during the course of his career.

1959 - 500 cc.

GP de France, CLERMONT-FERRAND

1 J. Surtees GB *MV-Agusta* 120,384 km/h
2 R. Venturi I *MV-Agusta*
3 G. Hocking Rhod. *Norton*
4 D. Dale GB *BMW*
5 T. Shepherd GB *Norton*
6 P. Driver S. Afr. *Norton*

TT Anglais, ILE DE MAN

1 J. Surtees GB *MV-Agusta* 141,510 km/h
2 A. King GB *Norton*
3 B. Brown Austr. *Norton*
4 D. Powell GB *Matchless*
5 B. Mc. Intyre GB *Norton*
6 P. Driver S. Afr. *Norton*

GP d'Allemagne, HOCKENHEIM

1 J. Surtees GB *MV-Agusta* 198,800 km/h
2 R. Venturi I *MV-Agusta*
3 B. Brown Austr. *Norton*
4 K. Kavanagh Austr. *Norton*
5 J. Hempleman NZ *Norton*
6 A. Huber All. *BMW*

GP de Hollande, ASSEN

1 J. Surtees GB *MV-Agusta* 136,649 km/h
2 B. Brown Austr. *Norton*
3 R. Venturi I *MV-Agusta*
4 D. Dale GB *BMW*
5 J. Redman Rhod. *Norton*
6 R. Miles Austr. *Norton*

GP de Belgique, SPA

1 J. Surtees GB *MV-Agusta* 191,962 km/h
2 G. Hocking Rhod. *Norton*
3 G. Duke GB *Norton*
4 B. Brown Austr. *Norton*
5 R. Venturi I *MV-Agusta*
6 B. Anderson GB *Norton*

GP d'Ulster, BELFAST

1 J. Surtees GB *MV-Agusta* 153,305 km/h
2 B. Mc. Intyre GB *Norton*
3 G. Duke GB *Norton*
4 T. Shepherd GB *Norton*
5 B. Brown Austr. *Norton*
6 A. King GB *Norton*

GP d'Italie, MONZA

1 J. Surtees GB *MV-Agusta* 185,436 km/h
2 R. Venturi I *MV-Agusta*
3 G. Duke GB *Norton*
4 B. Brown Austr. *Norton*
5 J. Hempleman NZ *Norton*
6 P. Driver S. Afr. *Norton*

Go!

500 cc.
J. Surtees
MV-Agusta

JOHN SURTEES GB *Champion du monde 1959*

Seven wins in the seven events contested in the 500 cc class, and all with new records. When he first started, Surtees was a works rider for Norton on 350 and 500 cc machines; he also raced NSU and BMW works machines.

Championnat du monde de side-cars 1959

GP de France, CLERMONT-FERRAND

1 F. Scheidegger CH / H. Burckardt All. *BMW* 103,663 km/h
2 W. Schneider / H. Strauss All. *BMW*
3 E. Strub CH / R. Foell All. *BMW*
4 H. Fath / A. Wohlgemuth All. *BMW*
5 J. Rogliardo / M. Godillot Fr. *BMW*
6 A. Ritter / P. Joss All. *BMW*

TT Anglais, ILE DE MAN

1 W. Schneider / H. Strauss All. *BMW* 116,979 km/h
2 F. Camathias CH / H. Cecco All. *BMW*
3 F. Scheidegger CH / H. Burckardt All. *BMW*
4 H. Fath / A. Wohlgemuth All. *BMW*
5 E. Strub / J. Siffert CH *BMW*
6 O. Greenwood / T. Fairbrother GB *Triumph*

GP d'Allemagne, HOCKENHEIM

1 F. Camathias CH / H. Cecco All. *BMW* 169,030 km/h
2 W. Schneider / H. Strauss All. *BMW*
3 M. Deubel / H. Holer All. *BMW*
4 L. Neussner All. / T. Partige GB *BMW*
5 F. Scheidegger CH / H. Burckardt All. *BMW*
6 A. Rohsiepe / A. Gardyanczik All. *BMW*

GP de Hollande, ASSEN

1 F. Camathias CH / H. Cecco All. *BMW* 119,985 km/h
2 P. Harris / R. Campbell GB *BMW*
3 H. Fath / A. Wohlgemuth All. *BMW*
4 E. Strub / J. Siffert CH *BMW*
5 B. Boddice / B. Canning GB *Norton*
6 L. Neussner All. / T. Partige GB *BMW*

GP de Belgique, SPA

1 W. Schneider / H. Strauss All. *BMW* 160,580 km/h
2 J. Rogliardo / M. Godillot Fr. *BMW*
3 F. Scheidegger CH / H. Burckardt, All. *BMW*
4 E. Strub / J. Siffert CH *BMW*
5 B. Beevers / J. Chisnell GB *BMW*
6 J. Duhem / R. Burtin Fr. *BMW*

With all the preparations completed, what are the riders thinking about?

**WALTER SCHNEIDER /
HANS STRAUSS** All.
Champions du monde 1959

As in 1958, their greatest
opposition came from Camathias
and Cecco, whom they again beat
by four points.
They retired after winning this
second title. Schneider tried
motor racing, without success.

Side-cars
W. Schneider / H. Strauss
BMW

Championnat du monde 1960 - 125 cc.

TT Anglais, ILE DE MAN

1 C. Ubbiali I *MV-Agusta* 137,750 km/h
2 G. Hocking Rhod. *MV-Agusta*
3 L. Taveri CH *MV-Agusta*
4 J. Hempleman NZ *MZ*
5 B. Anderson GB *MZ*
6 N. Taniguchi Jap. *Honda*

GP de Hollande, ASSEN

1 C. Ubbiali I *MV-Agusta* 122,795 km/h
2 G. Hocking Rhod. *MV-Agusta*
3 A. Gandossi I *MZ*
4 J. Redman Rhod. *Honda*
5 E. Degner All. Est *MZ*
6 G. Suzuki Jap. *Honda*

GP de Belgique, SPA

1 E. Degner All. Est *MZ* 161,540 km/h
2 J. Hempleman NZ *MZ*
3 C. Ubbiali I *MV-Agusta*
4 B. Spaggiari I *MV-Agusta*
5 G. Hocking Rhod. *MV-Agusta*
6 M. Hailwood GB *Ducati*

GP d'Ulster, BELFAST

1 C. Ubbiali I *MV-Agusta* 134,180 km/h
2 G. Hocking Rhod. *MV-Agusta*
3 E. Degner All. Est *MZ*
4 B. Spaggiari I *MV-Agusta*
5 L. Taveri CH *MV-Agusta*
6 J. Hempleman NZ *MZ*

GP d'Italie, MONZA

1 C. Ubbiali I *MV-Agusta* 155,821 km/h
2 B. Spaggiari I *MV-Agusta*
3 E. Degner All. Est *MZ*
4 J. Redman Rhod. *Honda*
5 G. Hocking Rhod. *MV-Agusta*
6 K. Takahashi Jap. *Honda*

And so the wheels turn ...

125 cc.
C. Ubbiali
MV-Agusta

CARLO UBBIALI I *Champion du monde 1960*

Another year dominated by Ubbiali, in spite of very strong competition. His name is synonymous with victory. He rejected attractive offers from the Japanese giants who were beginning to show interest in European events.

1960 - 250 cc.

TT Anglais, ILE DE MAN

1 G. Hocking Rhod. *MV-Agusta* 150,698 km/h
2 C. Ubbiali I *MV-Agusta*
3 T. Provini I *Morini*
4 B. Brown Austr. *Honda*
5 M. Kitano Jap. *Honda*
6 N. Taniguchi Jap. *Honda*

GP de Hollande, ASSEN

1 C. Ubbiali I *MV-Agusta* 133,422 km/h
2 G. Hocking Rhod. *MV-Agusta*
3 L. Taveri CH *MV-Agusta*
4 J. Hempleman NZ *MZ*
5 M. Hailwood GB *Mondial*
6 E. Degner All. Est *MZ*

GP de Belgique, SPA

1 C. Ubbiali I *MV-Agusta* 182,710 km/h
2 G. Hocking Rhod. *MV-Agusta*
3 L. Taveri CH *MV-Agusta*
4 M. Hailwood GB *Ducati*
5 A. Pagani I *Aermacchi*
6 G. Beer All. *Adler*

GP d'Allemagne, SOLITUDE

1 G. Hocking Rhod. *MV-Agusta* 147,709 km/h
2 C. Ubbiali I *MV-Agusta*
3 T. Tanaka Jap. *Honda*
4 D. Dale GB *MZ*
5 L. Taveri CH *MV-Agusta*
6 K. Takahashi Jap. *Honda*

GP d'Ulster, BELFAST

1 C. Ubbiali I *MV-Agusta* 146,170 km/h
2 T. Phillis Austr. *Honda*
3 J. Redman Rhod. *Honda*
4 M. Hailwood GB *Ducati*
5 K. Takahashi Jap. *Honda*
6 L. Taveri CH *MV-Agusta*

Time for relaxation.

GP d'Italie, MONZA

1 C. Ubbiali I *MV-Agusta* 175,504 km/h
2 J. Redman Rhod. *Honda*
3 E. Degner All. Est *MZ*
4 K. Takahashi Jap. *Honda*
5 G. Milani I *Honda*
6 J. Sato Jap. *Honda*

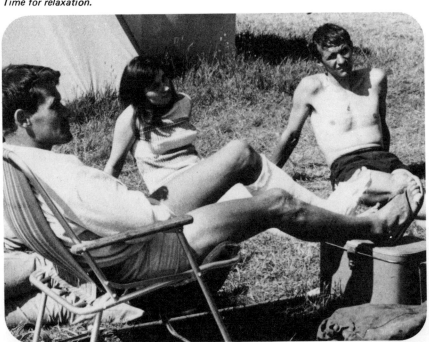

CARLO UBBIALI | *Champion du monde 1960*

Having carried off nine titles, Ubbiali retired from racing to devote himself to his motorcycle business. He is the champion of champions, after fourteen years highly successful road racing.

250 cc.
C. Ubbiali
MV-Agusta

1960 - 350 cc.

GP de France, CLERMONT-FERRAND

1 G. Hocking Rhod. *MV-Agusta* 113,822 km/h
2 F. Stastny Tchécos. *Jawa*
3 J. Surtees GB *MV-Agusta*
4 B. Brown Austr. *Norton*
5 P. Driver S. Afr. *Norton*
6 F. Perris GB *Norton*

TT Anglais, ILE DE MAN

1 J. Hartle GB *MV-Agusta* 155,620 km/h
2 J. Surtees GB *MV-Agusta*
3 B. Mc. Intyre GB *AJS*
4 D. Minter GB *Norton*
5 R. Rensen GB *Norton*
6 B. Anderson GB *Norton*

GP de Hollande, ASSEN

1 J. Surtees GB *MV-Agusta* 134,522 km/h
2 G. Hocking Rhod. *MV-Agusta*
3 B. Anderson GB *Norton*
4 B. Brown Austr. *Norton*
5 P. Driver S. Afr. *Norton*
6 J. Hempleman NZ *Norton*

GP d'Ulster, BELFAST

1 J. Surtees GB *MV-Agusta* 150,290 km/h
2 J. Hartle GB *MV-Agusta*
3 H. Anderson NZ *AJS*
4 B. Anderson GB *Norton*
5 D. Dale GB *Norton*
6 P. Driver S. Afr. *Norton*

GP d'Italie, MONZA

1 G. Hocking Rhod. *MV-Agusta* 176,587 km/h
2 F. Stastny Tchécos. *Jawa*
3 J. Hartle GB *Norton*
4 D. Dale GB *Norton*
5 B. Anderson GB *Norton*
6 H. Anderson NZ *AJS*

The rider's obsession - to sweep on towards victory.

350 cc.
J. Surtees
MV-Agusta

JOHN SURTEES GB *Champion du monde 1960*

For the third consecutive year, Surtees achieved the double. Having no further need to prove his ability, he moved on to four wheels, a field in which he made an immediate impact.

1960 - 500 cc.

GP de France, CLERMONT-FERRAND

1 J. Surtees GB *MV-Agusta* 121,604 km/h
2 R. Venturi I *MV-Agusta*
3 B. Brown Austr. *Norton*
4 P. Driver S. Afr. *Norton*
5 L. Richter Autr. *Norton*
6 F. Ito Jap. *BMW*

TT Anglais, ILE DE MAN

1 J. Surtees GB *MV-Agusta* 164,860 km/h
2 J. Hartle GB *MV-Agusta*
3 M. Hailwood GB *Norton*
4 T. Phillis Austr. *Norton*
5 D. Dale GB *Norton*
6 B. Brown Austr. *Norton*

GP de Hollande, ASSEN

1 R. Venturi I *MV-Agusta* 134,659 km/h
2 B. Brown Austr. *Norton*
3 E. Mendogni I *MV-Agusta*
4 P. Driver S. Afr. *Norton*
5 M. Hailwood GB *Norton*
6 D. Dale GB *Norton*

GP de Belgique, SPA

1 J. Surtees GB *MV-Agusta* 193,925 km/h
2 R. Venturi I *MV-Agusta*
3 B. Brown Austr. *Norton*
4 M. Hailwood GB *Norton*
5 J. Redman Rhod. *Norton*
6 E. Mendogni I *MV-Agusta*

GP d'Allemagne, SOLITUDE

1 J. Surtees GB *MV-Agusta* 149,396 km/h
2 R. Venturi I *MV-Agusta*
3 E. Mendogni I *MV-Agusta*
4 D. Dale GB *Norton*
5 J. Hempleman NZ *Norton*
6 R. Glaeser All. *Norton*

GP d'Ulster, BELFAST

1 J. Hartle GB *Norton* 150,260 km/h
2 J. Surtees GB *MV-Agusta*
3 A. Shepherd GB *Matchless*
4 R. Rensen GB *Norton*
5 J. Redman Rhod. *Norton*
6 T. Phillis Austr. *Norton*

GP d'Italie, MONZA

1 J. Surtees GB *MV-Agusta* 185,105 km/h
2 E. Mendogni I *MV-Agusta*
3 M. Hailwood GB *Norton*
4 P. Driver S. Afr. *Norton*
5 J. Hartle GB *Norton*
6 J. Redman Rhod. *Norton*

Home for a private entrant.

500 cc.
J. Surtees
MV-Agusta

JOHN SURTEES GB   *Champion du monde 1960*

The World Formula One Title became his in 1964, at the wheel of a Ferrari. In 1969 he founded his own racing 'stable'. Surtees is a master of motor sport; he achieved further success in 1973 as a manufacturer of Formula One cars.

Championnat du monde de side-cars 1960

GP de France, CLERMONT-FERRAND

1 H. Fath / A. Wohlgemuth All. *BMW* 107,166 km/h
2 F. Scheidegger CH / H. Burckardt All. *BMW*
3 F. Camathias CH / J. Chisnell GB *BMW*
4 M. Deubel / H. Hohler All. *BMW*
5 E. Strub CH / H. Cecco All. *BMW*
6 J. Rogliardo / M. Godillot Fr. *BMW*

TT Anglais, ILE DE MAN

1 H. Fath / A. Wohlgemuth All. *BMW* 135,300 km/h
2 P. Harris / R. Campbell GB *BMW*
3 C. Freeman / B. Nelson GB *Norton*
4 L. Wells / W. Cook GB *Norton*
5 F. Camathias CH / R. Foell All. *BMW*
6 A. Ritter / M. Blauth All. *BMW*

GP de Hollande, ASSEN

1 P. Harris / R. Campbell GB *BMW* 121,110 km/h
2 H. Fath / A. Wohlgemuth All. *BMW*
3 F. Scheidegger CH / H. Burckardt All. *BMW*
4 E. Strub CH / H. Cecco All. *BMW*
5 B. Boddice / A. Godfrey GB *BSA*
6 M. Deubel / H. Hohler All. *BMW*

GP de Belgique, SPA

1 H. Fath / A. Wohlgemuth All. *BMW* 161,327 km/h
2 F. Scheidegger CH / H. Burckardt All. *BMW*
3 E. Strub CH / H. Cecco All. *BMW*
4 J. Beeton / E. Bulgin GB *BMW*
5 A. Ritter / E. Horner All. *BMW*
6 J. Rogliardo / M. Godillot Fr. *BMW*

GP d'Allemagne, SOLITUDE

1 H. Fath / A. Wohlgemuth All. *BMW* 129,320 km/h
2 F. Camathias / «Fiston»* CH *BMW*
3 F. Scheidegger CH / H. Burckardt All. *BMW*
4 M. Deubel / H. Hohler All. *BMW*
5 O. Kolle / D. Hess All. *BMW*
6 A. Ritter / E. Horner All. *BMW*

*"Fiston" (literally the youngster), whose true name is
Gottfried Rufenacht, of Geneva.
At Assen, the police horse shows no fear of horsepower.*

**HELMUT FATH /
ALFRED WOHLGEMUTH** All.
Champions du monde 1960

Winners of four of the five Grands Prix contested, they are the undeniable three wheel champions. A serious accident at Nurburgring in 1961 brought an end to a promising career. Wohlgemuth was killed. Fath spent many months in hospital, but returned to racing in 1966 with great success.

Side-cars
H. Fath / A. Wohlgemuth
BMW

Championnat du monde 1961 - 125 cc.

GP d'Espagne, BARCELONE

1 T. Phillis Austr. *Honda* 107,332 km/h
2 E. Degner All. Est *MZ*
3 J. Redman Rhod. *Honda*
4 M. Hailwood GB *EMC*
5 J. Grace Gibral. *Bultaco*
6 R. Quintanilla E *Bultaco*

GP d'Allemagne, HOCKENHEIM

1 E. Degner All. Est *MZ* 158,430 km/h
2 A. Shepherd GB *MZ*
3 W. Brehme All. Est *MZ*
4 H. Fischer All. Est *MZ*
5 L. Taveri CH *Honda*
6 K. Takahashi Jap. *Honda*

GP de France, CLERMONT-FERRAND

1 T. Phillis Austr. *Honda* 112,825 km/h
2 E. Degner All. Est *MZ*
3 J. Redman Rhod. *Honda*
4 M. Hailwood GB *EMC*
5 L. Taveri CH *Honda*
6 K. Takahashi Jap. *Honda*

TT Anglais, ILE DE MAN

1 M. Hailwood GB *Honda* 141,990 km/h
2 L. Taveri CH *Honda*
3 T. Phillis Austr. *Honda*
4 J. Redman Rhod. *Honda*
5 S. Shimazaki Jap. *Honda*
6 R. Rensen GB *Bultaco*

GP de Hollande, ASSEN

1 T. Phillis Austr. *Honda* 127,082 km/h
2 J. Redman Rhod. *Honda*
3 A. Shepherd GB *MZ*
4 Ph. Read GB *EMC*
5 W. Musiol All. Est *MZ*
6 R. Avery GB *EMC*

GP de Belgique, SPA

1 L. Taveri CH *Honda* 161,091 km/h
2 T. Phillis Austr. *Honda*
3 J. Redman Rhod. *Honda*
4 E. Degner All. Est *MZ*
5 A. Shepherd GB *MZ*
6 W. Brehme All. Est *MZ*

GP d'All. de l'Est, SACHSENRING

1 E. Degner All. Est *MZ* 141,432 km/h
2 T. Phillis Austr. *Honda*
3 K. Takahashi Jap. *Honda*
4 L. Szabo Hong. *MZ*
5 W. Brehme All. Est *MZ*
6 J. Redman Rhod. *Honda*

GP d'Ulster, BELFAST

1 K. Takahashi Jap. *Honda* 140,830 km/h
2 E. Degner All. Est *MZ*
3 T. Phillis Austr. *Honda*
4 J. Redman Rhod. *Honda*
5 M. Hailwood GB *Honda*
6 L. Taveri CH *Honda*

GP d'Italie, MONZA

1 E. Degner All. Est *MZ* 158,959 km/h
2 T. Tanaka Jap. *Honda*
3 L. Taveri CH *Honda*
4 T. Phillis Austr. *Honda*
5 J. Redman Rhod. *Honda*
6 R. Avery GB *EMC*

GP de Suède, KRISTIANSTAD

1 L. Taveri CH *Honda* 138,019 km/h
2 K. Takahashi Jap. *Honda*
3 J. Redman Rhod. *Honda*
4 W. Musiol All. Est *MZ*
5 O. Svensson Suède *Ducati*
6 T. Phillis Austr. *Honda*

GP d'Argentine, BUENOS-AIRES

1 T. Phillis Austr. *Honda* 114,271 km/h
2 J. Redman Rhod. *Honda*
3 K. Takahashi Jap. *Honda*
4 S. Shimazaki Jap. *Honda*
5 N. Taniguchi Jap. *Honda*
6 H. Pochetino Argent. *Bultaco*

125 cc.
T. Phillis
Honda

TOM PHILLIS Austr.   *Champion du monde 1961*

Holder of the title after some thrilling scraps with Ernst Degner, (who was killed during the 1962 TT, on a 350 cc Honda), he finished third in both the 125 cc and 250 cc classes at the TT.

1961 - 250 cc.

GP d'Espagne, BARCELONE

1 G. Hocking Rhod. *MV-Agusta* 113,026 km/h
2 T. Phillis Austr. *Honda*
3 S. Grassetti I *Benelli*
4 J. Redman Rhod. *Honda*
5 H. Fischer All. Est *MZ*
6 D. Shorey GB *NSU*

GP d'Allemagne, HOCKENHEIM

1 K. Takahashi Jap. *Honda* 186,410 km/h
2 J. Redman Rhod. *Honda*
3 T. Provini I *Morini*
4 E. Degner All. Est *MZ*
5 A. Shepherd GB *MZ*
6 H. Fischer All. Est *MZ*

GP de France, CLERMONT-FERRAND

1 T. Phillis Austr. *Honda* 120,818 km/h
2 M. Hailwood GB *Honda*
3 K. Takahashi Jap. *Honda*
4 T. Provini I *Morini*
5 S. Grassetti I *Benelli*
6 J. Redman Rhod. *Honda*

TT Anglais, ILE DE MAN

1 M. Hailwood GB *Honda* 158,330 km/h
2 T. Phillis Austr. *Honda*
3 J. Redman Rhod. *Honda*
4 K. Takahashi Jap. *Honda*
5 N. Taniguchi Jap. *Honda*
6 F. Ito Jap. *Yamaha*

GP de Hollande, ASSEN

1 M. Hailwood GB *Honda* 138,880 km/h
2 B. Mc. Intyre GB *Honda*
3 J. Redman Rhod. *Honda*
4 S. Grassetti I *Benelli*
5 F. Stastny Tchécos. *Jawa*
6 F. Ito Jap. *Yamaha*

GP de Belgique, SPA

1 J. Redman Rhod. *Honda* 185,030 km/h
2 T. Phillis Austr. *Honda*
3 M. Hailwood GB *Honda*
4 S. Shimazaki Jap. *Honda*
5 F. Ito Jap. *Yamaha*
6 Y. Sunako Jap. *Yamaha*

GP d'All. de l'Est, SACHSENRING

1 M. Hailwood GB *Honda* 157,121 km/h
2 J. Redman Rhod. *Honda*
3 K. Takahashi Jap. *Honda*
4 T. Phillis Austr. *Honda*
5 A. Shepherd GB *MZ*
6 W. Musiol All. Est *MZ*

GP d'Ulster, BELFAST

1 B. Mc. Intyre GB *Honda* 153,580 km/h
2 M. Hailwood GB *Honda*
3 J. Redman Rhod. *Honda*
4 T. Phillis Austr. *Honda*
5 A. Shepherd GB *MZ*
6 K. Takahashi Jap. *Honda*

GP d'Italie, MONZA

1 J. Redman Rhod. *Honda* 180,944 km/h
2 M. Hailwood GB *Honda*
3 T. Phillis Austr. *Honda*
4 T. Provini I *Morini*
5 F. Stastny Tchécos. *Jawa*
6 S. Grassetti I *Benelli*

GP de Suède, KRISTIANSTAD

1 M. Hailwood GB *Honda* 152,265 km/h
2 L. Taveri CH *Honda*
3 K. Takahashi Jap. *Honda*
4 J. Redman Rhod. *Honda*
5 F. Stastny Tchécos. *Jawa*
6 T. Phillis Austr. *Honda*

GP d'Argentine, BUENOS AIRES

1 T. Phillis Austr. *Honda* 126,884 km/h
2 K. Takahashi Jap. *Honda*
3 J. Redman Rhod. *Honda*
4 F. Ito Jap. *Yamaha*
Only four contestants placed.

250 cc.
M. Hailwood
Honda

MIKE HAILWOOD GB *Champion du monde 1961*

Hailwood, born on the 2nd April 1940, was the most privileged of private entrants! His father Stanley set up a sporting 'stable' for him, and with up-to-date machines prepared by the famous Bill Lacey, he astonished the motorcycle world. He won the title with a 250 cc Honda, placed at the importer's disposal by the factory.

1961 - 350 cc.

GP d'Allemagne, HOCKENHEIM

1 F. Stastny Tchécos. *Jawa* 180,920 km/h
2 G. Havel Tchécos. *Jawa*
3 R. Thalhammer Autr. *Norton*
4 R. Rensen GB *Norton*
5 H. Pesl All. *Norton*
6 F. Perris GB *Norton*

TT Anglais, ILE DE MAN

1 Ph. Read GB *Norton* 153,045 km/h
2 G. Hocking Rhod. *MV-Agusta*
3 R. Rensen GB *Norton*
4 D. Minter GB *Norton*
5 F. Stastny Tchécos. *Jawa*
6 R. Ingram GB *Norton*

GP de Hollande, ASSEN

1 G. Hocking Rhod. *MV-Agusta* 138,168 km/h
2 B. Mc. Intyre GB *Bianchi*
3 F. Stastny Tchécos. *Jawa*
4 E. Brambilla I *Bianchi*
5 Ph. Read GB *Norton*
6 F. Perris GB *Norton*

GP d'All. de l'Est, SACHSENRING

1 G. Hocking Rhod. *MV-Agusta* 155,171 km/h
2 F. Stastny Tchécos. *Jawa*
3 B. Mc. Intyre GB *Bianchi*
4 G. Havel Tchécos. *Jawa*
5 E. Brambilla I *Bianchi*
6 B. Schneider Autr. *Norton*

GP d'Ulster, BELFAST

1 G. Hocking Rhod. *MV-Agusta* 149,490 km/h
2 A. King GB *Bianchi*
3 F. Stastny Tchécos. *Jawa*
4 Ph. Read GB *Norton*
5 A. Shepherd GB *AJS*
6 M. Duff Can. *AJS*

GP d'Italie, MONZA

1 G. Hocking Rhod. *MV-Agusta* 181,590 km/h
2 M. Hailwood GB *MV-Agusta*
3 G. Havel Tchécos. *Jawa*
4 A. Shepherd GB *Bianchi*
5 S. Grassetti I *Benelli*
6 H. Anderson NZ *Norton*

GP de Suède, KRISTIANSTAD

1 F. Stastny Tchécos. *Jawa* 151,580 km/h
2 G. Havel Tchécos. *Jawa*
3 T. Robb Irl. *AJS*
4 R. Thalammer Autr. *Norton*
5 R. Langston GB *AJS*
6 M. Duff Can. *AJS*

Here technique counts for nothing!

GARY HOCKING Rhod. *Champion du monde 1961*

Runner-up in 1960 in the 125 cc, 250 cc and 350 cc classes, for the same firm. After numerous successes as a private entrant on Nortons, and then on MV works machines, he achieved the double in 1961 on an MV-Privat. MV-Agusta was guilty of 'deceit' in entering a 350 cc and a 500 cc machine under the name of MV-Privat; the firm wished to remain in the side-wings of the Championship that year.

1961 - 500 cc.

GP d'Allemagne, HOCKENHEIM

1 G. Hocking Rhod. *MV-Agusta* 193,55 km/h
2 F. Perris GB *Norton*
3 H. Jaeger All. *BMW*
4 M. Hailwood GB *Norton*
5 E. Hiller All. *BMW*
6 J. Lothar All. *BMW*

GP de France, CLERMONT-FERRAND

1 G. Hocking Rhod. *MV-Agusta* 119,993 km/h
2 M. Hailwood GB *Norton*
3 A. Paba Fr. *Norton*
4 G. Marsovszki CH *Norton*
5 F. Messerli CH *Matchless*
6 R. Foell All. *Matchless*

TT Anglais, ILE DE MAN

1 M. Hailwood GB *Norton* 161,900 km/h
2 B. Mc. Intyre GB *Norton*
3 T. Phillis Austr. *Norton*
4 A. King GB *Norton*
5 R. Langston GB *Matchless*
6 T. Godfrey GB *Norton*

GP de Hollande, ASSEN

1 G. Hocking Rhod. *MV-Agusta* 140,876 km/h
2 M. Hailwood GB *Norton*
3 B. Mc. Intyre GB *Norton*
4 Ph. Read GB *Norton*
5 F. Perris GB *Norton*
6 R. Miles Austr. *Norton*

GP de Belgique, SPA

1 G. Hocking Rhod. *MV-Agusta* 192,647 km/h
2 M. Hailwood GB *Norton*
3 B. Mc. Intyre GB *Norton*
4 M. Duff Can. *Matchless*
5 R. Langston GB *Matchless*
6 P. Driver S. Afr. *Norton*

GP d'All. de l'Est, SACHSENRING

1 G. Hocking Rhod. *MV-Agusta* 160,825 km/h
2 M. Hailwood GB *Norton*
3 B. Schneider Autr. *Norton*
4 D. Farnsworth GB *Norton*
5 J. Findlay Austr. *Norton*
6 A. Resko Finl. *Norton*

GP d'Ulster, BELFAST

1 G. Hocking Rhod. *MV-Agusta* 145,630 km/h
2 M. Hailwood GB *Norton*
3 A. King GB *Norton*
4 R. Langston GB *Matchless*
5 D. Chatterton GB *Norton*
6 T. Thorp Irl. *Norton*

GP d'Italie, MONZA

1 M. Hailwood GB *MV-Agusta* 187,490 km/h
2 A. King GB *Norton*
3 P. Driver S. Afr. *Norton*
4 A. Pagani I *Norton*
5 B. Schneider Autr. *Norton*
6 J. Findlay Austr. *Norton*

GP de Suède, KRISTIANSTAD

1 G. Hocking Rhod. *MV-Agusta* 156,900 km/h
2 M. Hailwood GB *MV-Agusta*
3 F. Perris GB *Norton*
4 B. Schneider Autr. *Norton*
5 M. Duff Can. *Matchless*
6 P. Pawson NZ *Norton*

GP d'Argentine, BUENOS AIRES

1 J. Kissling Argent. *Matchless* 123,163 km/h
2 J. Salatino Argent. *Norton*
3 F. Perris GB *Norton*
4 S. Perkins S. Afr. *Norton*
5 E. Salatino Argent. *Norton*
6 G. Costa Urug. *Norton*

As the private entrants pass by ...

GARY HOCKING Rhod. *Champion du monde 1961*

The death of his friend Phillis in the 1962 TT influenced Hocking's decision to retire from racing the very evening of his victory in the 'senior' race. He returned to Rhodesia. Then motorsport tempted him again and after a promising debut he was killed at the wheel of a Formula One during the Natal Grand Prix at Durban in 1962 (Born 30th September 1937 - Died 21st December 1962).

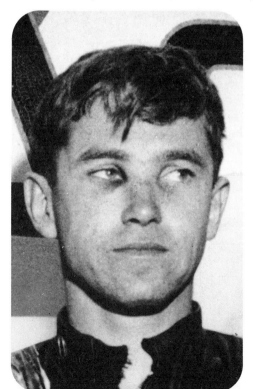

Championnat du monde de side-cars 1961

GP d'Espagne, BARCELONE

1 H. Fath / A. Wohlgemuth All. *BMW* 106,952 km/h
2 F. Scheidegger CH / H. Burckardt All. *BMW*
3 E. Strub CH / R. Foell All. *BMW*
4 A. Butscher / E. Butscher All. *BMW*
5 H. Lunthringshauser / H. Vester All. *BMW*
6 J. Rogliardo / M. Godillot Fr. *BMW*

GP d'Allemagne, HOCKENHEIM

1 M. Deubel / E. Horner All. *BMW* 167,660 km/h
2 F. Scheidegger CH / H. Burckardt All. *BMW*
3 O. Kolle / D. Hess All. *BMW*
4 A. Rohsiepe / L. Bottcher All. *BMW*
5 A. Butscher / E. Butscher All. *BMW*
6 L. Neussner / F. Reitmaier All. *BMW*

GP de France, CLERMONT-FERRAND

1 F. Scheidegger CH / H. Burckardt All. *BMW* 106,668 km/h
2 M. Deubel / E. Horner All. *BMW*
3 E. Strub CH / R. Foell All. *BMW*
4 A. Butscher / E. Butscher All. *BMW*
5 O. Kolle / D. Hess All. *BMW*
6 A. Rohsiepe / L. Bottcher All. *BMW*

TT Anglais, ILE DE MAN

1 M. Deubel / E. Horner All. *BMW* 141,050 km/h
2 F. Scheidegger CH / H. Burckardt All. *BMW*
3 P. Harris / R. Campbell GB *BMW*
4 A. Rohsiepe / L. Bottcher All. *BMW*
5 C. Freeman / B. Nelson GB *Norton*
6 C. Seeley / W. Rawling GB *Matchless*

GP de Hollande, ASSEN

1 M. Deubel / E. Horner All. *BMW* 123,264 km/h
2 E. Strub / K. Huber CH *BMW*
3 J. Beeton / E. Bulgin GB *BMW*
4 A. Rohsiepe / L. Bottcher All. *BMW*
5 H. Curchod / A. Beyeler CH *BMW*
6 A. Butscher / E. Butscher All. *BMW*

GP de Belgique, SPA

1 F. Scheidegger CH / H. Burckardt All. *BMW* 168,407 km/h
2 M. Deubel / E. Horner All. *BMW*
3 P. Harris / R. Campbell GB *BMW*
4 O. Kolle / D. Hess All. *BMW*
5 C. Vincent / E. Bliss GB *BSA*
6 A. Rohsiepe / L. Bottcher All. *BMW*

The absence of Florian Camathias and Helmut Fath after the Spanish Grand Prix, is due to the tragic accidents at Modena and Nurburgring, where their respective passengers Hilmar Cecco and Alfred Wohlgemuth met with their deaths.

MAX DEUBEL /
EMIL HORNER All.
Champions du monde 1961

*This talented partnership won the
title after the serious accidents
sustained by Fath and Camathias.
Sponsored by BMW,
there was no serious opposition
other than that provided by the
private partnership of Scheidegger
and Burckardt.*

Side-cars
M. Deubel / E. Horner
BMW

Championnat du monde 1962 - 50 cc.

GP d'Espagne, BARCELONE

1 H.-G. Anscheidt All. *Kreidler* 97,45 km/h
2 J. Busquet E *Derbi*
3 L. Taveri CH *Honda*
4 W. Gedlich All. *Kreidler*
5 T. Robb Irl. *Honda*
6 K. Takahashi Jap. *Honda*

GP de France, CLERMONT-FERRAND

1 J. Huberts Holl. *Kreidler* 96,798 km/h
2 K. Takahashi Jap. *Honda*
3 L. Taveri CH *Honda*
4 T. Robb Irl. *Honda*
5 S. Suzuki Jap. *Suzuki*
6 M. Itoh Jap. *Suzuki*

TT Anglais, ILE DE MAN

1 E. Degner All. *Suzuki* 120,89 km/h
2 L. Taveri CH *Honda*
3 T. Robb Irl. *Honda*
4 H.-G. Anscheidt All. *Kreidler*
5 M. Itoh Jap. *Suzuki*
6 M. Ichino Jap. *Suzuki*

GP de Hollande, ASSEN

1 E. Degner All. *Suzuki* 112,278 km/h
2 J. Huberts Holl. *Kreidler*
3 H.-G. Anscheidt All. *Kreidler*
4 S. Suzuki Jap. *Suzuki*
5 M. Itoh Jap. *Suzuki*
6 W. Gedlich All. *Kreidler*

GP de Belgique, SPA

1 E. Degner All. *Suzuki* 137,330 km/h
2 H.-G. Anscheidt All. *Kreidler*
3 L. Taveri CH *Honda*
4 S. Suzuki Jap. *Suzuki*
5 W. Gedlich All. *Kreidler*
6 J. Huberts Holl. *Kreidler*

GP d'Allemagne, SOLITUDE

1 E. Degner All. *Suzuki* 120,200 km/h
2 H.-G. Anscheidt All. *Kreidler*
3 M. Itoh Jap. *Suzuki*
4 L. Taveri CH *Honda*
5 S. Suzuki Jap. *Suzuki*
6 M. Ichino Jap. *Suzuki*

GP d'All. de l'Est, SACHSENRING

1 J. Huberts Holl. *Kreidler* 121,255 km/h
2 M. Itoh Jap. *Suzuki*
3 H. Anderson NZ *Suzuki*
4 L. Taveri CH *Honda*
5 T. Robb Irl. *Honda*
6 D. Shorey GB *Kreidler*

GP d'Italie, MONZA

1 H.-G. Anscheidt All. *Kreidler* 134,386 km/h
2 M. Itoh Jap. *Suzuki*
3 J. Huberts Holl. *Kreidler*
4 H. Anderson NZ *Suzuki*
5 I. Morishita Jap. *Suzuki*
6 L. Taveri CH *Honda*

GP de Finlande, TAMPERE

1 L. Taveri CH *Honda* 96,130 km/h
2 T. Robb Irl. *Honda*
3 H.-G. Anscheidt All. *Kreidler*
4 E. Degner All. *Suzuki*
5 T. Tanaka Jap. *Honda*
6 H. Anderson NZ *Suzuki*

GP d'Argentine, BUENOS AIRES

1 H. Anderson NZ *Suzuki* 105,885 km/h
2 E. Degner All. *Suzuki*
3 H.-G. Anscheidt All. *Kreidler*
4 M. Itoh Jap. *Suzuki*
5 J. Huberts Holl. *Kreidler*
6 G. Beer All. *Kreidler*

Ernest Degner, who left East Germany on the evening of the Swedish Grand Prix in 1961, took refuge in Federal Germany and raced by courtesy of OMK from the beginning of this 1962 season.

ERNST DEGNER All. *Champion du monde 1962*

A well deserved title for this two-stroke expert, who was already handling his MZ with amazing dexterity. He lost his 125 cc title in 1961 only because of his flight from East Germany. The victim of a bad fall during the Japanese Grand Prix in 1963, he was seriously burned, and never found his old form again. He retired at the end of 1965. Date of birth: 22nd September 1931.

CHAMPIONNAT DU MONDE
1962 - 125 cc.

GP d'Espagne, BARCELONE

1 K. Takahashi Jap. *Honda* 109,680 km/h
2 J. Redman Rhod. *Honda*
3 L. Taveri CH *Honda*
4 M. Hailwood GB *EMC*
5 R. Avery GB *EMC*
6 F. Villa I *Mondial*

GP de France, CLERMONT-FERRAND

1 K. Takahashi Jap. *Honda* 108,276 km/h
2 J. Redman Rhod. *Honda*
3 T. Robb Irl. *Honda*
4 L. Taveri CH *Honda*
5 E. Degner All. *Suzuki*
6 V. Kissling Argent. *Bultaco*

TT Anglais, ILE DE MAN

1 L. Taveri CH *Honda* 144,640 km/h
2 T. Robb Irl. *Honda*
3 T. Phillis Austr. *Honda*
4 D. Minter GB *Honda*
5 J. Redman Rhod. *Honda*
6 R. Avery GB *EMC*

GP de Hollande, ASSEN

1 L. Taveri CH *Honda* 127,873 km/h
2 J. Redman Rhod. *Honda*
3 T. Robb Irl. *Honda*
4 E. Degner All. *Suzuki*
5 M. Hailwood GB *EMC*
6 S. Malina Tchécos. *CZ*

GP de Belgique, SPA

1 L. Taveri CH *Honda* 164,531 km/h
2 J. Redman Rhod. *Honda*
3 P. Driver S. Afr. *EMC*
4 M. Hailwood GB *EMC*
5 R. Avery GB *EMC*
6 G. Vicenzi I *Ducati*

GP d'Allemagne, SOLITUDE

1 L. Taveri CH *Honda* 135,598 km/h
2 T. Robb Irl. *Honda*
3 M. Hailwood GB *EMC*
4 B. Mc.Intyre GB *Honda*
5 J. Grace Gibral. *Bultaco*
6 H. Anderson NZ *Suzuki*

GP d'Ulster, BELFAST

1 L. Taveri CH *Honda* 134,050 km/h
2 T. Robb Irl. *Honda*
3 J. Redman Rhod. *Honda*
4 T. Tanaka Jap. *Honda*
5 H. Anderson NZ *Suzuki*
6 P. Driver S. Afr. *EMC*

GP d'All. de l'Est, SACHSENRING

1 L. Taveri CH *Honda* 142,963 km/h
2 J. Redman Rhod. *Honda*
3 H. Fischer All. Est *MZ*
4 T. Robb Irl. *Honda*
5 K. Enderlin All. Est *MZ*
6 W. Musiol All. Est *MZ*

GP d'Italie, MONZA

1 T. Tanaka Jap. *Honda* 156,291 km/h
2 L. Taveri CH *Honda*
3 T. Robb Irl. *Honda*
4 J. Redman Rhod. *Honda*
5 A. Pagani I *Honda*
6 P. Driver S. Afr. *EMC*

GP de Finlande, TAMPERE

1 J. Redman Rhod. *Honda* 105,031 km/h
2 L. Taveri CH *Honda*
3 A. Shepherd GB *MZ*
4 H. Fischer All. Est *MZ*
5 F. Perris GB *Suzuki*
6 J. Petaja Finl. *MZ*

GP d'Argentine, BUENOS AIRES

1 H. Anderson NZ *Suzuki* 111,662 km/h
2 V. Kissling Argent. *DKW*
3 M. Itoh Jap. *Suzuki*
4 L. Moreira Argent. *Bultaco*
5 M. Chizzini Argent. *Bultaco*
6 P. Rosenthal Argent. *Tohatsu*

LUIGI TAVERI CH *Champion du monde 1962*

After an international career started in 1954, on 350 cc and 500 cc privately owned Nortons, and as a side-car passenger for Haldemann, he was approached by MV-Agusta in 1955. He subsequently became a works rider for Ducati, MZ and Kreidler. In 1961 he joined Honda, and finished third in the 125 cc World Class. He was born on the 19th September 1929.

1962 - 250 cc.

GP d'Espagne, BARCELONE
1 J. Redman Rhod. *Honda* 114,620 km/h
2 B. Mc.Intyre GB *Honda*
3 T. Phillis Austr. *Honda*
4 D. Shorey GB *Bultaco*
5 A. Pagani I *Aermacchi*
6 M. Toussaint Belg. *Benelli*

GP de France, CLERMONT-FERRAND
1 J. Redman Rhod. *Honda* 115,658 km/h
2 B. Mc.Intyre GB *Honda*
3 T. Phillis Austr. *Honda*
4 D. Shorey GB *Bultaco*
5 J.-P. Beltoise Fr. *Morini*
6 B. Savoye Fr. *Mondial*

TT Anglais, ILE DE MAN
1 D. Minter GB *Honda* 155,590 km/h
2 J. Redman Rhod. *Honda*
3 T. Phillis Austr. *Honda*
4 A. Wheeler GB *Guzzi*
5 A. Pagani I *Aermacchi*
6 D. Shorey GB *Bultaco*

GP de Hollande, ASSEN
1 J. Redman Rhod. *Honda* 133,489 km/h
2 B. Mc.Intyre GB *Honda*
3 T. Provini I *Morini*
4 B. Swart Holl. *Honda*
5 F. Perris GB *Suzuki*
6 A. Wheeler GB *Guzzi*

GP de Belgique, SPA
1 B. Mc.Intyre GB *Honda* 182,560 km/h
2 J. Redman Rhod. *Honda*
3 L. Taveri CH *Honda*
4 G. Beer All. *Adler*
5 A. Wheeler GB *Guzzi*
6 P. Vervroegen Belg. *Aermacchi*

GP d'All. de l'Est, SACHSENRING
1 J. Redman Rhod. *Honda* 158,181 km/h
2 M. Hailwood GB *MZ*
3 W. Musiol All. Est *MZ*
4 M. Kitano Jap. *Honda*
5 N. Sevostianov URSS *S250*
6 D. Shorey GB *Bultaco*

GP d'Ulster, BELFAST
1 T. Robb Irl. *Honda* 142,240 km/h
2 J. Redman Rhod. *Honda*
3 L. Taveri CH *Honda*
4 A. Wheeler GB *Guzzi*
5 J. Donaghy Irl. *Ducati*
6 S. Graham GB *Aermacchi*

GP d'Allemagne, SOLITUDE
1 J. Redman Rhod. *Honda* 145,750 km/h
2 B. Mc.Intyre GB *Honda*
3 T. Tanaka Jap. *Honda*
4 G. Beer All. *Honda*
5 A. Wheeler GB *Guzzi*
6 M. Schneider All. *NSU*

GP d'Italie, MONZA
1 J. Redman Rhod. *Honda* 178,280 km/h
2 T. Provini I *Morini*
3 A. Pagani I *Honda*
4 M. Kitano Jap. *Honda*
5 G. Milani I *Aermacchi*
6 P. Campanelli I *Benelli*

GP d'Argentine, BUENOS AIRES
1 A. Wheeler GB *Guzzi* 132,470 km/h
2 U. Masetti I *Morini*
3 R. Kaiser Argent. *NSU*
4 J. Terengo Argent. *Ducati*
5 C. Marefetan Urug. *Parilla*
6 M. Dietrich Argent. *Aermacchi*

The 250 cc Honda clutch (dismantled).

JIM REDMAN Rhod. *Champion du monde 1962*

Born on the 8th November 1931, he made his debut in competition racing in 1954, with Triumph, and became Champion of South Africa in 1957 on an AJS. In 1958 he came to Europe with 350 and 500 cc Nortons, then in 1960 he added a 125 cc Ducati. In 1960 he joined Honda, where he rapidly became their Number One rider.

CHAMPIONNAT DU MONDE
1962 - 350 cc.

TT Anglais, ILE DE MAN

1 M. Hailwood GB *MV-Agusta* 160,271 km/h
2 G. Hocking Rhod. *MV-Agusta*
3 F. Stastny Tchécos. *Jawa*
4 R. Ingram GB *Norton*
5 M. Duff Can. *AJS*
6 H. Anderson NZ *AJS*

GP de Hollande, ASSEN

1 J. Redman Rhod. *Honda* 138,350 km/h
2 M. Hailwood GB *MV-Agusta*
3 S. Grassetti I *Bianchi*
4 F. Stastny Tchécos. *Jawa*
5 D. Minter GB *Norton*
6 Ph. Read GB *Norton*

GP d'Ulster, BELFAST

1 J. Redman Rhod. *Honda* 150,890 km/h
2 F. Stastny Tchécos. *Jawa*
3 T. Robb Irl. *Honda*
4 A. Shepherd GB *AJS*
5 G. Havel Tchécos. *Jawa*
6 M. Duff Can. *AJS*

GP d'All. de l'Est, SACHSENRING

1 J. Redman Rhod. *Honda* 157,910 km/h
2 M. Hailwood GB *MV-Agusta*
3 T. Robb Irl. *Honda*
4 G. Havel Tchécos. *Jawa*
5 M. Duff Can. *AJS*
6 N. Sevostianov URSS *S360*

GP d'Italie, MONZA

1 J. Redman Rhod. *Honda* 180,850 km/h
2 T. Robb Irl. *Honda*
3 S. Grassetti I. *Bianchi*
4 F. Stastny Tchécos. *Jawa*
5 G. Havel Tchécos. *Jawa*
6 A. Wheeler GB *Guzzi*

GP de Finlande, TAMPERE

1 T. Robb Irl. *Honda* 106,960 km/h
2 J. Redman Rhod. *Honda*
3 A. Shepherd GB *MZ*
4 S. Gunnarsson Suède *Norton*
5 H. Kuparinen Finl. *AJS*
6 M. Kitano Jap. *Honda*

The four-cylinder 350 cc S360, a Russian bike.

350 cc.
J. Redman
Honda

JIM REDMAN Rhod. *Champion du monde 1962*

Second title of the year, displacing his team-mate Robb and the talented Hailwood on the powerful MV-Agusta. A highly skilled rider, he distinguished himself in all the solo classes.

1962 - 500 cc.

TT Anglais, ILE DE MAN

1 G. Hocking Rhod. *MV-Agusta* 166,68 km/h
2 E. Boyce GB *Norton*
3 F. Stevens GB *Norton*
4 B. Schneider Autr. *Norton*
5 R. Ingram GB *Norton*
6 B. Setchell GB *Norton*

GP de Hollande, ASSEN

1 M. Hailwood GB *MV-Agusta* 140,570 km/h
2 D. Minter GB *Norton*
3 Ph. Read GB *Norton*
4 A. Shepherd GB *Matchless*
5 B. Schneider Autr. *Norton*
6 T. Godfrey GB *Norton*

GP de Belgique, SPA

1 M. Hailwood GB *MV-Agusta* 192,073 km/h
2 A. Shepherd GB *Matchless*
3 T. Godfrey GB *Norton*
4 P. Driver S. Afr. *Norton*
5 J. Findlay Austr. *Norton*
6 F. Stevens GB *Norton*

GP d'Ulster, BELFAST

1 M. Hailwood GB *MV-Agusta* 155,380 km/h
2 A. Shepherd GB *Matchless*
3 Ph. Read GB *Norton*
4 R. Langston GB *Norton*
5 T. Godfrey GB *Norton*
6 M. Spence GB *Norton*

GP d'All. de l'Est, SACHSENRING

1 M. Hailwood GB *MV-Agusta* 164,311 km/h
2 A. Shepherd GB *Matchless*
3 B. Schneider Autr. *Norton*
4 F. Stastny Tchécos. *Jawa*
5 P. Driver S. Afr. *Norton*
6 R. Foell All. *Matchless*

GP d'Italie, MONZA

1 M. Hailwood GB *MV-Agusta* 187,567 km/h
2 R. Venturi I *MV-Agusta*
3 S. Grassetti I *Bianchi*
4 Ph. Read GB *Norton*
5 P. Driver S. Afr. *Norton*
6 B. Schneider Autr. *Norton*

GP de Finlande, TAMPERE

1 A. Shepherd GB *Matchless* 109,501 km/h
2 S. Gunnarsson Suède *Norton*
3 F. Stastny Tchécos. *Jawa*
4 A. Resko Finl. *Matchless*
5 H. Karlsson Suède *Norton*
6 R. Foell All. *Matchless*

GP d'Argentine, BUENOS-AIRES

1 B. Caldarella Argent. *Matchless* 145,242 km/h
2 J. Salatino Argent. *Norton*
3 E. Salatino Argent. *Norton*
4 P. Gamberini Argent. *Matchless*
5 A. Pomesano Argent. *Norton*
6 F. Soler Argent. *Norton*

Boots worn away almost to the bone.

MIKE HAILWOOD GB *Champion du monde 1962*

Following the line-up of superstars from MV, Hailwood could do little else but make a great impression with the powerful four-cylinder MV. Breaking all records, he achieved five outright wins.

Championnat du monde de side-cars 1962

GP d'Espagne, BARCELONE

1 M. Deubel / E. Horner All. *BMW* 108,110 km/h
2 F. Camathias CH / H. Burckardt All. *BMW*
3 O. Kolle / D. Hess All. *BMW*
4 A. Butscher / H. Vester All. *BMW*
5 H. Scholes / R. Lindsay GB *BMW*
6 C. Vincent / E. Bliss GB *BSA*

GP de France, CLERMONT-FERRAND

1 M. Deubel / E. Horner All. *BMW* 108,402 km/h
2 F. Camathias CH / H. Burckardt All. *BMW*
3 C. Vincent / E. Bliss GB *BSA*
4 O. Kolle / D. Hess All. *BMW*
5 C. Lambert / A. Herzig CH *BMW*
6 E. Pickup / K. Scott GB *BMW*

TT Anglais, ILE DE MAN

1 C. Vincent / E. Bliss GB *BSA* 134,490 km/h
2 O. Kolle / D. Hess All. *BMW*
3 C. Seeley / W. Rawling GB *Matchless*
4 C. Lambert / A. Herzig CH *BMW*
5 H. Lunthringshauser / H. Knopp All. *BMW*
6 G. Auerbacher / E. Dein All. *BMW*

GP de Hollande, ASSEN

1 F. Scheidegger CH / J. Robinson GB *BMW* 123,814 km/h
2 M. Deubel / E. Horner All. *BMW*
3 O. Kolle / D. Hess All. *BMW*
4 A. Rohsiepe / L. Bottcher All. *BMW*
5 E. Strub / «Fiston» CH *BMW*
6 C. Lambert / A. Herzig CH *BMW*

GP de Belgique, SPA

1 F. Camathias CH / H. Winter GB *BMW* 169,454 km/h
2 F. Scheidegger CH / J. Robinson GB *BMW*
3 M. Deubel / E. Horner All. *BMW*
4 E. Strub / «Fiston» CH *BMW*
5 A. Rohsiepe / L. Bottcher All. *BMW*
6 C. Lambert / A. Herzig CH *BMW*

GP d'Allemagne, SOLITUDE

1 M. Deubel / E. Horner All. *BMW* 141,700 km/h
2 F. Camathias CH / H. Winter GB *BMW*
3 F. Scheidegger CH / J. Robinson GB *BMW*
4 C. Lambert / A. Herzig CH *BMW*
5 A. Rohsiepe / L. Bottcher All. *BMW*
6 F. Breu / J. Burckardt All. *BMW*

At Spa, going into a bend.

MAX DEUBEL /
EMIL HORNER All.
Champions du monde 1962

*If luck favoured them in 1961,
it was their skill alone which
brought them this second title.
They gave their challengers,
Camathias and Burckardt, and
Scheidegger and Robinson,
very little hope of victory.*

Side-cars
M. Deubel / E. Horner
BMW

Championnat du monde 1963 - 50 cc.

GP d'Espagne, BARCELONE
1 H.-G. Anscheidt All. *Kreidler* 101,455 km/h
2 H. Anderson NZ *Suzuki*
3 J. Busquet E *Derbi*
4 I. Morishita Jap. *Suzuki*
5 A. Pagani I *Kreidler*
6 J. Garcia E *Ducson*

GP d'Allemagne, HOCKENHEIM
1 H. Anderson NZ *Suzuki* 143,300 km/h
2 I. Morishita Jap. *Suzuki*
3 E. Degner All. *Suzuki*
4 H.-G. Anscheidt All. *Kreidler*
5 M. Itoh Jap. *Suzuki*
6 M. Ichino Jap. *Suzuki*

GP de France, CLERMONT-FERRAND
1 H.-G. Anscheidt All. *Kreidler* 97,214 km/h
2 E. Degner All. *Suzuki*
3 M. Ichino Jap. *Suzuki*
4 J. Busquet E *Derbi*
5 J.-P. Beltoise Fr. *Kreidler*
6 A. Pagani I *Kreidler*

TT Anglais, ILE DE MAN
1 M. Itoh Jap. *Suzuki* 126,823 km/h
2 H. Anderson NZ *Suzuki*
3 H.-G. Anscheidt All. *Kreidler*
4 I. Morishita Jap. *Suzuki*
5 M. Ichino Jap. *Suzuki*
6 I. Plumridge GB *Honda*

GP de Hollande, ASSEN
1 E. Degner All. *Suzuki* 118,960 km/h
2 H. Anderson NZ *Suzuki*
3 M. Ichino Jap. *Suzuki*
4 I. Morishita Jap. *Suzuki*
5. M. Itoh Jap. *Suzuki*
6 H.-G. Anscheidt All. *Kreidler*

GP de Belgique, SPA
1 I. Morishita Jap. *Suzuki* 141,495 km/h
2 E. Degner All. *Suzuki*
3 H.-G. Anscheidt All. *Kreidler*
4 H. Anderson NZ *Suzuki*
5 M. Itoh Jap. *Suzuki*
6 J.-P. Beltoise Fr. *Kreidler*

GP de Finlande, TAMPERE
1 H.-G. Anscheidt All. *Kreidler* 101,770 km/h
2 M. Itoh Jap. *Suzuki*
3 H. Anderson NZ *Suzuki*
4 I. Morishita Jap. *Suzuki*
5 A. Pagani I *Kreidler*
6 M. Salonen Finl. *Prykija*

GP d'Argentine, BUENOS AIRES
1 H. Anderson NZ *Suzuki* 108,173 km/h
2 E. Degner All. *Suzuki*
3 A. Pagani I *Kreidler*
4 V. Kissling Argent. *Kreidler*
5 P. Samardjian Argent. *Suzuki*
6 G. Biscia Urug. *Suzuki*

GP du Japon, SUZUKA
1 L. Taveri CH *Honda* 123,112 km/h
2 H. Anderson NZ *Suzuki*
3 S. Masuda Jap. *Suzuki*
4 M. Ichino Jap. *Suzuki*
5 S. Shimasaki Jap. *Honda*
6 M. Itoh Jap. *Suzuki*

Signalling during the race.

HUGH ANDERSON NZ *Champion du monde 1963*

*Born in 1936, on the 18th January. After his successes on Norton, AJS and Matchless,
he joined Suzuki in 1962 to ride 50 cc and 125 cc machines.
In 1959 a serious fall in the Dutch TT immobilised him for many months. When he
left the hospital at Assen, he took his nurse with him; she became his wife.*

GP d'Espagne, BARCELONE

1 L. Taveri CH *Honda* 109,866 km/h
2 J. Redman Rhod. *Honda*
3 K. Takahashi Jap. *Honda*
4 P. Inchley GB *EMC*
5 F. Gonzales E *Bultaco*
6 M. Duff Can. *Bultaco*

GP d'Allemagne, HOCKENHEIM

1 E. Degner All. *Suzuki* 170,000 km/h
2 H. Anderson NZ *Suzuki*
3 L. Szabo Hong. *MZ*
4 L. Taveri CH *Honda*
5 K. Takahashi Jap. *Honda*
6 A. Shepherd GB *MZ*

GP de France, CLERMONT-FERRAND

1 H. Anderson NZ *Suzuki* 116,815 km/h
2 J. Redman Rhod. *Honda*
3 L. Taveri CH *Honda*
4 F. Perris GB *Suzuki*
5 T. Robb Irl. *Honda*
6 E. Degner All. *Suzuki*

TT Anglais, ILE DE MAN

1 H. Anderson NZ *Suzuki* 143,660 km/h
2 F. Perris GB *Suzuki*
3 E. Degner All. *Suzuki*
4 L. Taveri CH *Honda*
5 B. Schneider Autr. *Suzuki*
6 J. Redman Rhod. *Honda*

GP de Hollande, ASSEN

1 H. Anderson NZ *Suzuki* 132,420 km/h
2 F. Perris GB *Suzuki*
3 L. Taveri CH *Honda*
4 B. Schneider Autr. *Suzuki*
5 K. Takahashi Jap. *Honda*
6 T. Robb Irl. *Honda*

GP d'Ulster, BELFAST

1 H. Anderson NZ *Suzuki* 138,140 km/h
2 B. Schneider Autr. *Suzuki*
3 L. Taveri CH *Honda*
4 T. Robb Irl. *Honda*
5 K. Takahashi Jap. *Honda*
6 F. Perris GB *Suzuki*

GP d'All. de l'Est, SACHSENRING

1 H. Anderson NZ *Suzuki* 149,894 km/h
2 A. Shepherd GB *MZ*
3 B. Schneider Autr. *Suzuki*
4 L. Taveri CH *Honda*
5 M. Duff Can. *MZ*
6 W. Musiol All. Est *MZ*

GP de Finlande, TAMPERE

1 H. Anderson NZ *Suzuki* 117,320 km/h
2 L. Taveri CH *Honda*
3 A. Shepherd GB *MZ*
4 L. Szabo Hong. *MZ*
5 J. Redman Rhod. *Honda*
6 R. Dickinson GB *Honda*

GP de Belgique, SPA

1 B. Schneider Autr. *Suzuki* 169,024 km/h
2 H. Anderson NZ *Suzuki*
3 L. Taveri CH *Honda*
4 G. Vicenzi I *Honda*
5 T. Robb Irl. *Honda*
6 J.-P. Beltoise Fr. *Bultaco*

GP d'Italie, MONZA

1 L. Taveri CH *Honda* 156,462 km/h
2 J. Redman Rhod. *Honda*
3 K. Takahashi Jap. *Honda*
4 G. Vicenzi I *Honda*
5 J. Grace Gibral. *Bultaco*
6 S. Malina Tchécos. *CZ*

GP d'Argentine, BUENOS AIRES

1 J. Redman Rhod. *Honda* 114,657 km/h
2 H. Pochettino Argent. *Bultaco*
3 B. Caldarella Argent. *Bultaco*
4 R. Gomez Argent. *Zanella*
5 J. Salatino Argent. *Zanella*
6 S. Maffia Argent. *Ducati*

GP du Japon, SUZUKA

1 F. Perris GB *Suzuki* 135,436 km/h
2 J. Redman Rhod. *Honda*
3 E. Degner All. *Suzuki*
4 T. Robb Irl. *Honda*
5 H. Anderson NZ *Suzuki*
6 M. Itoh Jap. *Suzuki*

125 cc.
H. Anderson
Suzuki

HUGH ANDERSON NZ *Champion du monde 1963*

Anderson won the title with six wins, beating such strong contenders as Taveri and Redman, and breaking all records. A virtuoso on two wheels.

1963 - 250 cc.

GP d'Espagne, BARCELONE

1 T. Provini I *Morini* 117,058 km/h
2 J. Redman Rhod. *Honda*
3 T. Robb Irl. *Honda*
4 K. Takahashi Jap. *Honda*
5 L. Taveri CH *Honda*
6 G. Milani I *Aermacchi*

GP d'Allemagne, HOCKENHEIM

1 T. Provini I *Morini* 187,100 km/h
2 T. Robb Irl. *Honda*
3 J. Redman Rhod. *Honda*
4 S. Grassetti I *Benelli*
5 A. Shepherd GB *MZ*
6 S. Malina Tchécos. *CZ*

TT Anglais, ILE DE MAN

1 J. Redman Rhod. *Honda* 152,650 km/h
2 F. Ito Jap. *Yamaha*
3 B. Smith GB *Honda*
4 H. Hasegawa Jap. *Yamaha*
5 T. Robb Irl. *Honda*
6 J. Kidson GB *Guzzi*

GP de Hollande, ASSEN

1 J. Redman Rhod. *Honda* 138,716 km/h
2 F. Ito Jap. *Yamaha*
3 T. Provini I *Morini*
4 Y. Sunako Jap. *Yamaha*
5 T. Robb Irl. *Honda*
6 D. Swart Holl. *Honda*

GP de Belgique, SPA

1 F. Ito Jap. *Yamaha* 185,858 km/h
2 Y. Sunako Jap. *Yamaha*
3 T. Provini I *Morini*
4 L. Taveri CH *Honda*
5 T. Robb Irl. *Honda*
6 K. Takahashi Jap. *Honda*

GP d'Ulster, BELFAST

1 J. Redman Rhod. *Honda* 139,430 km/h
2 T. Provini I *Morini*
3 T. Robb Irl. *Honda*
4 K. Takahashi Jap. *Honda*
5 J. Findlay Austr. *Mondial*
6 C. Anderson GB *Aermacchi*

GP d'All. de l'Est, SACHSENRING

1 M. Hailwood GB *MZ* 158,192 km/h
2 A. Shepherd GB *MZ*
3 J. Redman Rhod. *Honda*
4 L. Szabo Hong. *MZ*
5 L. Taveri CH *Honda*
6 S. Malina Tchécos. *CZ*

GP d'Italie, MONZA

1 T. Provini I *Morini* 179,609 km/h
2 J. Redman Rhod. *Honda*
3 L. Taveri CH *Honda*
4 A. Shepherd GB *MZ*
5 S. Malina Tchécos. *CZ*
6 T. Robb Irl. *Honda*

GP d'Argentine, BUENOS AIRES

1 T. Provini I *Morini* 126,900 km/h
2 J. Redman Rhod. *Honda*
3 U. Masetti I *Morini*
4 R. Kissling Argent. *NSU*
5 V. Schumann Argent. *NSU*
6 C. Marfetan Urug. *Parilla*

GP du Japon, SUZUKA

1 J. Redman Rhod. *Honda* 140,421 km/h
2 F. Ito Jap. *Yamaha*
3 Ph. Read GB *Yamaha*
4 T. Provini I *Morini*
5 L. Taveri CH *Honda*
6 J. Kasuya Jap. *Honda*

The French Grand Prix at Clermont-Ferrand was cancelled due to fog.

JIM REDMAN Rhod. *Champion du monde 1963*

Although the talented Redman carried off the title once again, it was with less ease than in 1962. The last Grand Prix was the deciding race, to determine who would take the title. Provini, on his amazing single cylinder Morini machine could have changed everything at Suzuka. Alas, Otitis deprived the fiery Italian of all his chances.

CHAMPIONNAT DU MONDE
1963 - 350 cc.

GP d'Allemagne, HOCKENHEIM

1 J. Redman Rhod. *Honda* 196,100 km/h
2 R. Venturi I *Bianchi*
3 Ph. Read GB *Gilera*
4 G. Havel Tchécos. *Jawa*
5 G. Milani I *Aermacchi*
6 F. Stevens GB *Norton*

TT Anglais, ILE DE MAN

1 J. Redman Rhod. *Honda* 152,740 km/h
2 J. Hartle GB *Gilera*
3 F. Stastny Tchécos. *Jawa*
4 S. Mizen GB *AJS*
5 J. Ahearn Austr. *Norton*
6 M. Duff Can. *AJS*

GP de Hollande, ASSEN

1 J. Redman Rhod. *Honda* 139,939 km/h
2 M. Hailwood GB *MV-Agusta*
3 L. Taveri CH *Honda*
4 F. Stastny Tchécos. *Jawa*
5 J. Ahearn Austr. *Norton*
6 G. Havel Tchécos. *Jawa*

GP d'Ulster, BELFAST

1 J. Redman Rhod. *Honda* 150,910 km/h
2 M. Hailwood GB *MV-Agusta*
3 L. Taveri CH *Honda*
4 M. Duff Can. *AJS*
5 F. Stevens GB *Norton*
6 L. Irelande Irl. *Norton*

GP d'All. de l'Est, SACHSENRING

1 M. Hailwood GB *MV-Agusta* 165,342 km/h
2 L. Taveri CH *Honda*
3 J. Redman Rhod. *Honda*
4 G. Havel Tchécos. *Jawa*
5 N. Sevostianov URSS *S360*
6 M. Duff Can. *AJS*

GP de Finlande, TAMPERE

1 M. Hailwood GB *MV-Agusta* 117,360 km/h
2 J. Redman Rhod. *Honda*
3 S. Gunnarsson Suède *Norton*
4 N. Sevostianov URSS *S360*
5 L. Taveri CH *Honda*
6 S. Mizen GB *AJS*

GP d'Italie, MONZA*

1 J. Redman Rhod. *Honda* 182,515 km/h
2 A. Shepherd GB *MZ*
3 R. Venturi I *Bianchi*
4 T. Robb Irl. *Honda*
5 F. Slavicek Tchécos. *Jawa*
6 D. Shorey GB *AJS*

GP du Japon, SUZUKA**

1 J. Redman Rhod. *Honda* 136,340 km/h
2 I. Yamashita Jap. *Honda*
3 L. Taveri CH *Honda*

*The Italian Remo Venturi, on a Bianchi, was later downgraded for having taken the machine of his fellow countryman Rossi, just before the start.
F. Stevens on a Norton thus moved up into sixth place.
**This race did not count towards the title, as there was an insufficient number of competitors - only three at the start!

Private entrants on the track.

350 cc.
J. Redman
Honda

JIM REDMAN Rhod. *Champion du monde 1963*

Holder of four titles in two seasons and leader of the Honda team, he was responsible for everything involving the riders.
His quarrels with race organisers were often indicative of his temperament.

1963 - 500 cc.

TT Anglais, ILE DE MAN

1 M. Hailwood GB *MV-Agusta* 168,340 km/h
2 J. Hartle GB *Gilera*
3 Ph. Read GB *Gilera*
4 M. Duff Can. *Matchless*
5 J. Dunphy GB *Norton*
6 F. Stevens GB *Norton*

GP de Hollande, ASSEN

1 J. Hartle GB *Gilera* 141,792 km/h
2 Ph. Read GB *Gilera*
3 A. Shepherd GB *Matchless*
4 J. Ahearn Austr. *Norton*
5 F. Stevens GB *Norton*
6 S. Gunnarsson Suède *Norton*

GP de Belgique, SPA

1 M. Hailwood GB *MV-Agusta* 199,538 km/h
2 Ph. Read GB *Gilera*
3 A. Shepherd GB *Matchless*
4 F. Stevens GB *Norton*
5 J. Ahearn Austr. *Norton*
6 G. Marsowszki CH *Matchless*

GP d'Ulster, BELFAST

1 M. Hailwood GB *MV-Agusta* 159,970 km/h
2 J. Hartle GB *Gilera*
3 D. Minter GB *Gilera*
4 A. Shepherd GB *Matchless*
5 R. Bryans Irl. *Norton*
6 M. Duff Can. *Matchless*

GP d'All. de l'Est, SACHSENRING

1 M. Hailwood GB *MV-Agusta* 166,026 km/h
2 D. Minter GB *Gilera*
3 A. Shepherd GB *Matchless*
4 M. Duff Can. *Matchless*
5 J. Findlay Austr. *Matchless*
6 V. Cottle GB *Norton*

GP de Finlande, TAMPERE

1 M. Hailwood GB *MV-Agusta* 126,787 km/h
2 A. Shepherd GB *Matchless*
3 M. Duff Can. *Matchless*
4 F. Stevens GB *Norton*
5 S. Mizen GB *Matchless*
6 N. Sevostianov URSS *CKB*

GP d'Italie, MONZA

1 M. Hailwood GB *MV-Agusta* 190,007 km/h
2 J. Findlay Austr. *Matchless*
3 F. Stevens GB *Norton*
4 B. Smith GB *Norton*
5 L. Richter Autr. *Norton*
6 V. Loro I *Norton*

GP d'Argentine, BUENOS AIRES

1 M. Hailwood GB *MV-Agusta* 139,450 km/h
2 J. Kissling Argent. *Norton*
3 B. Caldarella Argent. *Matchless*
4 N. Minguzzi Argent. *Matchless*
5 F. Villavelran Argent. *Norton*
6 G. Costa Urug. *Norton*

The 500 cc four-cylinder Gilera.

MIKE HAILWOOD GB *Champion du monde 1963*

This son of a millionaire, much criticised at the start of his career because of the means at his disposal, proved his great skill once again.
He is a naturally gifted rider, capable of winning on any machine.

Championnat du monde de side-cars 1963

GP d'Espagne, BARCELONE

1 M. Deubel / E. Horner All. *BMW* 106,881 km/h
2 O. Kolle / D. Hess All. *BMW*
3 F. Camathias / A. Herzig CH *BMW*
4 A. Birch / P. Birch GB *BMW*
5 G. Auerbacher / B. Heim All. *BMW*
6 C. Seeley / W. Rawling GB *Matchless*

GP d'Allemagne, HOCKENHEIM

1 F. Camathias / A. Herzig CH *BMW* 176,500 km/h
2 M. Deubel / E. Horner All. *BMW*
3 G. Auerbacher / B. Heim All *BMW*
4 A. Butscher / O. Lepssing All. *BMW*
5 F. Breu / H. Goesch All. *BMW*
6 C. Lambert / «Fiston» CH *BMW*

GP de France, CLERMONT-FERRAND

The annual race was cancelled, as was the 250 cc, because of fog at the end of the morning. The 50 cc and 125 cc races were run in the morning.

TT Anglais, ILE DE MAN

1 F. Camathias / A. Herzig CH *BMW* 142,230 km/h
2 F. Scheidegger CH / J. Robinson GB *BMW*
3 A. Birch / P. Birch GB *BMW*
4 O. Kolle / D. Hess All. *BMW*
5 G. Auerbacher / B. Heim All. *BMW*
6 C. Seeley / W. Rawling GB *Matchless*

GP de Hollande, ASSEN

1 M. Deubel / E. Horner All. *BMW* 126,187 km/h
2 F. Scheidegger CH / J. Robinson GB *BMW*
3 F. Camathias / A. Herzig CH *BMW*
4 O. Kolle / D. Hess All. *BMW*
5 G. Auerbacher / B. Heim All. *BMW*
6 C. Vincent / K. Scott GB *BSA*

GP de Belgique, SPA

1 F. Scheidegger CH / J. Robinson GB *BMW* 172,411 km/h
2. M. Deubel / E. Horner All. *BMW*
3 G. Auerbacher / B. Heim All. *BMW*
4 J. Beeton / E. Bulgin GB *BMW*
5 O. Kolle / D. Hess All. *BMW*
6 A. Birch / P. Birch GB *BMW*

The Swiss side-cars of Camathias and Scheidegger, closely followed by the German Auerbacher.

MAX DEUBEL /
EMIL HORNER All.
Champions du monde 1963

*A third consecutive title for this
brilliant partnership, as always
harrassed by the partnerships
of Camathias and Herzig, and
Scheidegger and Robinson, who,
although handicapped by less
powerful engines, were the only
ones to offer them any resistance.*

Side-cars
M. Deubel / E. Horner
BMW

Championnat du monde 1964 - 50 cc.

GP d'Amérique, DAYTONA
1 H. Anderson NZ *Suzuki* 127,030 km/h
2 I. Morishita Jap. *Suzuki*
3 M. Itoh Jap. *Suzuki*
4 H.-G. Anscheidt All. *Kreidler*
5 J.-P. Beltoise Fr. *Kreidler*
6 D. Allen USA *Ducati*

GP d'Espagne, BARCELONE
1 H.-G. Anscheidt All. *Kreidler* 103,371 km/h
2 H. Anderson NZ *Suzuki*
3 M. Itoh Jap. *Suzuki*
4 I. Morishita Jap. *Suzuki*
5 A. Nieto E *Derbi*
6 L. Taveri CH *Kreidler*

GP de France, CLERMONT-FERRAND
1 H. Anderson NZ *Suzuki* 105,875 km/h
2 H.-G. Anscheidt All. *Kreidler*
3 J.-P. Beltoise Fr. *Kreidler*
4 J. Busquet E *Derbi*
5 I. Morishita Jap. *Suzuki*
6 T. Provini I *Kreidler*

TT Anglais, ILE DE MAN
1 H. Anderson NZ *Suzuki* 129,770 km/h
2 R. Bryans Irl. *Honda*
3 I. Morishita Jap. *Suzuki*
4 H.-G. Anscheidt All. *Kreidler*
5 M. Itoh Jap. *Suzuki*
6 N. Taniguchi Jap. *Honda*

GP de Hollande, ASSEN
1 R. Bryans Irl. *Honda* 121,244 km/h
2 I. Morishita Jap. *Suzuki*
3 M. Itoh Jap. *Suzuki*
4 H.-G. Anscheidt All. *Kreidler*
5 C. VanDongen Holl. *Kreidler*
   5 finishers only.

GP de Belgique, SPA
1 R. Bryans Irl. *Honda* 147,592 km/h
2 H.-G. Anscheidt All. *Kreidler*
3 H. Anderson NZ *Suzuki*
4 M. Itoh Jap. *Suzuki*
5 I. Morishita Jap. *Suzuki*
6 R. Kunz All. *Kreidler*

GP d'Allemagne, SOLITUDE
1 R. Bryans Irl. *Honda* 120,660 km/h
2 I. Morishita Jap. *Suzuki*
3 M. Itoh Jap. *Suzuki*
4 H.-G. Anscheidt All. *Kreidler*
5 P. Eser All. *Honda*
6 F. Bairle All. *Kreidler*

GP de Finlande, IMATRA
1 H. Anderson NZ *Suzuki* 109,914 km/h
2 H.-G. Anscheidt All. *Kreidler*
3 L. Taveri CH *Kreidler*
4 I. Morishita Jap. *Suzuki*
5 R. Kunz All. *Kreidler*
6 C. Mates GB *Honda*

GP du Japon, SUZUKA *
1 R. Bryans Irl. *Honda* 123,529 km/h
2 L. Taveri CH *Honda*
3 N. Taniguchi Jap. *Honda*
4 A. Itoh Jap. *Honda*

*This race did not count for the title, due to an insufficient number of starters (four).

A Honda front brake.

50 cc.
H. Anderson
Suzuki

HUGH ANDERSON NZ *Champion du monde 1964*

Feeling that road racing was too dangerous, he abandoned it at the end of 1966 in favour of motocross. The end of his exceptional career was well rewarded by numerous places in the awards lists ... still on Suzuki machines.

1964 - 125 cc.

GP d'Amérique, DAYTONA

1 H. Anderson NZ *Suzuki* 142,430 km/h
2 M. Itoh Jap. *Suzuki*
3 B. Schneider Autr. *Suzuki*
4 I. Morishita Jap. *Suzuki*
5 J.-P. Beltoise Fr. *Bultaco*
6 R. Dickinson GB *Honda*

GP d'Espagne, BARCELONE

1 L. Taveri CH *Honda* 112,522 km/h
2 J. Redman Rhod. *Honda*
3 R. Avery GB *EMC*
4 B. Schneider Autr. *Suzuki*
5 H. Anderson NZ *Suzuki*
6 C. Vincent GB *Honda*

GP de France, CLERMONT-FERRAND

1 L. Taveri CH *Honda* 117,892 km/h
2 B. Schneider Autr. *Suzuki*
3 F. Perris GB *Suzuki*
4 K. Takahashi Jap. *Honda*
5 J.-P. Beltoise Fr. *Bultaco*
6 R. Foell All. *Honda*

TT Anglais, ILE DE MAN

1 L. Taveri CH *Honda* 148,280 km/h
2 J. Redman Rhod. *Honda*
3 R. Bryans Irl. *Honda*
4 S. Malina Tchécos. *CZ*
5 W. Scheimann All. *Honda*
6 B. Beale Rhod. *Honda*

GP de Hollande, ASSEN

1 J. Redman Rhod. *Honda* 135,336 km/h
2 Ph. Read GB *Yamaha*
3 R. Bryans Irl. *Honda*
4 B. Schneider Autr. *Suzuki*
5 H. Anderson NZ *Suzuki*
6 F. Perris GB *Suzuki*

GP d'Allemagne, SOLITUDE

1 J. Redman Rhod. *Honda* 134,800 km/h
2 L. Taveri CH *Honda*
3 W. Scheimann All. *Honda*
4 B. Schneider Autr. *Suzuki*
5 J. Thomas USA *Honda*
6 P. Eser All. *Honda*

GP d'All. de l'Est, SACHSENRING

1 H. Anderson NZ *Suzuki* 151,719 km/h
2 L. Taveri CH *Honda*
3 J. Redman Rhod. *Honda*
4 H. Rosner All. Est *MZ*
5 F. Kohlar All. Est *MZ*
6 B. Beale Rhod. *Honda*

GP d'Ulster, BELFAST

1 H. Anderson NZ *Suzuki* 147,300 km/h
2 L. Taveri CH *Honda*
3 R. Bryans Irl. *Honda*
4 F. Perris GB *Suzuki*
5 B. Schneider Autr. *Suzuki*
6 R. Torras E *Bultaco*

GP de Finlande, IMATRA

1 L. Taveri CH *Honda* 125,847 km/h
2 R. Bryans Irl. *Honda*
3 J. Redman Rhod. *Honda*
4 B. Schneider Autr. *Suzuki*
5 K. Enderlein All. Est *MZ*
6 D. Krumpholz All. Est *MZ*

GP d'Italie, MONZA

1 L. Taveri CH *Honda* 169,363 km/h
2 H. Anderson NZ *Suzuki*
3 E. Degner All. *Suzuki*
4 R. Bryans Irl. *Honda*
5 F. Perris GB *Suzuki*
6 J. Redman Rhod. *Honda*

GP du Japon, SUZUKA

1 E. Degner All. *Suzuki* 137,085 km/h
2 L. Taveri CH *Honda*
3 Y. Katayama Jap. *Suzuki*
4 T. Tanaka Jap. *Suzuki*
5 I. Matsushima Jap. *Yamaha*
6 A. Motohashi Jap. *Yamaha*

125 cc.
L. Taveri
Honda

LUIGI TAVERI CH *Champion du monde 1964*

Taveri lost his title in 1963 because the twin-cylinder Honda was no longer competitive when compared with the Suzuki. The new four-cylinder machine enabled him to fight back on equal terms. Taveri is a small man, but he has made himself a big name; he is placed amongst the first five in the final championship results no less than nineteen times.

1964 - 250 cc.

GP d'Amérique, DAYTONA

1 A. Shepherd GB *MZ* 146,751 km/h
2 R. Grant USA *Parilla*
3 B. Gehring USA *Bultaco*
4 J. Rockett USA *Ducati*
5 D. Brown USA *Ducati*
6 R. Hamilton USA *Ducati*

GP d'Espagne, BARCELONE

1 T. Provini I *Benelli* 115,515 km/h
2 J. Redman Rhod. *Honda*
3 Ph. Read GB *Yamaha*
4 J. Kasuya Jap. *Honda*
5 H. Anderson NZ *Suzuki*
6 J. Sirera E *Montesa*

GP de France, CLERMONT-FERRAND

1 Ph. Read GB *Yamaha* 121,266 km/h
2 L. Taveri CH *Honda*
3 B. Schneider Autr. *Suzuki*
4 B. Beale Rhod. *Honda*
5 R. Foell All. *Honda*
6 R. Mailles Fr. *Morini*

TT Anglais, ILE DE MAN

1 J. Redman Rhod. *Honda* 156,830 km/h
2 A. Shepherd GB *MZ*
3 A. Pagani I *Paton*
4 S. Malina Tchécos. *CZ*
5 R. Boughey GB *Yamaha*
6 C. Hunt GB *Aermacchi*

GP de Hollande, ASSEN

1 J. Redman Rhod. *Honda* 142,315 km/h
2 Ph. Read GB *Yamaha*
3 T. Robb Irl. *Yamaha*
4 T. Provini I *Benelli*
5 M. Duff Can. *Yamaha*
6 G. Milani I *Aermacchi*

GP de Belgique, SPA

1 M. Duff Can. *Yamaha* 190,563 km/h
2 J. Redman Rhod. *Honda*
3 A. Shepherd GB *MZ*
4 T. Robb Irl. *Yamaha*
5 T. Provini I *Benelli*
6 J. Kasuya Jap. *Honda*

GP d'Allemagne, SOLITUDE

1 Ph. Read GB *Yamaha* 156,110 km/h
2 J. Redman Rhod. *Honda*
3 M. Duff Can. *Yamaha*
4 G. Agostini I *Morini*
5 T. Provini I *Benelli*
6 L. Taveri CH *Honda*

GP d'All. de l'Est, SACHSENRING

1 Ph. Read GB *Yamaha* 160,362 km/h
2 J. Redman Rhod. *Honda*
3 B. Beale Rhod. *Honda*
4 G. Milani I *Aermacchi*
5 A. Pagani I *Paton*
6 K. Gast All. Est *MZ*

GP d'Ulster, BELFAST

1 Ph. Read GB *Yamaha* 138,260 km/h
2 J. Redman Rhod. *Honda*
3 R. Bryans Irl. *Honda*
4 A. Shepherd GB *MZ*
5 B. Beale Rhod. *Honda*
6 B. Schneider Autr. *Suzuki*

GP d'Italie, MONZA

1 Ph. Read GB *Yamaha* 183,318 km/h
2 M. Duff Can. *Yamaha*
3 J. Redman Rhod. *Honda*
4 G. Agostini I *Morini*
5 A. Shepherd GB *MZ*
6 L. Taveri CH *Honda*

GP du Japon, SUZUKA

1 J. Redman Rhod. *Honda* 141,436 km/h
2 J. Kasuya Jap. *Honda*
3 H. Hasegawa Jap. *Yamaha*
4 L. Taveri CH *Honda*
5 M. Hailwood GB *MZ*
Only five riders placed.

250 cc.

Ph. Read

Yamaha

PHIL READ GB *Champion du monde 1964*

This talented Englishman, born on the 1st January 1939, and with many placings in the awards lists, exchanged his Norton, AJS and Matchless for the faster Yamahas. His first season was a success; the first title achieved by a two-stroke machine in the 250 cc category.

1964 - 350 cc.

TT Anglais, ILE DE MAN

1 J. Redman Rhod. *Honda* 158,520 km/h
2 Ph. Read GB *AJS*
3 M. Duff Can. *AJS*
4 D. Minter GB *Norton*
5 D. Woodman GB *AJS*
6 J. Dunphy GB *Norton*

GP de Hollande, ASSEN

1 J. Redman Rhod. *Honda* 140,669 km/h
2 M. Hailwood GB *MV-Agusta*
3 R. Venturi I *Bianchi*
4 P. Driver S. Afr. *AJS*
5 M. Duff Can. *AJS*
6 D. Minter GB *Norton*

GP d'Allemagne, SOLITUDE

1 J. Redman Rhod. *Honda* 152,770 km/h
2 B. Beale Rhod. *Honda*
3 M. Duff Can. *AJS*
4 G. Milani I *Aermacchi*
5 P. Driver S. Afr. *AJS*
6 V. Cottle GB *AJS*

GP d'All. de l'Est, SACHSENRING

1 J. Redman Rhod. *Honda* 155,814 km/h
2 G. Havel Tchécos. *Jawa*
3 M. Duff Can. *AJS*
4 B. Beale Rhod. *Honda*
5 V. Cottle GB *AJS*
6 F. Stevens GB *AJS*

GP d'Ulster, BELFAST

1 J. Redman Rhod. *Honda* 150,883 km/h
2 M. Duff Can. *Yamaha*
3 G. Havel Tchécos. *Jawa*
4 B. Beale Rhod. *Honda*
5 C. Conn GB *Norton*
6 F. Stevens GB *AJS*

GP de Finlande, IMATRA

1 J. Redman Rhod. *Honda* 132,506 km/h
2 B. Beale Rhod. *Honda*
3 E. Kiisa URSS *CKEB*
4 A. Shepherd GB *MZ*
5 M. Duff Can. *AJS*
6 D. Woodman GB *AJS*

GP d'Italie, MONZA

1 J. Redman Rhod. *Honda* 180,815 km/h
2 B. Beale Rhod. *Honda*
3 S. Malina Tchécos. *CZ*
4 R. Pasolini I *Aermacchi*
5 M. Duff Can. *AJS*
6 J. Ahearn Austr. *Norton*

GP du Japon, SUZUKA

1 J. Redman Rhod. *Honda* 138,724 km/h
2 M. Hailwood GB *MZ*
3 J. Kasuya Jap. *Honda*
4 I. Yamashita Jap. *Honda*
5 K. Nagamatsu Jap. *Honda*
5 finishers only.

Redman warms up his Honda.

JIM REDMAN Rhod. *Champion du monde 1964*

If this third 350 cc title was won easily in front of his trainee Bruce Beale, it was quite another story in the 250 cc class.
Although employing all his exceptional skill, Redman could not hold off the newcomer Read and his fast Yamaha, and had to be content with second place.

1964 - 500 cc.

GP d'Amérique, DAYTONA

1 M. Hailwood GB *MV-Agusta* 161,201 km/h
2 Ph. Read GB *Matchless*
3 J. Hartle GB *Norton*
4 M. Duff Can. *Matchless*
5 P. Driver S. Afr. *Matchless*
6 B. Parriott USA *Norton*

TT Anglais, ILE DE MAN

1 M. Hailwood GB *MV-Agusta* 162,420 km/h
2 D. Minter GB *Norton*
3 F. Stevens GB *Matchless*
4 D. Woodman GB *Matchless*
5 G. Jenkins GB *Norton*
6 B. Mc. Cosh Irl. *Matchless*

GP de Hollande, ASSEN

1 M. Hailwood GB *MV-Agusta* 140,956 km/h
2 R. Venturi I *Bianchi*
3 P. Driver S. Afr. *Matchless*
4 J. Ahearn Austr. *Norton*
5 F. Stevens GB *Matchless*
6 Ph. Read GB *Matchless*

GP de Belgique, SPA

1 M. Hailwood GB *MV-Agusta* 197,799 km/h
2 Ph. Read GB *Matchless*
3 P. Driver S. Afr. *Matchless*
4 J. Ahearn Austr. *Norton*
5 J. Findlay Austr. *Matchless*
6 D. Woodman GB *Matchless*

GP d'Allemagne, SOLITUDE

1 M. Hailwood GB *MV-Agusta* 157,200 km/h
2 J. Ahearn Austr. *Norton*
3 Ph. Read GB *Matchless*
4 G. Marsovszki CH *Matchless*
5 M. Low NZ *Norton*
6 F. Stevens GB *Matchless*

GP d'All. de l'Est, SACHSENRING

1 M. Hailwood GB *MV-Agusta* 163,084 km/h
2 M. Duff Can. *Matchless*
3 P. Driver S. Afr. *Matchless*
4 N. Sevostianov URSS *CKEB*
5 D. Woodman GB *Matchless*
6 J. Ahearn Austr. *Norton*

GP d'Ulster, BELFAST

1 Ph. Read GB *Norton* 132,350 km/h
2 D. Creith Irl. *Norton*
3 J. Ahearn Austr. *Norton*
4 B. Fitton GB *Norton*
5 C. Conn GB *Norton*
6 F. Stevens GB *Matchless*

GP de Finlande, IMATRA

1 J. Ahearn Austr. *Norton* 131,353 km/h
2 M. Duff Can. *Matchless*
3 G. Marsovszki CH *Matchless*
4 N. Sevostianov URSS *CKEB*
5 P. Driver S. Afr. *Matchless*
6 L. Young GB *Matchless*

GP d'Italie, MONZA

1 M. Hailwood GB *MV-Agusta* 191,757 km/h
2 B. Caldarella Argent. *Gilera*
3 J. Ahearn Austr. *Norton*
4 M. Duff Can. *Matchless*
5 J. Findlay Austr. *Matchless*
6 W. Scheimann All. *Norton*

Checking the carburation.

MIKE HAILWOOD GB *Champion du monde 1964*

A dazzling start to the season for Hailwood, six races, and as many wins. During the American Grand Prix on the fast banked track at Daytona, he established six world records before the 500 cc event, notably the hour record at more than 233 kilometres an hour.

Championnat du monde de side-cars 1964

GP d'Espagne, BARCELONE

1 F. Camathias CH / R. Foell All. *Gilera* 106,910 km/h
2 O. Kolle / D. Hess All. *BMW*
3 G. Auerbacher / B. Heim All. *BMW*
4 M. Deubel / E. Horner All. *BMW*
5 C. Vincent / K. Scott GB *BMW*
6 L. Hahn / G. Schafer All. *BMW*

GP de France, CLERMONT-FERRAND

1 F. Scheidegger CH / J. Robinson GB *BMW* 108,876 km/h
2 M. Deubel / E. Horner All. *BMW*
3 G. Auerbacher / B. Heim All. *BMW*
4 C. Seeley / W. Rawling GB *BMW*
5 A. Butscher / W. Kallaugh All. *BMW*
6 J. Duhem / F. Fernandez Fr. *BMW*

TT Anglais, ILE DE MAN

1 M. Deubel / E. Horner All. *BMW* 143,420 km/h
2 C. Seeley / W. Rawling GB *BMW*
3 G. Auerbacher / B. Heim All. *BMW*
4 A. Butscher / W. Kallaugh All. *BMW*
5 T. Vinicombe / F. Gelder GB *Triumph*
6 T. Jackson / P. Hartil GB *BMW*

GP de Hollande, ASSEN

1 C. Seeley / W. Rawling GB *BMW* 126,728 km/h
2 C. Vincent / K. Scott GB *BMW*
3 F. Scheidegger CH / J. Robinson GB *BMW*
4 M. Deubel / E. Horner All. *BMW*
5 O. Kolle / H. Marquardt All. *BMW*
6 G. Auerbacher / B. Heim All. *BMW*

GP de Belgique, SPA

1 M. Deubel / E. Horner All. *BMW* 171,276 km/h
2 F. Scheidegger CH / J. Robinson GB *BMW*
3 G. Auerbacher / B. Heim All. *BMW*
4 P. Harris / R. Campbell GB *BMW*
5 O. Kolle / D. Hess All. *BMW*
6 A. Butscher / W. Kallaugh All. *BMW*

GP d'Allemagne, SOLITUDE

1 F. Scheidegger CH / J. Robinson GB *BMW* 140,900 km/h
2 M. Deubel / E. Horner All. *BMW*
3 G. Auerbacher / B. Heim All. *BMW*
4 A. Butscher / W. Kallaugh All. *BMW*
5 A. Wolf / W. Zielaff All. *BMW*
6 G. Selbmann / L. Ronsdorf All. *BMW*

Auerbacher often flirted with victory.

MAX DEUBEL /
EMIL HORNER All.
Champions du monde 1964

*With as many titles as the
distinguished Oliver, the
Deubel—Horner partnership was
dethroned by Scheidegger and
Robinson in 1965 and 1966.
They retired from road racing
at the end of 1966, Deubel to
run his hotel at Muhlenau,
and Horner to return to his
former trade as a car mechanic.*

Side-cars
M. Deubel / E. Horner
BMW

Championnat du monde 1965 - 50 cc.

GP d'Amérique, DAYTONA

1 E. Degner All. *Suzuki* 124,809 km/h
2 H. Anderson NZ *Suzuki*
3 M. Ichino Jap. *Suzuki*
4 H. Koshino Jap. *Suzuki*
5 J. Roca Fr. *Derbi*
6 G. Biscia Urug. *Suzuki*

GP d'Allemagne, NURBURGRING

1 R. Bryans Irl. *Honda* 118,221 km/h
2 L. Taveri CH *Honda*
3 H. Anderson NZ *Suzuki*
4 M. Itoh Jap. *Suzuki*
5 A. Nieto E *Derbi*
6 H.-G. Anscheidt All. *Kreidler*

GP d'Espagne, BARCELONE

1 H. Anderson NZ *Suzuki* 103,939 km/h
2 R. Bryans Irl. *Honda*
3 J. Busquet E *Derbi*
4 L. Taveri CH *Honda*
5 H.-G. Anscheidt All. *Kreidler*
6 B. Smith Austr. *Derbi*

GP de France, ROUEN

1 R. Bryans Irl. *Honda* 127,839 km/h
2 L. Taveri CH *Honda*
3 E. Degner All. *Suzuki*
4 M. Itoh Jap. *Suzuki*
5 J. Roca Fr. *Derbi*
6 H. Anderson NZ *Suzuki*

TT Anglais, ILE DE MAN

1 L. Taveri CH *Honda* 128,200 km/h
2 H. Anderson NZ *Suzuki*
3 E. Degner All. *Suzuki*
4 C. Mates GB *Honda*
5 I. Plumridge GB *Derbi*
6 E. Griffiths GB *Honda*

GP de Hollande, ASSEN

1 R. Bryans Irl. *Honda* 122,480 km/h
2 H. Anderson NZ *Suzuki*
3 L. Taveri CH *Honda*
4 M. Itoh Jap. *Suzuki*
5 E. Degner All. *Suzuki*
6 C. VanDongen Holl. *Kreidler*

GP de Belgique, SPA

1 E. Degner All. *Suzuki* 151,352 km/h
2 H. Anderson NZ *Suzuki*
3 L. Taveri CH *Honda*
4 M. Itoh Jap. *Suzuki*
5 R. Bryans Irl. *Honda*
6 C. VanDongen Holl. *Kreidler*

GP du Japon, SUZUKA

1 L. Taveri CH *Honda* 128,045 km/h
2 R. Bryans Irl. *Honda*
3 M. Itoh Jap. *Suzuki*
4 H.-G. Anscheidt All. *Kreidler*
5 M. Ichino Jap. *Suzuki*
6 A. Itoh Jap. *Honda*

After a rather too violent application of the brake.

RALPH BRYANS Irl. *Champion du monde 1965*

At only 23 years of age, Bryans won his title on the four-stroke twin cylinder Honda, after excellent results on his privately-owned 350 cc and 500 cc Nortons. A small man, he had no difficulty in feeling at ease on this tiny machine.

50 cc.
R. Bryans
Honda

1965 - 125 cc.

GP d'Amérique, DAYTONA

1 H. Anderson NZ *Suzuki* 143,796 km/h
2 E. Degner All. *Suzuki*
3 F. Perris GB *Suzuki*
4 R. Schell USA *Honda*
5 J. Tate USA *Honda*
6 B. Gehring USA *Bultaco*

GP d'Allemagne, NURBURGRING

1 H. Anderson NZ *Suzuki* 125,814 km/h
2 F. Perris GB *Suzuki*
3 R. Torras E *Bultaco*
4 E. Degner All. *Suzuki*
5 D. Woodman GB *MZ*
6 W. Scheimann All. *Honda*

GP d'Espagne, BARCELONE

1 H. Anderson NZ *Suzuki* 112,545 km/h
2 F. Perris GB *Suzuki*
3 D. Woodman GB *MZ*
4 B. Spaggiari I *Ducati*
5 K. Enderlein All. Est *MZ*
6 A. Fegbli CH *Honda*

GP de France, ROUEN

1 H. Anderson NZ *Suzuki* 148,241 km/h
2 E. Degner All. *Suzuki*
3 F. Perris GB *Suzuki*
4 D. Woodman GB *MZ*
5 B. Beale Rhod. *Honda*
6 G. Vicenzi I *Honda*

TT Anglais, ILE DE MAN

1 Ph. Read GB *Yamaha* 151,730 km/h
2 L. Taveri CH *Honda*
3 M. Duff Can. *Yamaha*
4 D. Woodman GB *MZ*
5 H. Anderson NZ *Suzuki*
6 R. Bryans Irl. *Honda*

GP de Hollande, ASSEN

1 M. Duff Can. *Yamaha* 134,816 km/h
2 Y. Katayama Jap. *Suzuki*
3 H. Anderson NZ *Suzuki*
4 B. Ivy GB *Yamaha*
5 L. Taveri CH *Honda*
6 G. Vicenzi I *Honda*

GP d'All. de l'Est, SACHSENRING

1 F. Perris GB *Suzuki* 139,695 km/h
2 D. Krumpholz All. Est *MZ*
3 D. Woodman GB *MZ*
4 J. Leiter All. Est *MZ*
5 B. Beale Rhod. *Honda*
6 J. Lenk All. Est *MZ*

GP de Tchécoslovaquie, BRNO

1 F. Perris GB *Suzuki* 139,500 km/h
2 D. Woodman GB *MZ*
3 H. Rosner All. Est *MZ*
4 J. Leiter All. Est *MZ*
5 R. Rentsch All. Est *MZ*
6 F. Bocek Tchécos. *CZ*

GP d'Ulster, BELFAST

1 E. Degner All. *Suzuki* 139,060 km/h
2 K. Enderlein All. Est *MZ*
3 D. Woodman GB *MZ*
4 R. Bryans Irl. *Honda*
5 B. Beale Rhod. *Honda*
6 T. Robb Irl. *Bultaco*

GP de Finlande, IMATRA

1 H. Anderson NZ *Suzuki* 129,035 km/h
2 F. Perris GB *Suzuki*
3 J. Leiter All. Est *MZ*
4 R. Bryans Irl. *Honda*
5 R. Rentsch All. Est *MZ*
6 G. Vicenzi I *Honda*

GP d'Italie, MONZA

1 H. Anderson NZ *Suzuki* 151,778 km/h
2 F. Perris GB *Suzuki*
3 D. Woodman GB *MZ*
4 K. Enderlein All. Est *MZ*
5 H.-G. Anscheidt All. *MZ-Kreidler*
6 G. Molloy NZ *Bultaco*

GP du Japon, SUZUKA

1 H. Anderson NZ *Suzuki* 137,709 km/h
2 L. Taveri CH *Honda*
3 R. Bryans Irl. *Honda*
4 B. Ivy GB *Yamaha*
5 M. Yasawa Jap. *Honda*
6 I. Matsushima Jap. *Yamaha*

HUGH ANDERSON NZ *Champion du monde 1965*

He had yet to finish third in the 50 cc class in 1966,
then fifth in the 125 cc class the same year.
Two years of motocross heralded the end of his competition career. Following
this he returned to Assen, where he runs a motorcycle garage.

125 cc.
H. Anderson
Suzuki

CHAMPIONNAT DU MONDE
1965 - 250 cc.

GP d'Amérique, DAYTONA

1 Ph. Read GB *Yamaha* 156,858 km/h
2 M. Duff Can. *Yamaha*
3 S. Grassetti I *Morini*
4 F. Perris GB *Suzuki*
5 J. Busquet E *Montesa*
6 S. Bunckner USA *Yamaha*

GP d'Allemagne, NURBURGRING

1 Ph. Read GB *Yamaha* 135,261 km/h
2 M. Duff Can. *Yamaha*
3 R. Torras E *Bultaco*
4 G. Vicenzi I *Aermacchi*
5 G. Beer All. *Honda*
6 G. Milani I *Aermacchi*

GP d'Espagne, BARCELONE

1 Ph. Read GB *Yamaha* 117,173 km/h
2 R. Torras E *Bultaco*
3 M. Duff Can. *Yamaha*
4 D. Woodman GB *MZ*
5 K. Cass Austr. *Cotton*
6 A. Pagani I *Aermacchi*

GP de France, ROUEN

1 Ph. Read GB *Yamaha* 154,608 km/h
2 B. Beale Rhod. *Honda*
3 B. Smith Austr. *Bultaco*
4 J.-C. Guenard Fr. *Bultaco*
5 R. Avery GB *Bultaco*
6 A. Barbaroux Fr. *Aermacchi*

TT Anglais, ILE DE MAN

1 Ph. Read GB *Yamaha* 140,464 km/h
2 J. Redman Rhod. *Honda*
3 M. Duff Can. *Yamaha*
4 Y. Katayama Jap. *Suzuki*
5 B. Beale Rhod. *Honda*
6 D. Woodman GB *MZ*

GP de Hollande, ASSEN

1 J. Redman Rhod. *Honda* 156,410 km/h
2 M. Duff Can. *Yamaha*
3 F. Perris GB *Suzuki*
4 T. Provini I *Benelli*
5 F. Stastny Tchécos. *CZ*
6 D. Williams GB *Mondial*

GP de Belgique, SPA

1 J. Redman Rhod. *Honda* 193,436 km/h
2 Ph. Read GB *Yamaha*
3 M. Duff Can. *Yamaha*
4 Y. Katayama Jap. *Suzuki*
5 F. Perris GB *Suzuki*
6 B. Beale Rhod. *Honda*

GP d'All. de l'Est, SACHSENRING

1 J. Redman Rhod. *Honda* 147,380 km/h
2 Ph. Read GB *Yamaha*
3 D. Woodman GB *MZ*
4 F. Stastny Tchécos. *CZ*
5 B. Beale Rhod. *Honda*
6 H. Rosner All. Est *MZ*

GP de Tchécoslovaquie, BRNO

1 Ph. Read GB *Yamaha* 153,500 km/h
2 M. Duff Can. *Yamaha*
3 J. Redman Rhod. *Honda*
4 D. Woodman GB *MZ*
5 H. Rosner All. Est *MZ*
6 F. Stastny Tchécos. *CZ*

GP d'Ulster, BELFAST

1 Ph. Read GB *Yamaha* 138,400 km/h
2 M. Duff Can. *Yamaha*
3 D. Woodman GB *MZ*
4 H. Rosner All. Est *MZ*
5 R. Bryans Irl. *Honda*
6 G. Molloy NZ *Bultaco*

GP de Finlande, IMATRA

1 M. Duff Can. *Yamaha* 133,416 km/h
2 H. Rosner All. Est *MZ*
3 R. Bryans Irl. *Honda*
4 B. Beale Rhod. *Honda*
5 G. Vicenzi I *Aermacchi*
6 B. Coulter Irl. *Bultaco*

GP d'Italie, MONZA

1 T. Provini I *Benelli* 152,124 km/h
2 H. Rosner All. Est *MZ*
3 R. Venturi I *Benelli*
4 G. Molloy NZ *Bultaco*
5 F. Stastny Tchécos. *CZ*
6 G. Beer All. *Honda*

GP du Japon, SUZUKA

1 M. Hailwood GB *Honda* 139,860 km/h
2 J. Kasuya Jap. *Honda*
3 B. Ivy GB *Yamaha*
4 I. Yamashita Jap. *Honda*
5 H. Hasegawa Jap. *Yamaha*
Only five contestants placed.

250 cc.
Ph. Read
Yamaha

PHIL READ GB *Champion du monde 1965*

His first big success in the 'Continental Circus' was his win in the 350 cc class on a Norton at the TT in 1961. A particularly gifted rider, he distinguished himself in his very first year of competition racing. He rode BSA in 1956, and his progress was rapid. Winner of the Manx Grand Prix in 1960, he joined the Duke 'stable' in 1963, but the four-cylinder Gilera machines did not suit him.

1965 - 350 cc.

GP d'Allemagne, NURBURGRING
1 G. Agostini I *MV-Agusta* 136,388 km/h
2 M. Hailwood GB *MV-Agusta*
3 G. Havel Tchécos. *Jawa*
4 R. Pasolini I *Aermacchi*
5 E. Kiisa URSS *Vostok*
6 P. Driver S. Afr. *AJS*

TT Anglais, ILE DE MAN
1 J. Redman Rhod. *Honda* 162,091 km/h
2 Ph. Read GB *Yamaha*
3 G. Agostini I *MV-Agusta*
4 B. Beale Rhod. *Honda*
5 G. Jenkins GB *Norton*
6 G. Milani I *Aermacchi*

GP de Hollande, ASSEN
1 J. Redman Rhod. *Honda* 141,981 km/h
2 M. Hailwood GB *MV-Agusta*
3 G. Agostini I *MV-Agusta*
4 R. Pasolini I *Aermacchi*
5 G. Milani I *Aermacchi*
6 J. Cooper GB *Norton*

GP d'All. de l'Est, SACHSENRING
1 J. Redman Rhod. *Honda* 158,800 km/h
2 D. Woodman GB *MZ*
3 G. Havel Tchécos. *Jawa*
4 F. Stastny Tchécos. *Jawa*
5 F. Bocek Tchécos. *Jawa*
6 D. Shorey GB *Norton*

GP de Tchécoslovaquie, BRNO
1 J. Redman Rhod. *Honda* 152,300 km/h
2 D. Woodman GB *MZ*
3 N. Sevostianov URSS *Vostok*
4 G. Milani I *Aermacchi*
5 R. Pasolini I *Aermacchi*
6 D. Shorey GB *Norton*

GP d'Ulster, BELFAST
1 F. Stastny Tchécos. *Jawa* 146,611 km/h
2 B. Beale Rhod. *Honda*
3 G. Havel Tchécos. *Jawa*
4 C. Conn GB *Norton*
5 J. Cooper GB *Norton*
6 G. Jenkins GB *Norton*

GP de Finlande, IMATRA
1 G. Agostini I *MV-Agusta* 137,104 km/h
2 B. Beale Rhod. *Honda*
3 F. Bocek Tchécos. *Jawa*
4 K. Carlsson Suède *AJS*
5 L. Young GB *AJS*
6 E. Hinton Austr. *Norton*

GP d'Italie, MONZA
1 G. Agostini I *MV-Agusta* 181,903 km/h
2 S. Grassetti I *Bianchi*
3 T. Provini I *Benelli*
4 F. Stastny Tchécos. *Jawa*
5 D. Woodman GB *MZ*
6 R. Pasolini I *Aermacchi*

GP du Japon, SUZUKA
1 M. Hailwood GB *MV-Agusta* 141,745 km/h
2 J. Redman Rhod. *Honda*
3 J. Kasuya Jap. *Honda*
4 I. Yamashita Jap. *Honda*
5 G. Agostini I *MV-Agusta*
6 B. Smith GB *Honda*

A disc brake on the famous MV-Agusta.

350 cc.

J. Redman
Honda

JIM REDMAN Rhod. *Champion du monde 1965*

The last title to be won by Redman. In 1966, on the powerful 500 cc machine, he sustained a fall in the Belgian Grand Prix. A broken collar bone put an end to his hopes of carrying off the supreme title, and he decided to retire.
Back in Bulawayo, he is busy importing ... Yamahas for Rhodesia!

1965 - 500 cc.

GP d'Amérique, DAYTONA

1 M. Hailwood GB *MV-Agusta* 160,358 km/h
2 B. Parriott USA *Norton*
3 R. Beaumont Can. *Norton*
4 K. King Can. *Norton*
5 E. Labelle USA *Norton*
6 D. Loyd Can. *Norton*

GP d'Allemagne, NURBURGRING

1 M. Hailwood GB *MV-Agusta* 138,699 km/h
2 G. Agostini I *MV-Agusta*
3 W. Scheimann All. *Norton*
4 J. Findlay Austr. *Matchless*
5 E. Lenz Autr. *Norton*
6 B. Nelson GB *Norton*

TT Anglais, ILE DE MAN

1 M. Hailwood GB *MV-Agusta* 147,560 km/h
2 J. Dunphy GB *Norton*
3 M. Duff Can. *Matchless*
4 I. Burne S. Afr. *Norton*
5 S. Griffiths GB *Matchless*
6 B. McCosh Irl. *Matchless*

GP de Hollande, ASSEN

1 M. Hailwood GB *MV-Agusta* 142,500 km/h
2 G. Agostini I *MV-Agusta*
3 P. Driver S. Afr. *Matchless*
4 J. Cooper GB *Norton*
5 J. Ahearn Austr. *Norton*
6 D. Shorey GB *Norton*

GP de Belgique, SPA

1 M. Hailwood GB *MV-Agusta* 194,070 km/h
2 G. Agostini I *MV-Agusta*
3 D. Minter GB *Norton*
4 P. Driver S. Afr. *Matchless*
5 F. Stevens GB *Matchless*
6 G. Marsovszki CH *Matchless*

GP d'All. de l'Est, SACHSENRING

1 M. Hailwood GB *MV-Agusta* 150,713 km/h
2 G. Agostini I *MV-Agusta*
3 P. Driver S. Afr. *Matchless*
4 J. Ahearn Austr. *Norton*
5 F. Stevens GB *Matchless*
6 I. Burne S. Afr. *Norton*

GP de Tchécoslovaquie, BRNO

1 M. Hailwood GB *MV-Agusta* 152,900 km/h
2 G. Agostini I *MV-Agusta*
3 J. Ahearn Austr. *Norton*
4 P. Driver S. Afr. *Matchless*
5 F. Stevens GB *Matchless*
6 F. Stastny Tchécos. *Jawa*

GP d'Ulster, BELFAST

1 D. Creith Irl. *Norton* 138,720 km/h
2 P. Driver S. Afr. *Matchless*
3 C Conn GB *Norton*
4 J. Findlay Austr. *Matchless*
5 F. Stevens GB *Matchless*
6 B. Fitton GB *Norton*

GP de Finlande, IMATRA

1 G. Agostini I *MV-Agusta* 137,100 km/h
2 P. Driver S. Afr. *Matchless*
3 F. Stevens GB *Matchless*
4 O. Reihanen Finl. *Matchless*
5 J. Findlay Austr. *Matchless*
6 L. Young GB *Matchless*

GP d'Italie, MONZA

1 M. Hailwood GB *MV-Agusta* 156,899 km/h
2 G. Agostini I *MV-Agusta*
3 F. Stastny Tchécos. *Jawa*
4 F. Stevens GB *Matchless*
5 G. Mandolini I *Guzzi*
6 G. Marsovszki CH *Matchless*

On the limit of tyre adhesion.

500 cc.
M. Hailwood
MV-Agusta

MIKE HAILWOOD GB *Champion du monde 1965*

Fourth consecutive title for 'Mike the Bike'.
This season was shared between Formula One racing and motorcycle events.
It was to be his last season with MV-Agusta.
The unbelievable sum of money offered by Honda, and the opportunity to
compete in three capacity classes prompted him to change.

Championnat du monde de side-cars 1965

GP d'Allemagne, NURBURGRING-SUD

1 F. Scheidegger CH / J. Robinson GB *BMW* 113,035 km/h
2 S. Schauzu / H. Schneider All. *BMW*
3 A. Butscher / W. Kallaugh All. *BMW*
4 A. Wolf / L. Ronsdorf All. *BMW*
5 F. Huber / J. Huber All. *BMW*
6 T. Davies / M. Merrick GB *Matchless*

GP d'Espagne, BARCELONE

1 M. Deubel / E. Horner All. *BMW* 102,347 km/h
2 F. Scheidegger CH / J. Robinson GB *BMW*
3 A. Butscher / W. Kallaugh All. *BMW*
4 O. Kolle / H. Marquardt All. *BMW*
5 G. Auerbacher All. / P. Rykers GB *BMW*
6 B. Thompson / R. Bradley Austr. *BMW*

GP de France, ROUEN

1 F. Camathias / F. Ducret CH *BMW* 141,560 km/h
2 F. Scheidegger CH / J. Robinson GB *BMW*
3 M. Deubel / E. Horner All. *BMW*
4 G. Auerbacher All. / P. Rykers GB *BMW*
5 B. Thompson / R. Bradley Austr. *BMW*
6 C. Seeley / W. Rawling GB *BMW*

TT Anglais, ILE DE MAN

1 M. Deubel / E. Horner All. *BMW* 145,760 km/h
2 F. Scheidegger CH / J. Robinson GB *BMW*
3 G. Auerbacher All. / P. Rykers GB *BMW*
4 H. Luthringhauser / H. Hahn All. *BMW*
5 C. Vincent / P. Cassey GB *BMW*
6 C. Freeman / B. Nelson GB *Norton*

GP de Hollande, ASSEN

1 F. Scheidegger CH / J. Robinson GB *BMW* 126,838 km/h
2 C. Vincent / F. Roche GB *BMW*
3 C. Seeley / W. Rawling GB *BMW*
4 H. Luthringshauser / H. Hahn All. *BMW*
5 B. Thompson / R. Bradley Austr. *BMW*
6 O. Kolle / H. Marquardt All. *BMW*

GP de Belgique, SPA

1 F. Scheidegger CH / J. Robinson GB *BMW* 172,579 km/h
2 M. Deubel / E. Horner All. *BMW*
3 P. Harris / R. Campbell GB *BMW*
4 H. Luthringshauser / H. Hahn All. *BMW*
5 F. Camathias / F. Ducret CH *BMW*
6 C. Seeley / W. Rawling GB *BMW*

GP d'Italie, MONZA

1 F. Scheidegger CH / J. Robinson GB *BMW* 148,658 km/h
2 G. Auerbacher / P. Rykers All. *BMW*
3 O. Kolle / H. Marquardt All. *BMW*
4 G. Dal-Toe / A. Ramoli I *BMW*
5 B. Thompson / R. Bradley Austr. *BMW*
6 A. Butscher / W. Kallaugh All. *BMW*

FRITZ SCHEIDEGGER CH/
JOHN ROBINSON GB
Champions du monde 1965

*Scheidegger brought an end to the
long supremacy of German side-
car drivers. He first took part in
the World Championships at the
Italian Grand Prix at Monza in
1957, where he finished fourth.
He started road racing in 1953,
on BSA machines, and was the
Swiss Champion in both side-car
and solo classes. His revolutionary
engineering intrigued more than
one enthusiast, but had no
future. 1965 was the year which
saw the final appearance at Brands
Hatch of the impetuous Camathias
(23.3 1924 — 10.10 1965).*

Side-cars
F. Scheidegger / J. Robinson
BMW

Championnat du monde 1966 - 50 cc.

GP d'Espagne, BARCELONE

1 L. Taveri CH *Honda* 109,013 km/h
2 H.-G. Anscheidt All. *Suzuki*
3 R. Bryans Irl. *Honda*
4 H. Anderson NZ *Suzuki*
5 A. Nieto E *Derbi*
6 B. Smith Austr. *Derbi*

GP d'Allemagne, HOCKENHEIM

1 H.-G. Anscheidt All. *Suzuki* 144,810 km/h
2 R. Bryans Irl. *Honda*
3 H. Anderson NZ *Suzuki*
4 L. Taveri CH *Honda*
5 O. Dittrich All. *Kreidler*
6 C. VanDongen Holl. *Kreidler*

TT Anglais, ILE DE MAN

1 R. Bryans Irl. *Honda* 137,830 km/h
2 L. Taveri CH *Honda*
3 H. Anderson NZ *Suzuki*
4 E. Degner All. *Suzuki*
5 B. Gleed GB *Honda*
6 D. Simmonds GB *Honda*

GP de Hollande, ASSEN

1 L. Taveri CH *Honda* 124,782 km/h
2 R. Bryans Irl. *Honda*
3 H. Anderson NZ *Suzuki*
4 H.-G. Anscheidt All. *Suzuki*
5 Y. Katayama Jap. *Suzuki*
6 I. Morishita Jap. *Brigestone*

GP d'Italie, MONZA

1 H.-G. Anscheidt All. *Suzuki* 152,175 km/h
2 R. Bryans Irl. *Honda*
3 L. Taveri CH *Honda*
4 H. Anderson NZ *Suzuki*
5 B. Smith Austr. *Derbi*
6 A. Roth CH *Kreidler*

Ready for battle.

GP du Japon, FISCO

1 Y. Katayama Jap. *Suzuki* 144,898 km/h
2 H.-G. Anscheidt All. *Suzuki*
3 H. Anderson NZ *Suzuki*
4 M. Itoh Jap. *Suzuki*
5 T. Robb Irl. *Brigestone*
6 J. Findlay Austr. *Brigestone*

HANS-GEORG ANSCHEIDT All. *Champion du monde 1966*

Born the 23rd December 1935,
holder of the European Cup in 1961, and works rider for Kreidler until 1965.
A tireless competitor, he succeeded in mastering his fourteen gear Kreidler,
with which he finished as World runner-up in 1962 and 1963. With Suzuki, he found
a machine to match his talent, and had no difficulty in proving his worth.

CHAMPIONNAT DU MONDE
1966 - 125 cc.

GP d'Espagne, BARCELONE
1 B. Ivy GB *Yamaha* 112,570 km/h
2 L. Taveri CH *Honda*
3 R. Bryans Irl. *Honda*
4 Ph. Read GB *Yamaha*
5 F. Villa I *Montesa*
6 J. Medrano E *Bultaco*

GP d'Allemagne, HOCKENHEIM
1 L. Taveri CH *Honda* 162,500 km/h
2 R. Bryans Irl. *Honda*
3 Ph. Read GB *Yamaha*
4 F. Perris GB *Suzuki*
5 H.-G. Anscheidt All. *Suzuki*
6 H. Mann All. *MZ*

TT Anglais, ILE DE MAN
1 B. Ivy GB *Yamaha* 156,100 km/h
2 Ph. Read GB *Yamaha*
3 H. Anderson NZ *Suzuki*
4 M. Duff Can. *Yamaha*
5 F. Perris GB *Suzuki*
6 M. Hailwood GB *Honda*

GP de Hollande, ASSEN
1 B. Ivy GB *Yamaha* 136,217 km/h
2 L. Taveri CH *Honda*
3 Ph. Read GB *Yamaha*
4 H. Anderson NZ *Suzuki*
5 A. Motohashi Jap. *Yamaha*
6 M. Duff Can. *Yamaha*

GP d'All. de l'Est, SACHSENRING
1 L. Taveri CH *Honda* 155,440 km/h
2 Y. Katayama Jap. *Suzuki*
3 B. Ivy GB *Yamaha*
4 Ph. Read GB *Yamaha*
5 F. Perris GB *Suzuki*
6 R. Bryans Irl. *Honda*

GP de Tchécoslovaquie, BRNO
1 L. Taveri CH *Honda* 139,015 km/h
2 R. Bryans Irl. *Honda*
3 B. Ivy GB *Yamaha*
4 H. Anderson NZ *Suzuki*
5 F. Perris GB *Suzuki*
6 F. Kohlar All. Est *MZ*

GP de Finlande, IMATRA
1 Ph. Read GB *Yamaha* 134,112 km/h
2 L. Taveri CH *Honda*
3 R. Bryans Irl. *Honda*
4 H. Anderson NZ *Suzuki*
5 Y. Katayama Jap. *Suzuki*
6 H. Bischoff All. Est *MZ*

GP d'Ulster, BELFAST
1 L. Taveri CH *Honda* 148,640 km/h
2 R. Bryans Irl. *Honda*
3 Ph. Read GB *Yamaha*
4 T. Robb Irl. *Yamaha*
5 H. Anderson NZ *Suzuki*
6 F. Perris GB *Suzuki*

GP d'Italie, MONZA
1 L. Taveri CH *Honda* 177,656 km/h
2 R. Bryans Irl. *Honda*
3 B. Ivy GB *Yamaha*
4 Ph. Read GB *Yamaha*
5 P. Williams GB *EMC*
6 W. Scheimann All. *Honda*

GP du Japon, FISCO
1 B. Ivy GB *Yamaha* 162,550 km/h
2 Y. Katayama Jap. *Suzuki*
3 M. Itoh Jap. *Suzuki*
4 A. Motohashi Jap. *Yamaha*
5 Ph. Read GB *Yamaha*
6 M. Yuzawa Jap. *Yamaha*

Yamaha machines at the start.

LUIGI TAVERI CH *Champion du monde 1966*

The third title for Taveri, on the legendary five-cylinder machine. Having achieved victory on every track, during the course of a dazzling career, he decided to abandon racing and retire to Horgon, where his motorcycle business had considerably expanded. He is married, and has two children.

1966 - 250 cc.

GP d'Espagne, BARCELONE

1 M. Hailwood GB *Honda* 118,320 km/h
2 D. Woodman GB *MZ*
3 R. Pasolini I *Aermacchi*
4 J. Findlay Austr. *Bultaco*
5 H. Rosner All. Est *MZ*
6 J. Blanco E *Bultaco*

GP d'Allemagne, HOCKENHEIM

1 M. Hailwood GB *Honda* 175,863 km/h
2 J. Redman Rhod. *Honda*
3 B. Ivy GB *Yamaha*
4 D. Woodman GB *MZ*
5 F. Stastny Tchécos. *Jawa*
6 G. Beer All. *Honda*

GP de France, CLERMONT-FERRAND

1 M. Hailwood GB *Honda* 128,202 km/h
2 J. Redman Rhod. *Honda*
3 Ph. Read GB *Yamaha*
4 D. Woodman GB *MZ*
5 H. Rosner All. Est *MZ*
6 D. Lhéraud Fr. *Yamaha*

TT Anglais, ILE DE MAN

1 M. Hailwood GB *Honda* 163,810 km/h
2 S. Graham GB *Honda*
3 P. Inchley GB *Villiers*
4 F. Stastny Tchécos. *Jawa*
5 J. Findlay Austr. *Bultaco*
6 B. Smith Austr. *Bultaco*

GP de Hollande, ASSEN

1 M. Hailwood GB *Honda* 134,111 km/h
2 Ph. Read GB *Yamaha*
3 J. Redman Rhod. *Honda*
4 D. Woodman GB *MZ*
5 C. Anderson GB *Yamaha*
6 T. Robb Irl. *Bultaco*

GP de Belgique, SPA

1 M. Hailwood GB *Honda* 196,870 km/h
2 Ph. Read GB *Yamaha*
3 J. Redman Rhod. *Honda*
4 D. Woodman GB *MZ*
5 M. Duff Can. *Yamaha*
6 B. Ivy GB *Yamaha*

GP d'All. de l'Est, SACHSENRING

1 M. Hailwood GB *Honda* 167,093 km/h
2 Ph. Read GB *Yamaha*
3 M. Duff Can. *Yamaha*
4 S. Graham GB *Honda*
5 H. Rosner All. Est *MZ*
6 F. Stastny Tchécos. *Jawa*

GP de Tchécoslovaquie, BRNO

1 M. Hailwood GB *Honda* 148,700 km/h
2 Ph. Read GB *Yamaha*
3 H. Rosner All. Est *MZ*
4 M. Duff Can. *Yamaha*
5 G. Marsovszki CH *Bultaco*
6 F. Stastny Tchécos. *Jawa*

GP de Finlande, IMATRA

1 M. Hailwood GB *Honda* 132,756 km/h
2 S. Graham GB *Honda*
3 F. Stastny Tchécos. *Jawa*
4 J. Findlay Austr. *Bultaco*
5 B. Beale Rhod. *Honda*
6 K. Andersson Suède *HVA*

GP d'Ulster, BELFAST

1 G. Molloy NZ *Bultaco* 140,030 km/h
2 G. Marsovszki CH *Bultaco*
3 K. Cass Austr. *Bultaco*
4 S. Griffiths GB *Royal-Enfield*
5 F. Curry GB *Honda*
6 L. Atlee Austr. *Cotton*

GP d'Italie, MONZA

1 M. Hailwood GB *Honda* 182,913 km/h
2 H. Rosner All. Est *MZ*
3 A. Pagani I *Aermacchi*
4 J. Findlay Austr. *Bultaco*
5 B. Beale Rhod. *Honda*
6 G. Vicenzi I *Aermacchi*

GP du Japon, FISCO

1 H. Hasegawa Jap. *Yamaha* 168,229 km/h
2 Ph. Read GB *Yamaha*
3 A. Motohashi Jap. *Yamaha*
4 J. Findlay Austr. *Bultaco*
5 T. Robb Irl. *Bultaco*
6 K. Andersson Suède *HVA*

MIKE HAILWOOD GB *Champion du monde 1966*

With nine wins on the new six-cylinder models, Hailwood carried off his second title in the 250 cc class, repeating that of 1961. He is considered to be the best rider of all time, capable of of succeeding on all types of machines, whether two-stroke or four-stroke, single or multi cylinder.

CHAMPIONNAT DU MONDE
1966 - 350 cc.

GP d'Allemagne, HOCKENHEIM
1 M. Hailwood GB *Honda* 172,816 km/h
2 T. Provini I *Benelli*
3 B. Beale Rhod. *Honda*
4 S. Grassetti I *Bianchi*
5 G. Havel Tchécos. *Jawa*
6 F. Bocek Tchécos. *Jawa*

GP de France, CLERMONT-FERRAND
1 M. Hailwood GB *Honda* 127,662 km/h
2 G. Agostini I *MV-Agusta*
3 J. Redman Rhod. *Honda*
4 G. Milani I *Aermacchi*
5 R. Pasolini I *Aermacchi*
6 B. Beale Rhod. *Honda*

TT Anglais, ILE DE MAN
1 G. Agostini I *MV-Agusta* 162,340 km/h
2 P. Williams GB *AJS*
3 C. Conn GB *Norton*
4 J. Ahearn Austr. *Norton*
5 F. Bocek Tchécos. *Jawa*
6 J. Blanchard GB *AJS*

GP de Hollande, ASSEN
1 M. Hailwood GB *Honda* 133,140 km/h
2 G. Agostini I *MV-Agusta*
3 R. Pasolini I *Aermacchi*
4 S. Graham GB *AJS*
5 G. Havel Tchécos. *Jawa*
6 F. Stastny Tchécos. *Jawa*

GP d'All. de l'Est, SACHSENRING
1 G. Agostini I *MV-Agusta* 167,684 km/h
2 F. Stastny Tchécos. *Jawa*
3 G. Havel Tchécos. *Jawa*
4 R. Pasolini I *Aermacchi*
5 A. Pagani I *Aermacchi*
6 J. Ahearn Austr. *Norton*

GP de Tchécoslovaquie, BRNO
1 M. Hailwood GB *Honda* 155,674 km/h
2 G. Agostini I *MV-Agusta*
3 H. Rosner All. Est *MZ*
4 F. Stastny Tchécos. *Jawa*
5 R. Pasolini I *Aermacchi*
6 A. Pagani I *Aermacchi*

GP de Finlande, IMATRA
1 M. Hailwood GB *Honda* 143,500 km/h
2 H. Rosner All. Est *MZ*
3 J. Ahearn Austr. *Norton*
4 K. Carruthers Austr. *Norton*
5 B. Beale Rhod. *Honda*
6 F. Stastny Tchécos. *Jawa*

GP d'Ulster, BELFAST
1 M. Hailwood GB *Honda* 153,660 km/h
2 G. Agostini I *MV-Agusta*
3 T. Robb Irl. *Bultaco*
4 G. Havel Tchécos. *Jawa*
5 D. Simmonds GB *Honda-Norton*
6 J. Dunphy GB *Norton*

GP d'Italie, MONZA
1 G. Agostini I *MV-Agusta* 185,989 km/h
2 R. Pasolini I *Aermacchi*
3 A. Pagani I *Aermacchi*
4 S. Grassetti I *Bianchi*
5 F. Stastny Tchécos. *Jawa*
6 G. Havel Tchécos. *Jawa*

GP du Japon, FISCO
1 Ph. Read GB *Yamaha* 166,596 km/h
2 B. Ivy GB *Yamaha*
3 A. Pagani I *Aermacchi*
4 B. Black GB *Honda*
5 Y. Muromachi Jap. *Honda*
6 K. Andersson Suède *Husqvarna*

A master rider.

350 cc.
M. Hailwood
Honda

MIKE HAILWOOD GB *Champion du monde 1966*

Beating his former team-mate Agostini in the process, Hailwood took the seventh title of his career. He was only runner-up in the 500 cc class that year, because he entered mid-season, following Redman's withdrawal. The temperamental nature of the all powerful four-cylinder machine was not unrecognised.

CHAMPIONNAT DU MONDE
1966 - 500 cc.

GP d'Allemagne, HOCKENHEIM

1 J. Redman Rhod. *Honda* 177,709 km/h
2 G. Agostini I *MV-Agusta*
3 G. Marsovszki CH *Matchless*
4 S. Graham GB *Matchless*
5 L. Young GB *Matchless*
6 E. Lenz Autr. *Matchless*

TT Anglais, ILE DE MAN

1 M. Hailwood GB *Honda* 165,902 km/h
2 G. Agostini I *MV-Agusta*
3 C. Conn GB *Norton*
4 J. Blanchard GB *Matchless*
5 R. Chandler GB *Matchless*
6 F. Stastny Tchécos. *Jawa-CZ*

GP de Hollande, ASSEN

1 J. Redman Rhod. *Honda* 143,390 km/h
2 G. Agostini I *MV-Agusta*
3 F. Stastny Tchécos. *Jawa-CZ*
4 J. Cooper GB *Norton*
5 S. Graham GB *Matchless*
6 J. Findlay Austr. *Matchless*

GP de Belgique, SPA

1 G. Agostini I *MV-Agusta* 159,888 km/h
2 S. Graham GB *Matchless*
3 J. Ahearn Austr. *Norton*
4 G. Marsovszki CH *Matchless*
5 J. Mawby GB *Norton*
6 R. Chandler GB *Matchless*

GP d'All. de l'Est, SACHSENRING

1 F. Stastny Tchécos. *Jawa-CZ* 159,990 km/h
2 J. Findlay Austr. *Matchless*
3 J. Ahearn Austr. *Norton*
4 R. Chandler GB *Matchless*
5 G. Marsovszki CH *Matchless*
6 J. Dodds Austr. *Norton*

GP de Tchécoslovaquie, BRNO

1 M. Hailwood GB *Honda* 143,211 km/h
2 G. Agostini I *MV-Agusta*
3 G. Marsovszki CH *Matchless*
4 J. Findlay Austr. *Matchless*
5 J. Ahearn Austr. *Norton*
6 E. Hinton Austr. *Norton*

GP de Finlande, IMATRA

1 G. Agostini I *MV-Agusta* 132,498 km/h
2 M. Hailwood GB *Honda*
3 J. Findlay Austr. *Matchless*
4 J. Ahearn Austr. *Norton*
5 M. Stanton Austr. *Norton*
6 L. Young GB *Matchless*

GP d'Ulster, BELFAST

1 M. Hailwood GB *Honda* 164,820 km/h
2 G. Agostini I *MV-Agusta*
3 F. Stastny Tchécos. *Jawa-CZ*
4 J. Findlay Austr. *Matchless*
5 C. Conn GB *Norton*
6 P. Williams GB *AJS*

GP d'Italie, MONZA

1 G. Agostini I *MV-Agusta* 191,464 km/h
2 P. Williams GB *Matchless*
3 J. Findlay Austr. *Matchless*
4 F. Stevens GB *Paton*
5 W. Scheimann All. *Norton*
6 E. Lenz Autr. *Matchless*

The end of the race for Stuart Graham.

GIACOMO AGOSTINI | *Champion du monde 1966*

500 cc.
G. Agostini
MV-Agusta

Born on the 16th June 1942 at Lovera near Bergamo, Agostini made his racing debut in 1962.
On a 175 cc Morini machine he became Champion of Italy in junior hill climbs.
In 1963 he took part in his first Grand Prix, at Monza; he was forced to retire, after having been
up with the leaders. Still with Morini in 1964, he joined Hailwood at MV in 1965.

Championnat du monde de side-cars 1966

GP d'Allemagne, HOCKENHEIM

1 F. Scheidegger CH / J. Robinson GB *BMW* 155,700 km/h
2 M. Deubel / E. Horner All. *BMW*
3 C. Seeley / W. Rawling GB *BMW*
4 G. Auerbacher / E. Dein All. *BMW*
5 C. Vincent / T. Harrison GB *BMW*
6 H. Luthringshauser / H. Hahn All. *BMW*

GP de France, CLERMONT-FERRAND

1 F. Scheidegger CH / J. Robinson GB *BMW* 114,503 km/h
2 C. Seeley / W. Rawling GB *BMW*
3 M. Deubel / E. Horner All. *BMW*
4 G. Auerbacher / W. Kallaugh All. *BMW*
5 C. Vincent / T. Harrison GB *BMW*
6 B. Thompson Austr. / G. Wood GB *BMW*

TT Anglais, ILE DE MAN

1 F. Scheidegger CH / J. Robinson GB *BMW* 146,030 km/h
2 M. Deubel / E. Horner All. *BMW*
3 G. Auerbacher / E. Dein All. *BMW*
4 K. Enders / R. Mannischeff All. *BMW*
5 C. Seeley / W. Rawling GB *BMW*
6 B. Dungsworth / N. Caddow GB *BMW*

GP de Hollande, ASSEN

1 F. Scheidegger CH / J. Robinson GB *BMW* 127,655 km/h
2 M. Deubel / E. Horner All. *BMW*
3 O. Kolle / R. Schmid All. *BMW*
4 G. Auerbacher / E. Dein All. *BMW*
5 S. Schauzu / H. Schneider All. *BMW*
6 K. Enders / R. Mannischeff All. *BMW*

GP de Belgique, SPA

1 F. Scheidegger CH / J. Robinson GB *BMW* 167,144 km/h
2 M. Deubel / E. Horner All. *BMW*
3 G. Auerbacher / W. Kallaugh All. *BMW*
4 K. Enders / R. Mannischeff All. *BMW*
5 C. Seeley / W. Rawling GB *BMW*
6 T. Wakefield / G. Milton GB *BMW*

The start is always a moment of great tension.

FRITZ SCHEIDEGGER CH/
JOHN ROBINSON GB
Champions du monde 1966

A unique achievement, this brilliant partnership won every race of the Championship. Their superiority was such that no opponent could offer any challenge.
Born on the 30th December 1930, Scheidegger met his death at Mallory Park on the 26th March 1967. A brake failure was the cause of the skid from which Robinson emerged with a broken leg.

Side-cars
F. Scheidegger / J. Robinson
BMW

Championnat du monde 1967 - 50 cc.

GP d'Espagne, BARCELONE

1 H.-G. Anscheidt All. *Suzuki* 107,670 km/h
2 Y. Katayama Jap. *Suzuki*
3 B. Grau E *Derbi*
4 J. Bordons E *Derbi*
5 D. Crivello Fr. *Derbi*
6 A. Nieto E *Derbi*

GP d'Allemagne, HOCKENHEIM

1 H.-G. Anscheidt All. *Suzuki* 143,604 km/h
2 R. Schmalze All. *Kreidler*
3 J. Busquet E *Derbi*
4 B. Smith Austr. *Derbi*
5 D. Gedlich All. *Kreidler*
6 W. Reinhard All. *Reimo*

GP de France, CLERMONT-FERRAND

1 Y. Katayama Jap. *Suzuki* 112,887 km/h
2 H.-G. Anscheidt All. *Suzuki*
3 S. Graham GB *Suzuki*
4 B. Smith Austr. *Derbi*
5 A. Nieto E *Derbi*
6 D. Crivello Fr. *Derbi*

TT Anglais, ILE DE MAN

1 S. Graham GB *Suzuki* 132,624 km/h
2 H.-G. Anscheidt All. *Suzuki*
3 T. Robb Irl. *Suzuki*
4 C. Walpole GB *Honda*
5 E. Griffith GB *Honda*
6 J. Lawley GB *Honda*

GP de Hollande, ASSEN

1 Y. Katayama Jap. *Suzuki* 115,120 km/h
2 A. Nieto E *Derbi*
3 B. Smith Austr. *Derbi*
4 H.-G. Anscheidt All. *Suzuki*
5 A. Toersen Holl. *Kreidler*
6 P. Lodewijkx Holl. *Jamathi*

GP de Belgique, SPA

1 H.-G. Anscheidt All. *Suzuki* 158,550 km/h
2 Y. Katayama Jap. *Suzuki*
3 S. Graham GB *Suzuki*
4 A. Nieto E *Derbi*
5 A. Toersen Holl. *Kreidler*
6 P. Lodewijkx Holl. *Jamathi*

GP du Japon, FISCO

1 M. Itoh Jap. *Suzuki* 137,502 km/h
2 S. Graham GB *Suzuki*
3 N. Kawasaki Jap. *Suzuki*
4 H.-G. Anscheidt All. *Suzuki*
5 B. Smith Austr. *Derbi*
6 A. Akamatsu Jap. *Suzuki*

A private entrant never lacks work.

HANS-GEORG ANSCHEIDT All. *Champion du monde 1967*

Anscheidt carried off his second title from his team-mates Yoshimi Katayama and Stuart Graham. No-one was a match for this trio.
Works orders being highly respected, each works rider won an event!
No records were broken during these much publicised championships!

1967 - 125 cc.

GP d'Espagne, BARCELONE
1 B. Ivy GB *Yamaha* 116,590 km/h
2 Ph. Read GB *Yamaha*
3 Y. Katayama Jap. *Suzuki*
4 S. Graham GB *Suzuki*
5 F. Villa I *Montesa*
6 J. Medrano E *Bultaco*

GP d'Allemagne, HOCKENHEIM
1 Y. Katayama Jap. *Suzuki* 164,096 km/h
2 H.-G. Anscheidt All. *Suzuki*
3 L. Szabo Hong. *MZ*
4 F. Villa I *Montesa*
5 J. Busquet E *Montesa*
6 H. Mann All. *MZ*

GP de France, CLERMONT-FERRAND
1 B. Ivy GB *Yamaha* 124,629 km/h
2 Ph. Read GB *Yamaha*
3 Y. Katayama Jap. *Suzuki*
4 S. Graham GB *Suzuki*
5 D. Simmonds GB *Kawasaki*
6 J. Vergenais Fr. *Bultaco*

TT Anglais, ILE DE MAN
1 Ph. Read GB *Yamaha* 156,840 km/h
2 S. Graham GB *Suzuki*
3 A. Motohashi Jap. *Yamaha*
4 D. Simmonds GB *Kawasaki*
5 K. Carruthers Austr. *Honda*
6 J. Curry GB *Honda*

GP de Hollande, ASSEN
1 Ph. Read GB *Yamaha* 136,476 km/h
2 B. Ivy GB *Yamaha*
3 S. Graham GB *Suzuki*
4 Y. Katayama Jap. *Suzuki*
5 C. VanDongen Holl. *Honda*
6 R. Avery GB *EMC*

GP d'All. de l'Est, SACHSENRING
1 B. Ivy GB *Yamaha* 156,430 km/h
2 Ph. Read GB *Yamaha*
3 S. Graham GB *Suzuki*
4 K. Enderlein All. Est *MZ*
5 T. Heuschkel All. Est *MZ*
6 L. Szabo Hong. *MZ*

GP de Tchécoslovaquie, BRNO
1 B. Ivy GB *Yamaha* 148,105 km/h
2 S. Graham GB *Suzuki*
3 L. Szabo Hong. *MZ*
4 T. Heuschkel All. Est *MZ*
5 W. Scheimann All. *Honda*
6 J. Curry GB *Honda*

GP de Finlande, IMATRA
1 S. Graham GB *Suzuki* 130,915 km/h
2 B. Ivy GB *Yamaha*
3 D. Simmonds GB *Kawasaki*
4 J. Lenk All. Est *MZ*
5 K. Carruthers Austr. *Honda*
6 H. Bischoff All. Est *MZ*

GP d'Ulster, BELFAST
1 B. Ivy GB *Yamaha* 152,550 km/h
2 Ph. Read GB *Yamaha*
3 S. Graham GB *Suzuki*
4 K. Carruthers Austr. *Honda*
5 K. Cass Austr. *Bultaco*
6 G. Molloy NZ *Bultaco*

GP d'Italie, MONZA
1 B. Ivy GB *Yamaha* 166,821 km/h
2 H.-G. Anscheidt All. *Suzuki*
3 L. Szabo Hong. *MZ*
4 W. Scheimann All. *Honda*
5 G. Burlando I *Honda*
6 J. Curry GB *Honda*

GP du Canada, MOSPORT
1 B. Ivy GB *Yamaha* 127,220 km/h
2 M. Coopey Can. *Yamaha*
3 C. Luck Can. *Yamaha*
4 T. Ducal Can. *Yamaha*
5 J. Swegan Can. *Yamaha*
6 I. Messina Can. *Yamaha*

GP du Japon, FISCO
1 B. Ivy GB *Yamaha* 155,343 km/h
2 S. Graham GB *Suzuki*
3 H. Kanaya Jap. *Suzuki*
4 I. Morishita Jap. *Suzuki*
5 R. Shigeno Jap. *Suzuki*
6 B. Smith Austr. *Bultaco*

BILL IVY GB *Champion du monde 1967*

'Little Bill' was certainly the most astonishing personality in these championships, by his behaviour and his will to win. Champion of England in all the solo classes, he joined Yamaha in 1966, and immediately achieved the position of runner-up. His disappointments against Read during the 1968 season deprived him of a further well deserved title ... After having tried his hand at motor racing, with success, he returned to two wheels with Jawa, in 1969. An engine seizure caused him to fall during practice for the East German Grand Prix at Sachsenring. He died instantly (27th August 1942 to †12th July 1969).

CHAMPIONNAT DU MONDE

1967 - 250 cc.

GP de Finlande, IMATRA

1 M. Hailwood GB *Honda* 128,305 km/h
2 B. Ivy GB *Yamaha*
3 D. Woodman GB *MZ*
4 G. Marsovszki CH *Bultaco*
5 F. Stevens GB *Paton*
6 M. Stanton Austr. *Aermacchi*

GP d'Espagne, BARCELONE

1 Ph. Read GB *Yamaha* 118,030 km/h
2 R. Bryans Irl. *Honda*
3 J. Medrano E *Bultaco*
4 G. Molloy NZ *Bultaco*
5 T. Robb Irl. *Bultaco*
6 C. Giro E *Ossa*

GP d'Allemagne, HOCKENHEIM

1 R. Bryans Irl. *Honda* 172,700 km/h
2 Ph. Read GB *Yamaha*
3 H. Rosner All. Est *MZ*
4 J. Findlay Austr. *Bultaco*
5 G. Marsovszki CH *Bultaco*
6 R. Schmid All. *Bultaco*

GP de France, CLERMONT-FERRAND

1 B. Ivy GB *Yamaha* 125,641 km/h
2 Ph. Read GB *Yamaha*
3 M. Hailwood GB *Honda*
4 R. Bryans Irl. *Honda*
5 D. Woodman GB *MZ*
6 H. Rosner All. Est *MZ*

TT Anglais, ILE DE MAN

1 M. Hailwood GB *Honda* 164,900 km/h
2 Ph. Read GB *Yamaha*
3 R. Bryans Irl. *Honda*
4 D. Simmonds GB *Kawasaki*
5 B. Smith GB *Kawasaki*
6 M. Chatterton GB *Yamaha*

GP de Hollande, ASSEN

1 M. Hailwood GB *Honda* 144,294 km/h
2 B. Ivy GB *Yamaha*
3 R. Bryans Irl. *Honda*
4 D. Woodman GB *MZ*
5 D. Simmonds GB *Kawasaki*
6 G. Molloy NZ *Bultaco*

GP de Belgique, SPA

1 B. Ivy GB *Yamaha* 196,730 km/h
2 M. Hailwood GB *Honda*
3 R. Bryans Irl. *Honda*
4 D. Woodman GB *MZ*
5 G. Molloy NZ *Bultaco*
6 G. Marsovszki CH *Bultaco*

GP d'All. de l'Est, SACHSENRING

1 Ph. Read GB *Yamaha* 166,090 km/h
2 B. Ivy GB *Yamaha*
3 R. Bryans Irl. *Honda*
4 H. Rosner All. Est *MZ*
5 G. Molloy NZ *Bultaco*
6 G. Marsovszki CH *Bultaco*

GP de Tchécoslovaquie, BRNO

1 Ph. Read GB *Yamaha* 156,600 km/h
2 B. Ivy GB *Yamaha*
3 M. Hailwood GB *Honda*
4 R. Bryans Irl. *Honda*
5 H. Rosner All. Est *MZ*
6 D. Woodman GB *MZ*

GP d'Ulster, BELFAST

1 M. Hailwood GB *Honda* 167,830 km/h
2 R. Bryans Irl. *Honda*
3 B. Ivy GB *Yamaha*
4 D. Woodman GB *MZ*
5 B. Steenson Irl. *Aermacchi*
6 G. Marsovszki CH *Bultaco*

GP d'Italie, MONZA

1 Ph. Read GB *Yamaha* 192,786 km/h
2 B. Ivy GB *Yamaha*
3 R. Bryans Irl. *Honda*
4 H. Rosner All. Est *MZ*
5 D. Woodman GB *MZ*
6 G. Molloy NZ *Bultaco*

GP du Canada, MOSPORT

1 M. Hailwood GB *Honda* 144,611 km/h
2 Ph. Read GB *Yamaha*
3 R. Bryans Irl. *Honda*
4 Y. Du Hamel Can. *Yamaha*
5 P. Carmilleri Can. *Yamaha*
6 R. Grant USA *Yamaha*

GP du Japon, FISCO

1 R. Bryans Irl. *Honda* 162,537 km/h
2 A. Motohashi Jap. *Yamaha*
3 T. Hamano Jap. *Yamaha*
4 T. Robb Irl. *Bultaco*
5 G. Milani I *Aermacchi*
6 B. Ivy GB *Yamaha*

MIKE HAILWOOD GB *Champion du monde 1967*

*A memorable year for Hailwood; he won each of the three classes he entered - the 250 cc
and 350 cc and 500 cc - at the TT and the Dutch Grand Prix. He has as many records as he has
victories; at Assen in the 250 cc category, at the TT in the 250 and 500 cc categories, and in Czechoslovakia in the 350 and 500 cc categories.
Read, who had a higher total of basic points, was runner-up, whereas the great Mike, with one victory more, was crowned Champion.*

1967 - 350 cc.

GP d'Allemagne, HOCKENHEIM

1 M. Hailwood GB *Honda* 179,096 km/h
2 G. Agostini I *MV-Agusta*
3 R. Pasolini I *Benelli*
4 A. Pagani I *Aermacchi*
5 K. Carruthers Austr. *Aermacchi*
6 G. Milani I *Aermacchi*

TT Anglais, ILE DE MAN

1 M. Hailwood GB *Honda* 172,848 km/h
2 G. Agostini I *MV-Agusta*
3 D. Woodman GB *MZ*
4 A. Pagani I *Aermacchi*
5 C. Conn GB *Norton*
6 G. Milani I *Aermacchi*

GP de Hollande, ASSEN

1 M. Hailwood GB *Honda* 141,516 km/h
2 G. Agostini I *MV-Agusta*
3 R. Pasolini I *Benelli*
4 F. Stevens GB *Paton*
5 H. Rosner All. Est *MZ*
6 K. Carruthers Austr. *Aermacchi*

GP d'All. de l'Est, SACHSENRING

1 M. Hailwood GB *Honda* 158,390 km/h
2 G. Agostini I *MV-Agusta*
3 D. Woodman GB *MZ*
4 K. Carruthers Austr. *Aermacchi*
5 H. Rosner All. Est *MZ*
6 D. Shorey GB *Norton*

GP de Tchécoslovaquie, BRNO

1 M. Hailwood GB *Honda* 158,043 km/h
2 H. Rosner All. Est *MZ*
3 D. Woodman GB *MZ*
4 G. Havel Tchécos. *Jawa*
5 A. Pagani I *Aermacchi*
6 B. Stasa Tchécos. *Jawa*

GP d'Ulster, BELFAST

1 G. Agostini I *MV-Agusta* 166,220 km/h
2 R. Bryans Irl. *Honda*
3 H. Rosner All. Est *MZ*
4 K. Carruthers Austr. *Aermacchi*
5 B. Steenson Irl. *Aermacchi*
6 I. Mc. Gregor Irl. *Norton*

GP d'Italie, MONZA

1 R. Bryans Irl. *Honda* 191,423 km/h
2 S. Grassetti I *Benelli*
3 H. Rosner All. Est *MZ*
4 A. Pagani I *Aermacchi*
5 D. Woodman GB *MZ*
6 F. Stevens GB *Paton*

GP du Japon, FISCO

1 M. Hailwood GB *Honda* 158,592 km/h
2 R. Bryans Irl. *Honda*
3 K. Mimuro Jap. *Yamaha*
4 J. Wada Jap. *Yamaha*
5 G. Milani I *Aermacchi*
6 A. Yorino Jap. *Yamaha*

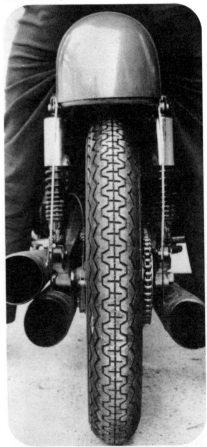

The three-cylinder MV-Agusta, as it appears to other competitors.

MIKE HAILWOOD GB *Champion du monde 1967*

*After Honda's decision to withdraw from active sport, Mike still took part in a few
international events in 1968, and then retired.
Seventy seven Grand Prix races and nine titles have been won by this prodigy. He subsequently launched himself on four
wheels, with success, capturing the European Championship Formula Two Title in 1972.*

CHAMPIONNAT DU MONDE
1967 - 500 cc.

GP d'Allemagne, HOCKENHEIM

1 G. Agostini I *MV-Agusta* 180,815 km/h
2 P. Williams GB *Matchless*
3 J. Findlay Austr. *Matchless*
4 B. Fitton GB *Norton*
5 B. Nelson GB *Norton*
6 G. Jenkins GB *Norton*

TT Anglais, ILE DE MAN

1 M. Hailwood GB *Honda* 168,903 km/h
2 P. Williams GB *Matchless*
3 S. Spencer GB *Norton*
4 J. Cooper GB *Norton*
5 F. Stevens GB *Paton*
6 J. Hartle GB *Matchless*

GP de Hollande, ASSEN

1 M. Hailwood GB *Honda* 146,240 km/h
2 G. Agostini I *MV-Agusta*
3 P. Williams GB *Matchless*
4 D. Shorey GB *Norton*
5 G. Marsovszki CH *Matchless*
6 C. Conn GB *Norton*

GP de Belgique, SPA

1 G. Agostini I *MV-Agusta* 199,470 km/h
2 M. Hailwood GB *Honda*
3 F. Stevens GB *Paton*
4 J. Findlay Austr. *Matchless*
5 G. Marsovszki CH *Matchless*
6 D. Minter GB *Norton*

GP d'All. de l'Est, SACHSENRING

1 G. Agostini I *MV-Agusta* 170,670 km/h
2 J. Hartle GB *Matchless*
3 J. Findlay Austr. *Matchless*
4 J. Dodds Austr. *Norton*
5 R. Gould GB *Norton*
6 D. Shorey GB *Norton*

GP de Tchécoslovaquie, BRNO

1 M. Hailwood GB *Honda* 163,405 km/h
2 G. Agostini I *MV-Agusta*
3 J. Cooper GB *Norton*
4 G. Marsovszki CH *Matchless*
5 J. Hartle GB *Matchless*
6 J. Doods Austr. *Norton*

GP de Finlande, IMATRA

1 G. Agostini I *MV-Agusta* 119,085 km/h
2 J. Hartle GB *Matchless*
3 B. Nelson GB *Norton*
4 B. Granath Suède *Matchless*
5 F. Stevens GB *Paton*
6 M. Hawthorne GB *Norton*

GP d'Ulster, BELFAST

1 M. Hailwood GB *Honda* 165,508 km/h
2 J. Hartle GB *Matchless*
3 J. Findlay Austr. *Matchless*
4 J. Blanchard GB *Fath-Seeley*
5 S. Spencer GB *Norton*
6 J. Cooper GB *Norton*

GP d'Italie, MONZA

1 G. Agostini I *MV-Agusta* 200,284 km/h
2 M. Hailwood GB *Honda*
3 A. Bergamonti I *Paton*
4 F. Stevens GB *Paton*
5 G. Mandolini I *Guzzi*
6 J. Hartle GB *Matchless*

GP du Canada, MOSPORT

1 M. Hailwood GB *Honda* 129,209 km/h
2 G. Agostini I *MV-Agusta*
3 M. Duff Can. *Matchless*
4 D. Lloyd Can. *Matchless*
5 A. Georgeade S. Afr. *Vélocette*
6 J. Rockett USA *Norton*

At Monza, Agostini's fans foresaw his victory over Hailwood.

GIACOMO AGOSTINI | *Champion du monde 1967*

His second title in the 500 cc category, after a bitter struggle with Hailwood, each of them winning five of the ten Grands Prix contested. An extra second place made all the difference to Agostini. The race at Monza should have brought Mike the title when, two laps from the finish his gearbox refused to function when he had a half-lap lead over Ago.

Championnat du monde de side-cars 1967

GP d'Espagne, BARCELONE
1 G. Auerbacher / E. Dein All. *BMW* 109,650 km/h
2 K. Enders / R. Engelhardt All. *BMW*
3 S. Schauzu / H. Schneider All. *BMW*
4 O. Kolle / R. Schmid All. *BMW*
5 H. Wohlfart / H. Vester All. *BMW*
Only 5 finishers.

GP d'Allemagne, HOCKENHEIM
1 K. Enders / R. Engelhardt All. *BMW* 155,900 km/h
2 G. Auerbacher / E. Dein All. *BMW*
3 T. Wakefield / G. Milton GB *BMW*
4 S. Schauzu / H. Schneider All. *BMW*
5 B. Dungsworth / R. Wilson GB *BMW*
6 J. Attenberger / J. Schillinger All. *BMW*

GP de France, CLERMONT-FERRAND
1 K. Enders / R. Engelhardt All. *BMW* 114,396 km/h
2 S. Schauzu / H. Schneider All. *BMW*
3 T. Wakefield / G. Milton GB *BMW*
4 G. Auerbacher / E. Dein All. *BMW*
5 H. Luthringshauser / H. Hahn All. *BMW*
6 A. Butscher / A. Neumann All. *BMW*

TT Anglais, ILE DE MAN
1 S. Schauzu / H. Schneider All. *BMW* 145,354 km/h
2 K. Enders / R. Engelhardt All. *BMW*
3 C. Seeley / R. Lindsay GB *BMW*
4 P. Harris / J. Thornton GB *BMW*
5 B. Dungsworth / N. Caddow GB *BMW*
6 T. Vinicombe / J. Flaxman GB *BSA*

GP de Hollande, ASSEN
1 K. Enders / R. Engelhardt All. *BMW* 128,850 km/h
2 S. Schauzu / H. Schneider All. *BMW*
3 P. Harris / J. Thornton GB *BMW*
4 T. Wakefield / G. Milton GB *BMW*
5 J. Attenberger / J. Schillinger All. *BMW*
6 A. Butscher / A. Neumann All. *BMW*

GP de Belgique, SPA
1 K. Enders / R. Engelhardt All. *BMW* 176,180 km/h
2 G. Auerbacher / E. Dein All. *BMW*
3 S. Schauzu / H. Schneider All. *BMW*
4 P. Harris / J. Thornton GB *BMW*
5 H. Luthringshauser / H. Hahn All. *BMW*
6 J. Attenberger / J. Schillinger All. *BMW*

GP de Finlande, IMATRA
1 K. Enders / R. Engelhardt All. *BMW* 115,100 km/h
2 J. Attenberger / J. Schillinger All. *BMW*
3 G. Auerbacher / E. Dein All. *BMW*
4 H. Haenni / K. Barfuss CH *BMW*
5 B. Persson / G. Kimsjo Suède *BMW*
6 R. Bjarnemark / A. Ragmo Finl. *BMW*

GP d'Italie, MONZA
1 G. Auerbacher All. / B. Nelson GB *BMW* 162,615 km/h
2 H. Luthringshauser / H. Hahn All. *BMW*
3 O. Kolle / R. Schmid All. *BMW*
4 J. Duhem / C. Maingret Fr. *BMW*
5 A. Butscher / A. Neumann All. *BMW*
6 S. Schauzu / H. Schneider All. *BMW*

KLAUS ENDERS /
RALF ENGELHARDT All.
Champions du monde 1967

*Schneidegger's death and Deubel's
retirement benefitted the talented
Enders-Engelhardt partnership.
They won five of the eight events,
and no-one was in a position to
worry them.*

Side-cars

K. Enders / R. Engelhardt
BMW

Championnat du monde 1968 - 50 cc.

GP d'Allemagne, NURBURGRING-Sud

1 H.-G. Anscheidt All. *Suzuki* 119,408 km/h
2 R. Kunz All. *Kreidler*
3 R. Schmalze All. *Kreidler*
4 L. Fassbender All. *Kreidler*
5 C. VanDongen Holl. *Kreidler*
6 J. Florjan-Steve Youg. *Tomos*

GP d'Espagne, BARCELONE

1 H.-G. Anscheidt All. *Suzuki* 101,810 km/h
2 A. Nieto E *Derbi*
3 B. Smith Austr. *Derbi*
4 P. Lodewijkx Holl. *Jamathi*
5 C. Giro E *Derbi*
6 F. Cufi E *Derbi*

TT Anglais, ILE DE MAN

1 B. Smith Austr. *Derbi* 117,290 km/h
2 C. Walpole GB *Honda*
3 E. Griffith GB *Honda*
4 D. Lock GB *Honda*
5 J. Pink GB *Honda*
6 R. Udall GB *Honda*

GP de Hollande, ASSEN

1 P. Lodewijkx Holl. *Jamathi* 117,276 km/h
2 H.-G. Anscheidt All. *Suzuki*
3 A. Toersen Holl. *Kreidler*
4 J. DeVries Holl. *Kreidler*
5 J. Schurgers Holl. *Kreidler*
6 R. Schmalze All. *Kreidler*

GP de Belgique, SPA

1 H.-G. Anscheidt All. *Suzuki* 150,524 km/h
2 P. Lodewijkx Holl. *Jamathi*
3 A. Nieto E *Derbi*
4 B. Smith Austr. *Derbi*
5 M. Mijwaart Holl. *Jamathi*
6 R. Schmalze All. *Kreidler*

A set back, which for once, is not mechanical.

HANS-GEORG ANSCHEIDT   All.   *Champion du monde 1968*

*After this third title, it was retirement for Anscheidt. A period on four wheels,
in BMW Formula Sports, saw the end of his career in motorsport.
He devoted himself to his business affairs, at Leomberg, near Stuttgart.
He is married, with children.*

1968 - 125 cc.

GP d'Allemagne, NURBURGRING-Sud

1 Ph. Read GB *Yamaha* 136,411 km/h
2 H.-G. Anscheidt All. *Suzuki*
3 S. Mohringer All. *MZ*
4 D. Braun All. *MZ*
5 K. Andersson Suède *MZ*
6 K. Carruthers Austr. *Honda*

GP d'Espagne, BARCELONE

1 S. Canellas E *Bultaco* 111,490 km/h
2 G. Molloy NZ *Bultaco*
3 H. Rosner All. Est *MZ*
4 W. Scheimann All. *Honda*
5 T. Robb Irl. *Bultaco*
6 P. Alvarez E *Bultaco*

TT Anglais, ILE DE MAN

1 Ph. Read GB *Yamaha* 159,480 km/h
2 B. Ivy GB *Yamaha*
3 K. Carruthers Austr. *Honda*
4 T. Robb Irl. *Bultaco*
5 G. Keith Rhod. *Montesa*
6 S. Murray GB *Honda*

GP de Hollande, ASSEN

1 Ph. Read GB *Yamaha* 133,039 km/h
2 G. Molloy NZ *Bultaco*
3 J. Huberts Holl. *MZ*
4 S. Canellas E *Bultaco*
5 D. Braun All. *MZ*
6 G. Vicenzi I *Montesa*

GP d'All. de l'Est, SACHSENRING

1 Ph. Read GB *Yamaha* 156,620 km/h
2 B. Ivy GB *Yamaha*
3 G. Bartusch All. Est *MZ*
4 L. Szabo Hong. *MZ*
5 H. Bischoff All. Est *MZ*
6 T. Heuschkel All. Est *MZ*

GP de Tchécoslovaquie, BRNO

1 Ph. Read GB *Yamaha* 137,528 km/h
2 L. Szabo Hong. *MZ*
3 G. Bartusch All. Est *MZ*
4 D. Braun All. *MZ*
5 L. John All. *MZ*
6 J. Reisz Hong. *MZ*

GP de Finlande, IMATRA

1 Ph. Read GB *Yamaha* 137,409 km/h
2 B. Ivy GB *Yamaha*
3 H. Rosner All. Est *MZ*
4 B. Kohlar All. Est *MZ*
5 J. Lenk All. Est *MZ*
6 T. Heuschkel All. Est *MZ*

GP d'Ulster, BELFAST

1 B. Ivy GB *Yamaha* 160,337 km/h
2 Ph. Read GB *Yamaha*
3 H. Rosner All. Est *MZ*
4 G. Molloy NZ *Bultaco*
5 D. Braun All. *MZ*
6 K. Carruthers Austr. *Honda*

GP d'Italie, MONZA

1 B. Ivy GB *Yamaha* 170,659 km/h
2 Ph. Read GB *Yamaha*
3 H.-G. Anscheidt All. *Suzuki*
4 D. Simmonds GB *Kawasaki*
5 L. Szabo Hong. *MZ*
6 D. Braun All. *MZ*

Who said it wasn't slippery?

125 cc.
Ph. Read
Yamaha

PHIL READ GB *Champion du monde 1968*

Read and his team-mate Bill Ivy, on the fast Japanese four-cylinder machines, had no opponent to match them. Beating all the records, they shared between them the first two places in the World Class, Read winning six of the nine events.

1968 - 250 cc.

GP d'Allemagne, NURBURGRING-Sud

1 B. Ivy GB *Yamaha* 141,400 km/h
2 G. Molloy NZ *Bultaco*
3 K. Andersson Suède *Yamaha*
4 R. Gould GB *Yamaha*
5 J. Findlay Austr. *Bultaco*
6 S. Herrero E *Ossa*

GP d'Espagne, BARCELONE

1 Ph. Read GB *Yamaha* 118,210 km/h
2 H. Rosner All. Est *MZ*
3 G. Molloy NZ *Bultaco*
4 C. Giro E *Ossa*
5 C. Rocamore E *Bultaco*
6 P. Eickelberg All. *Aermacchi*

TT Anglais, ILE DE MAN

1 B. Ivy GB *Yamaha* 160,220 km/h
2 R. Pasolini I *Benelli*
3 H. Rosner All. Est *MZ*
4 M. Uphill GB *Suzuki*
5 R. Gould GB *Yamaha*
6 B. Smith GB *Yamaha*

GP de Hollande, ASSEN

1 B. Ivy GB *Yamaha* 141,855 km/h
2 Ph. Read GB *Yamaha*
3 R. Pasolini I *Benelli*
4 H. Rosner All. Est *MZ*
5 R. Gould GB *Yamaha*
6 S. Herrero E *Ossa*

GP de Belgique, SPA

1 Ph. Read GB *Yamaha* 187,336 km/h
2 H. Rosner All. Est *MZ*
3 R. Gould GB *Yamaha*
4 L. Szabo Hong. *MZ*
5 S. Herrero E *Ossa*
6 K. Andersson Suède *Yamaha*

GP d'All. de l'Est, SACHSENRING

1 B. Ivy GB *Yamaha* 165,850 km/h
2 Ph. Read GB *Yamaha*
3 H. Rosner All. Est *MZ*
4 R. Gould GB *Yamaha*
5 G. Molloy NZ *Bultaco*
6 J. Findlay Austr. *Bultaco*

GP de Tchécoslovaquie, BRNO

1 Ph. Read GB *Yamaha* 148,610 km/h
2 B. Ivy GB *Yamaha*
3 H. Rosner All. Est *MZ*
4 R. Gould GB *Yamaha*
5 G. Milani I *Aermacchi*
6 G. Molloy NZ *Bultaco*

GP de Finlande, IMATRA

1 Ph. Read GB *Yamaha* 128,200 km/h
2 H. Rosner All. Est *MZ*
3 R. Gould GB *Yamaha*
4 G. Molloy NZ *Bultaco*
5 L. Szabo Hong. *MZ*
6 G. Marsovszki CH *Bultaco*

GP d'Ulster, BELFAST

1 B. Ivy GB *Yamaha* 156,877 km/h
2 H. Rosner All. Est *MZ*
3 R. Gould GB *Yamaha*
4 G. Molloy NZ *Bultaco*
5 M. Uphill GB *Suzuki*
6 K. Andersson Suède *Yamaha*

GP d'Italie, MONZA

1 Ph. Read GB *Yamaha* 178,210 km/h
2 B. Ivy GB *Yamaha*
3 S. Herrero E *Ossa*
4 G. Keith Rhod. *Yamaha*
5 J. Findlay Austr. *Bultaco*
6 R. Butcher GB *Suzuki*

N.B. Phil Read and Bill Ivy were neck and neck in points, in placings, and in the number of races in which they were placed. Their times in the four races where they were both placed were added together. The difference, in Phil Read's favour, was 2'05''3.

	Ivy	*Read*
Hollande	55'23"9	55'24"—
Allemagne Est	46'44"—	46'44"1
Tchécoslovaquie	50'53"9	50'39"4
Italie	44'26"4	42'35"4
	3 h. 17'28"2	*3 h. 15'22"9*

PHIL READ GB *Champion du monde 1968*

There were some memorable scraps during these 250 cc races!
According to works orders, the title had to be won by Ivy. Read 'the rebel',
had no intention of following these orders, and disregarded them as soon as he was sure of taking the 125 cc class title;
and so the two riders clashed. Read, who had lost his title to Hailwood in 1967 because of the final ruling, wanted to
regain his crown at all costs. And in 1968 the ruling was in his favour.

1968 - 350 cc.

GP d'Allemagne, NURBURGRING-Sud

1 G. Agostini I *MV-Agusta* 146,455 km/h
2 R. Pasolini I *Benelli*
3 K. Carruthers Austr. *Aermacchi*
4 G. Molloy NZ *Bultaco*
5 D. Shorey GB *Norton*
6 B. Stasa Tchécos. *CZ*

TT Anglais, ILE DE MAN

1 G. Agostini I *MV-Agusta* 168,590 km/h
2 R. Pasolini I *Benelli*
3 B. Smith GB *Honda*
4 D. Woodman GB *Aermacchi*
5 J. Cooper GB *Seeley*
6 J. Findlay Austr. *Aermacchi*

GP de Hollande, ASSEN

1 G. Agostini I *MV-Agusta* 141,412 km/h
2 G. Molloy NZ *Bultaco*
3 G. Milani I *Aermacchi*
4 B. Stasa Tchécos. *CZ*
5 D. Woodman GB *Aermacchi*
6 D. Simmonds GB *Kawasaki*

GP d'All. de l'Est, SACHSENRING

1 G. Agostini I *MV-Agusta* 165,710 km/h
2 H. Rosner All. Est *MZ*
3 K. Carruthers Austr. *Aermacchi*
4 G. Molloy NZ *Bultaco*
5 D. Woodman GB *Aermacchi*
6 B. Nelson GB *Norton*

GP de Tchécoslovaquie, BRNO

1 G. Agostini I *MV-Agusta* 143,085 km/h
2 H. Rosner All. Est *MZ*
3 F. Stastny Tchécos. *Jawa*
4 K. Carruthers Austr. *Aermacchi*
5 K. Hoppe All. *Aermacchi*
6 B. Nelson GB *Norton*

GP d'Ulster, BELFAST

1 G. Agostini I *MV-Agusta* 165,308 km/h
2 K. Carruthers Austr. *Aermacchi*
3 B. Steenson Irl. *Aermacchi*
4 F. Stastny Tchécos. *Jawa*
5 D. Woodman GB *Aermacchi*
6 B. Nelson GB *Norton*

GP d'Italie, MONZA

1 G. Agostini I *MV-Agusta* 171,116 km/h
2 R. Pasolini I *Benelli*
3 S. Grassetti I *Benelli*
4 B. Stasa Tchécos. *CZ*
5 B. Spaggiari I *Ducati*
6 F. Stastny Tchécos. *Jawa*

Safety right down to the smallest detail.

GIACOMO AGOSTINI I *Champion du monde 1968*

The withdrawal of the big makes made Agostini's task easier.
Out of seven events, he finished seven times in first place.
His nearest opponents did not have machines that were capable
of providing serious challenge; he carried off the title without need to take any risks.

1968 - 500 cc.

GP d'Allemagne, NURBURGRING-Sud

1 G. Agostini I *MV-Agusta* 143,911 km/h
2 D. Shorey GB *Norton*
3 P. Williams GB *Matchless*
4 G. Marsovszki CH *Matchless*
5 B. Stasa Tchécos. *CZ*
6 R. Gould GB *Norton*

GP d'Espagne, BARCELONE

1 G. Agostini I *MV-Agusta* 119,240 km/h
2 J. Findlay Austr. *Matchless*
3 J. Dodds Austr. *Norton*
4 A. Bergamonti I *Paton*
5 G. Marsovszki CH *Matchless*
6 R. Butcher GB *Norton*

TT Anglais, ILE DE MAN

1 G. Agostini I *MV-Agusta* 163,520 km/h
2 B. Ball GB *Seeley*
3 B. Randle GB *Norton*
4 B. Smith GB *Matchless*
5 M. Lunde GB *Matchless*
6 K. Carruthers Austr. *Norton*

GP de Hollande, ASSEN

1 G. Agostini I *MV-Agusta* 141,430 km/h
2 J. Findlay Austr. *Matchless*
3 J. Cooper GB *Seeley*
4 P. Williams GB *Matchless*
5 K. Carruthers Austr. *Norton*
6 R. Chandler GB *Seeley*

GP de Belgique, SPA

1 G. Agostini I *MV-Agusta* 200,868 km/h
2 J. Findlay Austr. *Matchless*
3 D. Woodman GB *Seeley*
4 B. Fitton GB *Norton*
5 K. Carruthers Austr. *Norton*
6 J. Cooper GB *Seeley*

GP d'All. de l'Est, SACHSENRING

1 G. Agostini I *MV-Agusta* 170,380 km/h
2 A. Pagani I *Linto*
3 J. Findlay Austr. *Matchless*
4 J. Cooper GB *Seeley*
5 B. Nelson GB *Paton*
6 G. Nash GB *Norton*

GP de Tchécoslovaquie, BRNO

1 G. Agostini I *MV-Agusta* 139,211 km/h
2 J. Findlay Austr. *Matchless*
3 G. Marsovszki CH *Matchless*
4 B. Nelson GB *Paton*
5 P. Williams GB *Matchless*
6 D. Shorey GB *Norton*

GP de Finlande, IMATRA

1 G. Agostini I *MV-Agusta* 143,800 km/h
2 J. Findlay Austr. *Matchless*
3 D. Woodman GB *Seeley*
4 N. Sevostianov URSS *Vostok*
5 J. Dodds Austr. *Norton*
6 G. Marsovszki CH *Matchless*

GP d'Ulster, BELFAST

1 G. Agostini I *MV-Agusta* 152,678 km/h
2 B. Fitton GB *Norton*
3 J. Hartle GB *Matchless*
4 P. Tait GB *Triumph*
5 J. Findlay Austr. *Matchless*
6 K. Carruthers Austr. *Norton*

GP d'Italie, MONZA

1 G. Agostini I *MV-Agusta* 178,246 km/h
2 R. Pasolini I *Benelli*
3 A. Bergamonti I *Paton*
4 A. Pagani I *Linto*
5 S. Bertarelli I *Paton*
6 K. Carruthers Austr. *Norton*

The private entrants provided the entertainment.

GIACOMO AGOSTINI | *Champion du monde 1968*

*Without any competition, as in the 350 cc category, Giacomo
became a lone rider, and again won all the Grands Prix.
Jack Findlay finished in second place, on a privately entered Matchless.
All the interest of the 500 cc championship was in the struggles between the private entrants.*

Championnat du monde de side-cars 1968

GP d'Allemagne, NURBURGRING-Sud

1 H. Fath / W. Kallaugh All. *URS* 127,100 km/h
2 G. Auerbacher / H. Hahn All. *BMW*
3 S. Schauzu / H. Schneider All. *BMW*
4 J. Attenberger / J. Schillinger All. *BMW*
5 H. Luthringshauser / L. Ronsdorf All. *BMW*
6 O. Kolle / R. Schmid All. *BMW*

TT Anglais, ILE DE MAN

1 S. Schauzu / H. Schneider All. *BMW* 146,560 km/h
2 J. Attenberger / J. Schillinger All. *BMW*
3 H. Luthringshauser All. / G. Hugues GB *BMW*
4 H. Fath / W. Kallaugh All. *URS*
5 J. Brandon / C. Holland GB *BMW*
6 M. Tombs / T. Tombs GB *BMW*

GP de Hollande, ASSEN

1 J. Attenberger / J. Schillinger All. *BMW* 130,093 km/h
2 K. Enders / R. Engelhardt All. *BMW*
3 S. Schauzu / H. Schneider All. *BMW*
4 G. Auerbacher All. / H. DeWever Holl. *BMW*
5 H. Fath / W. Kallaugh All. *URS*
6 J.-C. Castella / A. Castella CH *BMW*

GP de Belgique, SPA

1 G. Auerbacher / H. Hahn All. *BMW* 175,071 km/h
2 A. Butscher / J. Huber All. *BMW*
3 H. Lunemann / N. Caddow All. *BMW*
4 T. Wakefield / G. Milton GB *BMW*
5 O. Kolle / R. Schmid All. *BMW*
6 J.-C. Castella / A. Castella CH *BMW*

GP de Finlande, IMATRA

1 H. Fath / W. Kallaugh All. *URS* 125,500 km/h
2 H. Luthringshauser All. / G. Hugues GB *BMW*
3 G. Auerbacher / H. Hahn All. *BMW*
4 O. Kolle / R. Schmid All. *BMW*
5 K. Calenius / S. Vesterinen Finl. *BMW*
6 R. Bjarnemark / A. Ragmo Finl. *BMW*

Manche du «Mondial» courue à HOCKENHEIM *

1 H. Fath / W. Kallaugh All. *URS* 158,567 km/h
2 K. Enders / R. Engelhardt All. *BMW*
3 G. Auerbacher / H. Hahn All. *BMW*
4 S. Schauzu / H. Schneider All. *BMW*
5 H. Luthringshauser All. / G. Hugues GB *BMW*
6 A. Butscher / J. Huber All. *BMW*

*This event was to have taken place at the Italian Grand Prix at Monza. As the side-car event was cancelled, by governmental decree, it was in fact contested at Hockenheim, with the final of the national championship, in October.

HELMUT FATH /
WOLFGANG KALLAUGH All.
Champions du monde 1968

*During his long period of
convalescence, after his accident
in 1961. Fath constructed his own
engine, a four cylinder fuel
injection engine, very fast and
reliable. It represented the
logical peak of his innovatory
ability. In 1969 he was to
finish second in the World Class,
an accident in Finland preventing
him from taking part in the final
event.
URS is derived from Ursenback,
the home village of this inventor
cum rider.*

Side-cars
H. Fath / W. Kallaugh
URS

Championnat du monde 1969 - 50 cc.

GP d'Espagne, JARAMA

1 A. Toersen Holl. *Kreidler* 86,990 km/h
2 A. Nieto E *Derbi*
3 J. DeVries Holl. *Kreidler*
4 G. Parlotti I *Tomos*
5 G. Lombardi I *Guazzoni*
6 J. Unterladstatter Autr. *KTM*

GP d'Allemagne, HOCKENHEIM

1 A. Toersen Holl. *Kreidler* 137,228 km/h
2 J. DeVries Holl. *Kreidler*
3 B. Smith Austr. *Derbi*
4 W. Reinhard All. *Reimo*
5 G. Parlotti I *Tomos*
6 L. Fassbender All. *Kreidler*

GP de France, LE MANS

1 A. Toersen Holl. *Kreidler* 111,718 km/h
2 A. Nieto E *Derbi*
3 P. Lodewijkx Holl. *Jamathi*
4 G. Parlotti I *Tomos*
5 R. Kunz All. *Kreidler*
6 B. Smith Austr. *Derbi*

GP de Hollande, ASSEN

1 B. Smith Austr. *Derbi* 119,725 km/h
2 J. DeVries Holl. *Kreidler*
3 A. Toersen Holl. *Kreidler*
4 P. Lodewijkx Holl. *Jamathi*
5 R. Kunz All. *Kreidler*
6 J. Schurgers Holl. *Kreidler*

GP de Belgique, SPA

1 B. Smith Austr. *Derbi* 144,697 km/h
2 S. Herrero E *Derbi*
3 A. Toersen Holl. *Kreidler*
4 C. VanDongen Holl. *Kreidler*
5 L. Fassbender All. *Kreidler*
6 M. Mijwaart Holl. *Jamathi*

GP d'All. de l'Est, SACHSENRING

1 A. Nieto E *Derbi* 127,664 km/h
2 S. Herrero E *Derbi*
3 A. Toersen Holl. *Kreidler*
4 R. Kunz All. *Kreidler*
5 J. DeVries Holl. *Kreidler*
6 E. Lazzarini I *Morbidelli*

GP de Tchécoslovaquie, BRNO

1 P. Lodewijkx Holl. *Jamathi* 120,510 km/h
2 B. Smith Austr. *Derbi*
3 A. Nieto E *Derbi*
4 A. Toersen Holl. *Kreidler*
5 C. VanDongen Holl. *Kreidler*
6 M. Mijwaart Holl. *Jamathi*

GP d'Ulster, BELFAST

1 A. Nieto E *Derbi* 129,045 km/h
2 J. DeVries Holl. *Kreidler*
3 F. Whiteway GB *Suzuki*
4 S. Aspin GB *Garelli*
5 L. Lawlor Irl. *Derbi*
6 F. Redfern GB *Honda*

GP d'Italie, IMOLA

1 P. Lodewijkx Holl. *Jamathi* 122,791 km/h
2 B. Smith Austr. *Derbi*
3 A. Toersen Holl. *Kreidler*
4 J. DeVries Holl. *Kreidler*
5 L. Fassbender All. *Kreidler*
6 S. Bertarelli I *Minarelli*

GP de Yougoslavie, OPATIJA

1 P. Lodewijkx Holl. *Jamathi* 119,300 km/h
2 A. Nieto E *Derbi*
3 J. DeVries Holl. *Kreidler*
4 M. Mijwaart Holl. *Jamathi*
5 R. Kunz All. *Kreidler*
6 J. Huberts Holl. *Kreidler*

Problems by the side of the circuit.

ANGEL NIETO E *Champion du monde 1969*

Born on the 25th January 1947, he started racing in Spain in 1964,
and in Grands Prix the following year.
The fiery Spaniard took his first title thanks to a ruling. His runner-up, the Dutchman Aalt Toersen of Kreidler,
totalled 93 gross points and 75 net points, against Nieto's 76, and the title slipped between the former's fingers!

1969 - 125 cc.

GP d'Espagne, JARAMA
1 C. VanDongen Holl. *Suzuki* 90,520 km/h
2 K. Andersson Suède *Maïco*
3 W. Villa I *Villa*
4 E. Escuder E *Bultaco*
5 B. Veigel CH *Honda*
6 K. Carruthers Austr. *Aermacchi*

GP d'Allemagne, HOCKENHEIM
1 D. Simmonds GB *Kawasaki* 156,050 km/h
2 D. Braun All. *Suzuki*
3 H. Krinwanek Autr. *Rotax*
4 L. John All. *Yamaha*
5 H. Rosner All. Est *MZ*
6 J. Huberts Holl. *MZ*

GP de France, LE MANS
1 J. Auréal Fr. *Yamaha* 118,087 km/h
2 D. Simmonds GB *Kawasaki*
3 G. Molloy NZ *Bultaco*
4 J. Roca Fr. *Derbi*
5 J. Chaffin Fr. *Villa*
6 P. Viura Fr. *Maïco*

TT Anglais, ILE DE MAN
1 D. Simmonds GB *Kawasaki* 146,550 km/h
2 K. Carruthers Austr. *Aermacchi*
3 R. Dickinson GB *Honda*
4 S. Murray GB *Honda*
5 J. Kiddie GB *Honda*
6 C. Ward GB *Bultaco*

GP de Hollande, ASSEN
1 D. Simmonds GB *Kawasaki* 131,405 km/h
2 K. Andersson Suède *Maïco*
3 S. Bertarelli I *Aermacchi*
4 G. Molloy NZ *Bultaco*
5 T. Robb Irl. *Bultaco*
6 J. Dodds Austr. *Aermacchi*

GP de Belgique, SPA
1 D. Simmonds GB *Kawasaki* 172,050 km/h
2 D. Braun All. *Suzuki*
3 C. VanDongen Holl. *Suzuki*
4 K. Andersson Suède *Maïco*
5 J. Huberts Holl. *MZ*
6 S. Lohmann All. *MZ*

GP de Tchécoslovaquie, BRNO
1 D. Simmonds GB *Kawasaki* 139,345 km/h
2 D. Braun All. *Suzuki*
3 C. VanDongen Holl. *Suzuki*
4 F. Kohlar All. Est *MZ*
5 L. Szabo Hong. *MZ*
6 T. Heuschkel All. Est *MZ*

GP d'All. de l'Est, SACHSENRING
1 D. Simmonds GB *Kawasaki* 142,605 km/h
2 H. Krinwanek Autr. *Rotax*
3 F. Kohlar All. Est *MZ*
4 R. Mankiewicz Pol. *MZ*
5 C. VanDongen Holl. *Suzuki*
6 T. Heuschkel All. Est *MZ*

GP de Finlande, IMATRA
1 D. Simmonds GB *Kawasaki* 128,143 km/h
2 G. Bartusch All. Est *MZ*
3 C. VanDongen Holl. *Suzuki*
4 D. Braun All. *Suzuki*
5 T. Heuschkel All. Est *MZ*
6 C. Mortimer GB *Villa*

GP d'Italie, IMOLA
1 D. Simmonds GB *Kawasaki* 140,029 km/h
2 L. Szabo Hong. *MZ*
3 F. Villa I *Villa*
4 W. Villa I *Villa*
5 R. Mankiewicz Pol. *MZ*
6 S. Bertarelli I *Aermacchi*

GP de Yougoslavie, OPATIJA
1 D. Braun All. *Suzuki* 123,110 km/h
2 D. Simmonds GB *Kawasaki*
3 R. Mankiewicz Pol. *MZ*
4 L. Szabo Hong. *MZ*
5 H. Krinwanek Autr. *Rotax*
6 F. Kohlar All. Est *MZ*

DAVE SIMMONDS GB *Champion du monde 1969*

English Champion in the 50 cc and 125 cc categories, on Tohatsu machines and later on a 125 cc Kawasaki, Simmonds is typical of the professional 'Continental Circus' rider. He distinguished himself in the 125 cc and 500 cc classes, after having made his debut in 1962 on 350 and 500 cc Nortons. He died in a fire in the caravan of his friend Findlay at Rungis, on the eve of the Paris Grand Prix in 1972. Born the 25th October 1939.

CHAMPIONNAT DU MONDE
1969 - 250 cc.

GP d'Espagne, JARAMA
1 S. Herrero E *Ossa* 92,650 km/h
2 K. Andersson Suède *Yamaha*
3 B. Jansson Suède *Kawasaki*
4 M. Pesonen Finl. *Yamaha*
5 G. Vicenzi I *Yamaha*
6 H. Rosner All. Est *MZ*

GP d'Allemagne, HOCKENHEIM
1 K. Andersson Suède *Yamaha* 163,018 km/h.
2 L. John All. *Yamaha*
3 K. Huber All. *Yamaha*
4 F. Perris GB *Suzuki*
5 T. Gruber All. *Yamaha*
6 A. Bergamonti I *Aermacchi*

GP de France, LE MANS
1 S. Herrero E *Ossa* 131,324 km/h
2 R. Gould GB *Yamaha*
3 K. Andersson Suède *Yamaha*
4 L. Szabo Hong. *MZ*
5 A. Bergamonti I *Aermacchi*
6 F. Perris GB *Suzuki*

TT Anglais, ILE DE MAN
1 K. Carruthers Austr. *Benelli* 154,380 km/h
2 F. Perris GB *Suzuki*
3 S. Herrero E *Ossa*
4 M. Chatterton GB *Yamaha*
5 F. Whiteway GB *Suzuki*
6 D. Chatterton GB *Yamaha*

GP de Hollande, ASSEN
1 R. Pasolini I *Benelli* 138,831 km/h
2 K. Carruthers Austr. *Benelli*
3 S. Herrero E *Ossa*
4 R. Gould GB *Yamaha*
5 S. Grassetti I *Yamaha*
6 D. Braun All. *MZ*

GP de Belgique, SPA
1 S. Herrero E *Ossa* 189,836 km/h
2 R. Gould GB *Yamaha*
3 K. Carruthers Austr. *Benelli*
4 K. Andersson Suède *Yamaha*
5 J. Auréal Fr. *Yamaha*
6 G. Keith Rhod. *Yamaha*

GP d'All. de l'Est, SACHSENRING
1 R. Pasolini I *Benelli* 149,900 km/h
2 S. Herrero E *Ossa*
3 H. Rosner All. Est *MZ*
4 K. Andersson Suède *Yamaha*
5 K. Carruthers Austr. *Benelli*
6 B. Jansson Suède, *Kawasaki*

GP de Tchécoslovaquie, BRNO
1 R. Pasolini I *Benelli* 148,990 km/h
2 R. Gould GB *Yamaha*
3 K. Carruthers Austr. *Benelli*
4 H. Rosner All. Est *MZ*
5 S. Grassetti I *Yamaha*
6 D. Braun All. *MZ*

GP de Finlande, IMATRA
1 K. Andersson Suède *Yamaha* 139,511 km/h
2 G. Bartusch All. Est *MZ*
3 B. Jansson Suède *Kawasaki*
4 K. Carruthers Austr. *Benelli*
5 D. Braun All. *MZ*
6 S. Herrero E *Ossa*

GP d'Ulster, BELFAST
1 K. Carruthers Austr. *Benelli* 150,620 km/h
2 K. Andersson Suède *Yamaha*
3 R. Mc. Cullough Irl. *Yamaha*
4 B. Guthrie Irl. *Yamaha*
5 C. Mortimer GB *Yamaha*
6 F. Richards GB *Yamaha*

GP d'Italie, IMOLA
1 Ph. Read GB *Yamaha* 151,730 km/h
2 K. Carruthers Austr. *Benelli*
3 K. Andersson Suède *Yamaha*
4 B. Jansson Suède *Kawasaki*
5 S. Herrero E *Ossa*
6 H. Rosner All. Est *MZ*

GP de Yougoslavie, OPATIJA
1 K. Carruthers Austr. *Benelli* 130,800 km/h
2 G. Parlotti I *Benelli*
3 K. Andersson Suède *Yamaha*
4 B. Jansson Suède *Kawasaki*
5 S. Grassetti I *Yamaha*
6 G. Bartusch All. Est *MZ*

KEL CARRUTHERS Austr. *Champion du monde 1969*

*Born the 3rd January 1938, this private entrant achieved numerous successes on
Honda, Aermacchi and Norton machines. Later, he was engaged by Benelli.
It was a closely contested season, only the final event could determine who was to be the victor, but he finished
in front of Kent Andersson and the much lamented Santiago Herrero. He subsequently left the European scene
to set himself up in the USA where he became Yamaha - International's Number One rider.*

1969 - 350 cc.

GP d'Espagne, JARAMA

1 G. Agostini I *MV-Agusta* 99,315 km/h
2 K. Carruthers Austr. *Aermacchi*
3 G. Vicenzi I *Yamaha*
4 G. Molloy NZ *Bultaco*
5 J. Findlay Austr. *Yamaha*
6 H. Denzler CH *Aermacchi*

GP d'Allemagne, HOCKENHEIM

1 G. Agostini I *MV-Agusta* 179,800 km/h
2 B. Ivy GB *Jawa*
3 F. Stastny Tchécos. *Jawa*
4 J. Findlay Austr. *Yamaha*
5 G. Vicenzi I *Yamaha*
6 K. Carruthers Austr. *Aermacchi*

TT Anglais, ILE DE MAN

1 G. Agostini I *MV-Agusta* 163,810 km/h
2 B. Steenson Irl. *Aermacchi*
3 J. Findlay Austr. *Aermacchi*
4 T. Dickie GB *Seeley*
5 T. Grotefeld GB *Yamaha*
6 S. Griffiths GB *AJS*

GP de Hollande, ASSEN

1 G. Agostini I *MV-Agusta* 143,597 km/h
2 B. Ivy GB *Jawa*
3 S. Grassetti I *Yamaha*
4 K. Hoppe All. *Yamaha*
5 J. Findlay Austr. *Yamaha*
6 G. Vicenzi I *Yamaha*

GP d'All. de l'Est, SACHSENRING

1 G. Agostini I *MV-Agusta* 148,909 km/h
2 R. Gould GB *Yamaha*
3 H. Rosner All. Est *MZ*
4 G. Vicenzi I *Yamaha*
5 B. Stasa Tchécos. *CZ*
6 M. Lunde GB *Yamaha*

GP de Tchécoslovaquie, BRNO

1 G. Agostini I *MV-Agusta* 154,140 km/h
2 R. Gould GB *Yamaha*
3 S. Grassetti I *Jawa*
4 H. Rosner All. Est *MZ*
5 G. Vicenzi I *Yamaha*
6 B. Stasa Tchécos. *CZ*

GP de Finlande, IMATRA

1 G. Agostini I *MV-Agusta* 143,600 km/h
2 R. Gould GB *Yamaha*
3 G. Vicenzi I *Yamaha*
4 H. Rosner All. Est *MZ*
5 M. Pesonen Finl. *Yamaha*
6 A. Ohligschlager All. *Yamaha*

GP d'Ulster, BELFAST

1 G. Agostini I *MV-Agusta* 160,920 km/h
2 H. Rosner All. Est *MZ*
3 C. Crawford Irl. *Aermacchi*
4 T. Rutter GB *Yamaha*
5 F. Stastny Tchécos. *Jawa*
6 T. Robb Irl. *Aermacchi*

GP d'Italie, IMOLA

1 Ph. Read GB *Yamaha* 151,108 km/h
2 S. Grassetti I *Jawa*
3 W. Scheimann All. *Yamaha*
4 S. Bertarelli I *Aermacchi*
5 M. Pesonen Finl. *Yamaha*
6 B. Spaggiari I *Ducati*

GP de Yougoslavie, OPATIJA

1 S. Grassetti I *Jawa* 141,500 km/h
2 G. Milani I *Aermacchi*
3 F. Stastny Tchécos. *Jawa*
4 B. Stasa Tchécos. *CZ*
5 L. Young GB *Aermacchi*
6 A. Ohligschlager All. *Yamaha*

Requiem for a motorbike.

350 cc.

G. Agostini
MV-Agusta

GIACOMO AGOSTINI I *Champion du monde 1969*

Another outstanding success for the champion of champions. Only one opponent was capable of causing him any worry, and of giving him a more interesting run in the 350 cc class. This was the talented Bill Ivy, who was killed at the Grands Prix in Sachsenring.

1969 - 500 cc.

GP d'Espagne, JARAMA

1 G. Agostini I *MV-Agusta* 111,640 km/h
2 A. Bergamonti I *Paton*
3 G. Molloy NZ *Bultaco*
4 G. Marsovszki CH *Linto*
5 G. Nash GB *Norton*
6 G. Fischer All. *Matchless*

GP d'Allemagne, HOCKENHEIM

1 G. Agostini I *MV-Agusta* 181,506 km/h
2 K. Hoppe All. *URS-Fath*
3 J. Findlay Austr. (Jack) *Linto*
4 J. Dodds Austr. *Linto*
5 B. Fitton GB *Norton*
6 G. Marsovszki CH *Linto*

GP de France, LE MANS

1 G. Agostini I *MV-Agusta* 120,777 km/h
2 B. Nelson GB *Paton*
3 K. Auer Autr. *Matchless*
4 T. Louwes Holl. *Norton*
5 G. Nash GB *Norton*
6 G. Marsovszki CH *Linto*

TT Anglais, ILE DE MAN

1 G. Agostini I *MV-Agusta* 168,543 km/h
2 A. Barnett GB *Kirby-Métisse*
3 T. Dickie GB *Seeley*
4 D. Woodman GB *Seeley*
5 J. Findlay GB (John-Trevor) *Norton*
6 R Chandler GB *Seeley*

GP de Hollande, ASSEN

1 G. Agostini I *MV-Agusta* 143,375 km/h
2 P. Williams GB *Matchless*
3 A. Barnett GB *Kirby-Métisse*
4 G. Milani I *Aermacchi*
5 J. Findlay Austr. *Aermacchi*
6 G. Marsovszki CH *Linto*

GP de Belgique, SPA

1 G. Agostini I *MV-Agusta* 202,533 km/h
2 P. Tait GB *Triumph*
3 A. Barnett GB *Kirby-Métisse*
4 G. Marsovszki CH *Linto*
5 R. Chandler GB *Seeley*
6 B. Fitton GB *Norton*

GP d'All. de l'Est, SACHSENRING

1 G. Agostini I *MV-Agusta* 151,651 km/h
2 B. Nelson GB *Paton*
3 S. Ellis GB *Linto*
4 W. Bergold Autr. *Matchless*
5 T. Dennehy Austr. *Honda*
6 J. O'Brien GB *Matchless*

GP de Tchécoslovaquie, BRNO

1 G. Agostini I *MV-Agusta* 154,780 km/h
2 G. Marsovszki CH *Linto*
3 B. Stasa Tchécos. *CZ*
4 S. Bertarelli I *Paton*
5 D. Shorey GB *Seeley*
6 W. Scheimann All. *Norton*

GP de Finlande, IMATRA

1 G. Agostini I *MV-Agusta* 143,800 km/h
2 B. Nelson GB *Paton*
3 G. Nash GB *Norton*
4 H. Kuparinen Finl. *Matchless*
5 L. Young GB *Matchless*
6 P. Lehtela Finl. *Matchless*

GP d'Ulster, BELFAST

1 G. Agostini I *MV-Agusta* 166,920 km/h
2 B. Steenson Irl. *Seeley*
3 M. Uphill GB *Norton*
4 B. Fitton GB *Norton*
5 B. Scully GB *Norton*
6 R. Chandler GB *Seeley*

GP d'Italie, IMOLA

1 A. Pagani I *Linto* 150,440 km/h
2 G. Milani I. *Aermacchi*
3 J. Dodds Austr. *Linto*
4 T. Dennehy Austr. *Honda*
5 B. Steenson Irl. *Seeley*
6 R. Chandler GB *Seeley*

GP de Yougoslavie, OPATIJA

1 G. Nash GB *Norton* 128,121 km/h
2 F. Trabalzini I *Paton*
3 S. Ellis GB *Linto*
4 L. Young GB *Matchless*
5 K. Turner NZ *Linto*
6 P. Lehtela Finl. *Matchless*

500 cc.
G. Agostini
MV-Agusta

GIACOMO AGOSTINI | *Champion du monde 1969*

Giacomo had no difficulty in carrying off this sixth title.
With a total number of points three times that of his closest contender,
Guyla Marsovski, Ago dominated the line up in every Grand Prix, as
had become the habit.

Championnat du monde de side-cars 1969

GP d'Allemagne, HOCKENHEIM

1 K. Enders / R. Engelhardt All. *BMW* 156,570 km/h
2 F. Linnarz / R. Kuhnemund All. *BMW*
3 A. Butscher / J. Huber All. *BMW*
4 H. Lunemann All. / N. Caddow GB *BMW*
5 J.-C. Castella / A. Castella CH *BMW*
6 T. Wakefield / G. Milton GB *BMW*

GP de France, LE MANS

1 H. Fath / W. Kallaugh All. *URS* 123,416 km/h
2 G. Auerbacher / H. Hahn All. *BMW*
3 S. Schauzu / H. Schneider All. *BMW*
4 F. Linnarz / R. Kuhnemund All. *BMW*
5 A. Butscher / J. Huber All. *BMW*
6 M.-Hauri / H. Hausamann CH *BMW*

TT Anglais, ILE DE MAN

1 K. Enders / R. Engelhardt All. *BMW* 148,800 km/h
2 S. Schauzu / H. Schneider All. *BMW*
3 H. Fath / W. Kallaugh All. *URS*
4 A. Butscher / J. Huber All. *BMW*
5 F. Linnarz / R. Kuhnemund All. *BMW*
6 R. Hawes / P. Mann GB *Seeley*

GP de Hollande, ASSEN

1 H. Fath / W. Kallaugh All. *URS* 129,474 km/h
2 G. Auerbacher / H. Hahn All. *BMW*
3 H. Lunemann All. / N. Caddow GB *BMW*
4 A. Butscher / J. Huber All. *BMW*
5 F. Linnarz / R. Kuhnemund All. *BMW*
6 H. Luthringshauser All. / G. Hugues GB *BMW*

GP de Belgique, SPA

1 H. Fath / W. Kallaugh All. *URS* 179,908 km/h
2 K. Enders / R. Engelhardt All. *BMW*
3 G. Auerbacher / H. Hahn All. *BMW*
4 F. Linnarz / R. Kuhnemund All. *BMW*
5 A. Butscher / J. Huber All. *BMW*
6 G. Milton / J. Thornton GB *BMW*

GP de Finlande, IMATRA

1 K. Enders / R. Engelhardt All. *BMW* 125,700 km/h
2 H. Lunemann All. / N. Caddow GB *BMW*
3 H. Luthringshauser All. / G. Hugues GB *BMW*
4 A. Butscher / J. Huber All. *BMW*
5 G. Auerbacher / H. Hahn All. *BMW*
6 J.-C. Castella / A. Castella CH *BMW*

GP d'Ulster, BELFAST

1 K. Enders / R. Engelhardt All. *BMW* 143,105 km/h
2 S. Schauzu / H. Schneider All. *BMW*
3 F. Linnarz / R. Kuhnemund All. *BMW*
4 H. Luthringshauser All. / C. Hugues GB *BMW*
5 B. Copson / J. Graham GB *BMW*
6 J. Philpott / W. Turrington GB *Norton*

KLAUS ENDERS/
RALF ENGELHARDT All.
Champions du monde 1969

*The second title for this talented
pair, who were partly favoured by
the enforced retirement of Fath.
Racing a works machine, they
had no difficulty in shaking off
their pursuers.*

Side-cars
K. Enders / R. Engelhardt
BMW

Championnat du monde 1970 - 50 cc.

GP d'Allemagne, NURBURGRING
1 A. Nieto E *Derbi* 104,039 km/h
2 R. Kunz All. *Kreidler*
3 G. Parlotti I *Tomos*
4 S. Canellas E *Derbi*
5 E. Lazzarini I *Morbidelli*
6 O. Buscherini I *Honda*

GP de France, LE MANS
1 A. Nieto E *Derbi* 113,676 km/h
2 A. Toersen Holl. *Jamathi*
3 R. Kunz All. *Kreidler*
4 J. Schurgers Holl. *Kreidler*
5 M. Mijwaart Holl. *Jamathi*
6 S. Canellas E *Derbi*

GP de Yougoslavie, OPATIJA
1 A. Nieto E *Derbi* 123,300 km/h
2 J. DeVries Holl. *Kreidler*
3 J. Schurgers Holl. *Kreidler*
4 A. Toersen Holl. *Jamathi*
5 M. Mijwaart Holl. *Jamathi*
6 R. Kunz All. *Kreidler*

GP de Hollande, ASSEN
1 A. Nieto E *Derbi* 121,688 km/h
2 J. DeVries Holl. *Kreidler*
3 S. Canellas E *Derbi*
4 R. Kunz All. *Kreidler*
5 A. Toersen Holl. *Jamathi*
6 G. Parlotti I *Tomos*

GP de Belgique, SPA
1 A. Toersen Holl. *Jamathi* 144,894 km/h
2 A. Nieto E *Derbi*
3 J. Schurgers Holl. *Kreidler*
4 S. Canellas E *Derbi*
5 M. Mijwaart Holl. *Jamathi*
6 J. DeVries Holl. *Kreidler*

GP d'All. de l'Est, SACHSENRING
1 A. Toersen Holl. *Jamathi* 132,446 km/h
2 J. Schurgers Holl. *Kreidler*
3 A. Nieto E *Derbi*
4 M. Mijwaart Holl. *Jamathi*
5 J. DeVries Holl. *Kreidler*
6 R. Kunz All. *Kreidler*

GP de Tchécoslovaquie, BRNO
1 A. Toersen Holl. *Jamathi* 119,880 km/h
2 R. Kunz All. *Kreidler*
3 S. Canellas E *Derbi*
4 M. Mijwaart Holl. *Jamathi*
5 M. Stripacuk Holl. *Jamathi*
6 L. Rinaudo I *Tomos*

GP d'Ulster, BELFAST
1 A. Nieto E *Derbi* 131,800 km/h
2 S. Canellas E *Derbi*
3 A. Toersen Holl. *Jamathi*
4 R. Kunz All. *Kreidler*
5 M. Mijwaart Holl. *Jamathi*
6 J. DeVries Holl. *Kreidler*

GP d'Italie, MONZA
1 J. DeVries Holl. *Kreidler* 148,015 km/h
2 R. Kunz All. *Kreidler*
3 L. Fassbender All. *Kreidler*
4 B. Cretti I *Malanca*
5 A. Millard Fr. *Kreidler*
6 M. Mijwaart Holl. *Jamathi*

GP d'Espagne, BARCELONE
1 S. Canellas E *Derbi* 105,864 km/h
2 R. Kunz All. *Kreidler*
3 J. DeVries Holl. *Kreidler*
4 A. Nieto E *Derbi*
5 J. Bordons E *Derbi*
6 U. Graf CH *Kreidler*

The rewards ...

ANGEL NIETO E *Champion du monde 1970*

Nieto carried off his second title over the same opponent, but with five wins; his was total supremacy. He was also the runner-up in the 125 cc class. Too impetuous, he lost many points through falls. During a race at the Spanish Championships at Sargossa, he came off his 50 and 125 cc Derbi machines five times during the same day.

1970 - 125 cc.

GP d'Allemagne, NURBURGRING

1 J. Dodds Austr. *Aermacchi* 109,215 km/h
2 H. Krinwanek Autr. *Rotax*
3 W. Sommer All. *Yamaha*
4 T. Gruber All. *Maïco*
5 O. Buscherini I *Villa*
6 L. Szabo Hong. *MZ*

GP de France, LE MANS

1 D. Braun All. *Suzuki* 122,833 km/h
2 B. Jansson Suède *Maïco*
3 G. Bartusch All. Est *MZ*
4 H. Krinwanek Autr. *Rotax*
5 T. Gruber All. *Maïco*
6 E. Lazzarini I *Morbidelli*

GP de Yougoslavie, OPATIJA

1 D. Braun All. *Suzuki* 135,300 km/h
2 A. Nieto E *Derbi*
3 A. Bergamonti I *Aermacchi*
4 B. Jansson Suède *Maïco*
5 A. Toersen Holl. *Suzuki*
6 G. Mandolini I *Villa*

TT Anglais, ILE DE MAN

1 D. Braun All. *Suzuki* 142,823 km/h
2 B. Jansson Suède *Maïco*
3 G. Bartusch All. Est *MZ*
4 S. Murray GB *Honda*
5 F. Launchburry GB *Bultaco*
6 J. Curry GB *Honda*

GP de Hollande, ASSEN

1 D. Braun All. *Suzuki* 131,780 km/h
2 D. Simmonds GB *Kawasaki*
3 L. Szabo Hong. *MZ*
4 A. Toersen Holl. *Suzuki*
5 T. Gruber All. *Maïco*
6 B. Jansson Suède *Maïco*

GP de Belgique, SPA

1 A. Nieto E *Derbi* 162,766 km/h
2 D. Simmonds GB *Kawasaki*
3 B. Jansson Suède *Maïco*
4 T. Gruber All. *Maïco*
5 J.-L. Pasquier Mona. *Maïco*
6 C. Mortimer GB *Villa*

GP d'All. de l'Est, SACHSENRING

1 A. Nieto E *Derbi* 152,880 km/h
2 D. Braun All. *Suzuki*
3 B. Jansson Suède *Maïco*
4 D. Simmonds GB *Kawasaki*
5 A. Toersen Holl. *Suzuki*
6 H. Bischoff All. Est *MZ*

GP de Tchécoslovaquie, BRNO

1 G. Parlotti I *Morbidelli* 136,380 km/h
2 D. Braun All. *Suzuki*
3 D. Simmonds GB *Kawasaki*
4 A. Toersen Holl. *Suzuki*
5 B. Jansson Suède *Maïco*
6 J. Reisz Hong. *MZ*

GP de Finlande, IMATRA

1 D. Simmonds GB *Kawasaki* 126,405 km/h
2 T. Heuschkel All. Est *MZ*
3 H. Bischoff All. Est *MZ*
4 B. Kohler All. Est *MZ*
5 M. Salonen Finl. *Yamaha*
6 J. Lancaster GB *Yamaha*

GP d'Italie, MONZA

1 A. Nieto E *Derbi* 167,840 km/h
2 L. Szabo Hong. *MZ*
3 C. VanDongen Holl. *Yamaha*
4 K. Huber All. *Maïco*
5 G. Consalvi I *Aermacchi*
6 W. Villa I *Villa*

GP d'Espagne, BARCELONE

1 A. Nieto E *Derbi* 113,241 km/h
2 B. Sheene GB *Suzuki*
3 B. Jansson Suède *Maïco*
4 D. Braun All. *Suzuki*
5 G. Mandolini I *Aermacchi*
6 J. Dodds Austr. *Aermacchi*

DIETER BRAUN All. *Champion du monde 1970*

Cast in a mould little suited to a 125 cc machine, Braun astonished everyone.
Runner up in 1969, he achieved the title in 1970, half way through the season.
Born on the 2nd February 1943, he made his debut in motocross,
took up road racing in 1965 on a 350 cc Aermacchi.

1970 - 250 cc.

GP d'Allemagne, NURBURGRING

1 K. Carruthers Austr. *Yamaha* 118,100 km/h
2 K. Huber All. *Yamaha*
3 C. Mortimer GB *Villa*
4 W. Sommer All. *Yamaha*
5 H. Rosenbuch All. *Yamaha*
6 J. Saarinen Finl. *Yamaha*

GP de France, LE MANS

1 R. Gould GB *Yamaha* 132,255 km/h
2 S. Herrero E *Ossa*
3 L. Szabo Hong. *MZ*
4 J. Saarinen Finl. *Yamaha*
5 A. Bergamonti I *Aermacchi*
6 B. Granath Suède *Yamaha*

GP de Yougoslavie, OPATIJA

1 S. Herrero E *Ossa* 143,500 km/h
2 K. Andersson Suède *Yamaha*
3 R. Gould GB *Yamaha*
4 J. Saarinen Finl. *Yamaha*
5 B. Jansson Suède *Yamaha*
6 T. Lansivuori Finl. *Yamaha*

TT Anglais, ILE DE MAN

1 K. Carruthers Austr. *Yamaha* 153,811 km/h
2 R. Gould GB *Yamaha*
3 G. Bartusch All. Est *MZ*
4 C. Mortimer GB *Yamaha*
5 P. Berwick GB *Suzuki*
6 A. George GB *Yamaha*

GP de Hollande, ASSEN

1 R. Gould GB *Yamaha* 138,970 km/h
2 Ph. Read GB *Yamaha*
3 J. Saarinen Finl. *Yamaha*
4 D. Braun All. *MZ*
5 T. Rutter GB *Yamaha*
6 C. VanDongen Holl. *Yamaha*

GP de Belgique, SPA

1 R. Gould GB *Yamaha* 171,965 km/h
2 K. Carruthers Austr. *Yamaha*
3 B. Jansson Suède *Yamaha*
4 J. Saarinen Finl. *Yamaha*
5 K. Andersson Suède *Yamaha*
6 L. Szabo Hong. *MZ*

GP d'All. de l'Est, SACHSENRING

1 R. Gould GB *Yamaha* 161,523 km/h
2 S. Grassetti I *MZ*
3 K. Andersson Suède *Yamaha*
4 J. Saarinen Finl. *Yamaha*
5 G. Bartusch All. Est *MZ*
6 G. Marsovszki CH *Yamaha*

GP de Tchécoslovaquie, BRNO

1 K. Carruthers Austr. *Yamaha* 149,371 km/h
2 K. Andersson Suède *Yamaha*
3 J. Saarinen Finl. *Yamaha*
4 T. Bult Holl. *Yamaha*
5 B. Granath Suède *Yamaha*
6 C. Mortimer GB *Yamaha*

GP de Finlande, IMATRA

1 R. Gould GB *Yamaha* 138,578 km/h
2 K. Andersson Suède *Yamaha*
3 P. Smart GB *Yamaha*
4 B. Jansson Suède *Yamaha*
5 K. Turner NZ *Yamaha*
6 R. Olsson Suède *Yamaha*

GP d'Ulster, BELFAST

1 K. Carruthers Austr. *Yamaha* 160,480 km/h
2 R. Gould GB *Yamaha*
3 P. Smart GB *Yamaha*
4 T. Rutter GB *Yamaha*
5 A. Georges GB *Yamaha*
6 B. Granath Suède *Yamaha*

GP d'Italie, MONZA

1 R. Gould GB *Yamaha* 185,758 km/h
2 K. Carruthers Austr. *Yamaha*
3 Ph. Read GB *Yamaha*
4 D. Braun All. *MZ*
5 G. Marsovszki CH *Yamaha*
6 G. Vicenzi I *Yamaha*

GP d'Espagne, BARCELONE

1 K. Andersson Suède *Yamaha* 116,490 km/h
2 G. Molloy NZ *Yamaha*
3 S. Grassetti I *Yamaha*
4 G. Marsovszki CH *Yamaha*
5 O. Memola Belg. *Yamaha*
6 B. Granath Suède *Yamaha*

RODNEY GOULD GB *Champion du monde 1970*

Gould made his debut on the English short-circuits in 1964, with the traditional 350 and 500 cc Nortons. He joined the 'Continental Circus' in 1968. From 1969 he was supported by Yamaha, who returned officially to the track. Runner up in 1971, he retired at the end of 1972. Appointed racing manager for Yamaha, he directs the firm's fortunes in the three capacity classes.

1970 - 350 cc.

GP d'Allemagne, NURBURGRING

1 G. Agostini I *MV-Agusta* 121,115 km/h
2 K. Carruthers Austr. *Benelli*
3 C. Mortimer GB *Yamaha*
4 K. Hoppe All. *Yamaha*
5 H.-D. Goergen All. *Yamaha*
6 J. Curry GB *Aermacchi*

GP de Yougoslavie, OPATIJA

1 G. Agostini I *MV-Agusta* 149,416 km/h
2 K. Carruthers Austr. *Benelli*
3 S. Grassetti I *Jawa*
4 M. Pesonen Finl. *Yamaha*
5 R. Gould GB *Yamaha*
6 R. Gallina I *Aermacchi*

TT Anglais, ILE DE MAN

1 G. Agostini I *MV-Agusta* 162,830 km/h
2 A. Barnett GB *Aermacchi*
3 P. Smart GB *Yamaha*
4 M. Uphill GB *Yamaha*
5 T. Rutter GB *Yamaha*
6 P. Berwick GB *Aermacchi*

GP de Hollande, ASSEN

1 G. Agostini I *MV-Agusta* 145,450 km/h
2 R. Pasolini I *Benelli*
3 Ph. Read GB *Yamaha*
4 K. Carruthers Austr. *Yamaha*
5 K. Andersson Suède *Yamaha*
6 M. Pesonen Finl. *Yamaha*

GP d'All. de l'Est, SACHSENRING

1 G. Agostini I *MV-Agusta* 170,200 km/h
2 R. Pasolini I *Benelli*
3 K. Carruthers Austr. *Yamaha*
4 B. Nelson GB *Yamaha*
5 K. Andersson Suède *Yamaha*
6 J. Findlay Austr. *Yamaha*

GP de Tchécoslovaquie, BRNO

1 G. Agostini I *MV-Agusta* 154,659 km/h
2 R. Pasolini I *Benelli*
3 K. Andersson Suède *Yamaha*
4 K. Carruthers Austr. *Yamaha*
5 D. Braun All. *MZ*
6 M. Pesonen Finl. *Yamaha*

GP de Finlande, IMATRA

1 G. Agostini I *MV-Agusta* 146,322 km/h
2 K. Andersson Suède *Yamaha*
3 R. Gould GB *Yamaha*
4 K. Carruthers Austr. *Yamaha*
5 M. Pesonen Finl. *Yamaha*
6 B. Granath Suède *Yamaha*

GP d'Ulster, BELFAST

1 G. Agostini I *MV-Agusta* 164,170 km/h
2 G. Bartusch All. Est *MZ*
3 T. Robb Irl. *Yamaha*
4 T. Rutter GB *Yamaha*
5 M. Pesonen Finl. *Yamaha*
6 A. Barnett GB *Aermacchi*

GP d'Italie, MONZA

1 G. Agostini I *MV-Agusta* 194,953 km/h
2 A. Bergamonti I *MV-Agusta*
3 R. Pasolini I *Benelli*
4 G. Bartusch All. Est *MZ*
5 S. Grassetti I *Jawa*
6 D. Braun All. *Yamaha*

GP d'Espagne, BARCELONE

1 A. Bergamonti I *MV-Agusta* 121,095 km/h
2 R. Gould GB *Yamaha*
3 K. Andersson Suède *Yamaha*
4 M. Pesonen Finl. *Yamaha*
5 D. Braun All. *Yamaha*
6 T. Dennehy Austr. *Yamaha*

Dismantling, adjusting, reassembling over and over again.

GIACOMO AGOSTINI | *Champion du monde 1970*

Still without any worthy opponent, Ago continued his triumphant run,
during which many records were broken.
A second rider joined MV-Angelo Bergamontini.
He was no stranger to pressure from Yamaha opponents.

1970 - 500 cc.

GP d'Allemagne, NURBURGRING

1 G. Agostini I *MV-Agusta* 126,857 km/h
2 A. Barnett GB *Seeley*
3 T. Robb Irl. *Seeley*
4 K. Hoppe All. *URS-Fath*
5 G. Molloy NZ *Bultaco*
6 W. Rungg CH *Aermacchi*

GP de France, LE MANS

1 G. Agostini I *MV-Agusta* 134,216 km/h
2 G. Molloy NZ *Kawasaki*
3 A. Pagani I *Linto*
4 A. Bergamonti I *Aermacchi*
5 B. Steenson Irl. *Seeley*
6 G. Marsovszki CH *Kawasaki*

GP de Yougoslavie, OPATIJA

1 G. Agostini I *MV-Agusta* 148,400 km/h
2 A. Bergamonti I *Aermacchi*
3 R. Gallina I *Paton*
4 J. Findlay Austr. *Seeley*
5 M. Pesonen Finl. *Yamaha*
6 D. Simmonds GB *Kawasaki*

TT Anglais, ILE DE MAN

1 G. Agostini I *MV-Agusta* 162,409 km/h
2 P. Williams GB *Matchless*
3 B. Smith GB *Kawasaki*
4 J. Findlay Austr. *Seeley*
5 J. Williams GB *Matchless*
6 T. Jefferies GB *Matchless*

GP de Hollande, ASSEN

1 G. Agostini I *MV-Agusta* 143,157 km/h
2 A. Bergamonti I *Aermacchi*
3 A. Pagani I *Linto*
4 G. Molloy NZ *Kawasaki*
5 P. Smart GB *Seeley*
6 R. Bron Holl. *Suzuki*

GP de Belgique, SPA

1 G. Agostini I *MV-Agusta* 178,738 km/h
2 C. Ravel Fr. *Kawasaki*
3 T. Robb Irl. *Seeley*
4 K. Auer Autr. *Matchless*
5 L. Young GB *Honda*
6 T. Dennehy Austr. *Honda*

GP d'All. de l'Est, SACHSENRING

1 G. Agostini I *MV-Agusta* 170,249 km/h
2 J. Dodds Austr. *Linto*
3 M. Carney GB *Kawasaki*
4 A. Barnett GB *Seeley*
5 C. Ravel Fr. *Kawasaki*
6 B. Nelson GB *Paton*

GP de Finlande, IMATRA

1 G. Agostini I *MV-Agusta* 144,878 km/h
2 G. Molloy NZ *Kawasaki*
3 A. Pagani I *Linto*
4 E. Offenstadt Fr. *Kawasaki*
5 T. Robb Irl. *Seeley*
6 G. Nash GB *Norton*

GP d'Ulster, BELFAST

1 G. Agostini I *MV-Agusta* 163,215 km/h
2 G. Molloy NZ *Kawasaki*
3 P. Tait GB *Seeley*
4 J. Findlay Austr. *Seeley*
5 P. Williams GB *Matchless*
6 M. Carney GB *Kawasaki*

GP d'Italie, MONZA

1 G. Agostini I *MV-Agusta* 199,644 km/h
2 A. Bergamonti I *MV-Agusta*
3 S. Bertarelli I *Kawasaki*
4 G. Marsovszki CH *Kawasaki*
5 G. Zubani I *Kawasaki*
6 G. Molloy NZ *Kawasaki*

GP d'Espagne, BARCELONE

1 A. Bergamonti I *MV-Agusta* 120,921 km/h
2 G. Molloy NZ *Kawasaki*
3 G. Mandolini I *Guzzi*
4 T. Robb Irl. *Seeley*
5 R. Gallina I *Paton*
6 M. Carney GB *Kawasaki*

500 cc.
G. Agostini
MV-Agusta

GIACOMO AGOSTINI I *Champion du monde 1970*

Agostini, with his numerous victories, is now close to becoming the best rider in history.
Out of the ten events he entered, he won all ten.
Outside racing, his interest is in his peat manufacturing company, and in the making of
films for a film series. He is completely dedicated in all his interests.

Championnat du monde de side-cars 1970

GP d'Allemagne, NURBURGRING

1 G. Auerbacher / H. Hahn All. *BMW* 120,200 km/h
2 H. Luthringshauser / J. Cusnik All. *BMW*
3 R. Wegener / A. Heinrichs All. *BMW*
4 T. Wakefield / J. Flaxman GB *BMW*
5 S. Maier / S. Brauning All. *BMW*
6 E. Schons / K. Lauterbacher All. *BMW*

GP de France, LE MANS

1 K. Enders / W. Kallaugh All. *BMW* 125,154 km/h
2 G. Auerbacher / H. Hahn All. *BMW*
3 S. Schauzu / H. Schneider All. *BMW*
4 A. Butscher / J. Huber All. *BMW*
5 H. Lunemann / M. Stockel All. *BMW*
6 J.-C. Castella / A. Castella CH *BMW*

TT Anglais, ILE DE MAN

1 K. Enders / W. Kallaugh All. *BMW* 148,711 km/h
2 S. Schauzu / H. Schneider All. *BMW*
3 H. Luthringshauser / J. Cusnik All. *BMW*
4 J.-C. Castella / A. Castella CH *BMW*
5 H. Owesle / J. Kremer All. *URS-Fath*
6 G. Auerbacher / H. Hahn All. *BMW*

GP de Hollande, ASSEN

1 G. Auerbacher / H. Hahn All. *BMW* 129,928 km/h
2 H. Owesle / J. Kremer All. *URS-Fath*
3 S. Schauzu / H. Schneider All. *BMW*
4 A. Butscher / W. Metzger All. *BMW*
5 J.-C. Castella / A. Castella CH *BMW*
6 R. Wegener / A. Heinrichs All. *BMW*

GP de Belgique, SPA

1 A. Butscher / J. Huber All. *BMW* 165,295 km/h
2 J.-C. Castella / A. Castella CH *BMW*
3 P. Harris / R. Lindsay GB *BMW*
4 G. Milton / J. Thornton GB *BMW*
5 T. Wakefield / J. Flaxman GB *BMW*
6 S. Schauzu / H. Schneider All. *BMW*

GP de Tchécoslovaquie, BRNO

1 K. Enders / W. Kallaugh All. *BMW* 136,810 km/h
2 G. Auerbacher / H. Hahn All. *BMW*
3 A. Butscher / J. Huber All. *BMW*
4 H. Owesle / J. Kremer All. *URS-Fath*
5 J.-C. Castella / A. Castella CH *BMW*
6 S. Schauzu All. / P. Rutterford GB *BMW*

GP de Finlande, IMATRA

1 K. Enders / W. Kallaugh All. *BMW* 127,700 km/h
2 S. Schauzu All. / P. Rutterford GB *BMW*
3 A. Butscher / J. Huber All. *BMW*
4 G. Auerbacher / H. Hahn All. *BMW*
5 J.-C. Castella / A. Castella CH *BMW*
6 H. Luthringshauser / A. Neumann All. *BMW*

GP d'Ulster, BELFAST

1 K. Enders / R. Engelhardt All. *BMW* 138,310 km/h
2 S. Schauzu All. / P. Rutterford GB *BMW*
3 J.-C. Castella / A. Castella CH *BMW*
4 H. Owesle / J. Kremer All. *URS-Fath*
5 M. Boddice / C. Pollington GB *BSA*
6 J. Gawley / C. Allock GB *BSA*

KLAUS ENDERS /
WOLFGANG KALLAUGH All.
Champions du monde 1970

*Enders, well passengered by
Kallaugh, carried off his third
title with ease. The opposition
was not in good shape, Fath
having retired.
His former machine was still in the
running, but Owesle did not possess
the capability. At the end of 1970,
Enders decided to retire, at 33, and
went on to try his luck on four
wheels.*

Side-cars
K. Enders / W. Kallaugh
BMW

Championnat du monde 1971 - 50 cc.

GP d'Autriche, SALZBURG

1 J. DeVries Holl. *Kreidler* 140,220 km/h
2 A. Nieto E *Derbi*
3 R. Kunz All. *Kreidler*
4 F. VanDehoeven Holl. *Derbi*
5 A. Toersen Holl. *Jamathi*
6 J. Pares E *Derbi*

GP d'Allemagne, HOCKENHEIM

1 J. DeVries Holl. *Kreidler* 133,490 km/h
2 R. Kunz All. *Kreidler*
3 A. Nieto E *Derbi*
4 F. VanDehoeven Holl. *Derbi*
5 A. Toersen Holl. *Jamathi*
6 J. Pares E *Derbi*

GP de Hollande, ASSEN

1 A. Nieto E *Derbi* 122,083 km/h
2 J. Schurgers Holl. *Kreidler*
3 T. Ramaker Holl. *Kreidler*
4 J. Bruins Holl. *Kreidler*
5 F. VanDehoeven Holl. *Derbi*
6 J. Pares E *Derbi*

GP de Belgique, SPA

1 J. DeVries Holl. *Kreidler* 157,490 km/h
2 J. Schurgers Holl. *Kreidler*
3 A. Nieto E *Derbi*
4 A. Toersen Holl. *Jamathi*
5 N. Polane Holl. *Kreidler*
6 H. Meyers Holl. *Jamathi*

GP d'All. de l'Est, SACHSENRING

1 A. Nieto E *Derbi* 137,582 km/h
2 J. DeVries Holl. *Kreidler*
3 J. Schurgers Holl. *Kreidler*
4 H. Meyers Holl. *Jamathi*
5 C. VanDongen Holl. *Jamathi*
6 H. Hummel Autr. *Kreidler*

GP de Tchécoslovaquie, BRNO

1 B. Sheene GB *Kreidler* 107,900 km/h
2 H. Meyers Holl. *Jamathi*
3 H. Kroismayr Autr. *Kreidler*
4 L. Rinaudo I *Tomos*
5 Z. Havrda Tchécos. *Ahra*
6 M. Soban Tchécos. *Kreidler*

GP de Suède, ANDERSTORP

1 A. Nieto E *Derbi* 115,067 km/h
2 G. Parlotti I *Derbi*
3 J. DeVries Holl. *Kreidler*
4 B. Sheene GB *Kreidler*
5 H. Meyers Holl. *Jamathi*
6 J. Bruins Holl. *Kreidler*

GP d'Italie, MONZA

1 J. DeVries Holl. *Kreidler* 153,811 km/h
2 A. Nieto E *Derbi*
3 G. Parlotti I *Derbi*
4 J. Schurgers Holl. *Kreidler*
5 R. Kunz All. *Kreidler*
6 J. Saarinen Finl. *Kreidler*

GP d'Espagne, JARAMA

1 J. DeVries Holl. *Kreidler* 99,945 km/h
2 J. Saarinen Finl. *Kreidler*
3 H. Meyers Holl. *Jamathi*
4 R. Kunz All. *Kreidler*
5 J. Bruins Holl. *Kreidler*
6 L. Commu Holl. *Jamathi*

Concentration in the search for speed.

JAN DeVRIES Holl. *Champion du monde 1971*

A well deserved victory for the small Dutchman, born on the 5th January 1944, over A. Nieto, who was himself not without merit. The Kreidler factory having officially withdrawn, it was the Dutch importer Van Veen who made the running in the championship. In order to give DeVries some back-up, Van Veen did not hesitate to supply two machines to the talented pair, Barry Sheene and Jarno Saarinen. Debri engaged the services of Gilberto Parlotti to take on this formidable opposition. It made excellent entertainment.

CHAMPIONNAT DU MONDE

1971 - 125 cc.

GP d'Autriche, SALZBURG
1 A. Nieto E *Derbi* 156,960 km/h
2 G. Parlotti I *Morbidelli*
3 B. Sheene GB *Suzuki*
4 D. Braun All. *Maïco*
5 G. Bender All. *Maïco*
6 C. VanDongen Holl. *Yamaha*

GP d'Allemagne, HOCKENHEIM
1 D. Simmonds GB *Kawasaki* 146,202 km/h
2 G. Parlotti I *Morbidelli*
3 K. Andersson Suède *Yamaha*
4 T. Gruber All. *Maïco*
5 G. Bender All. *Maïco*
6 T. Heuschkel All. Est *MZ*

TT Anglais, ILE DE MAN
1 C. Mortimer GB *Yamaha* 135,095 km/h
2 B. Jansson Suède *Maïco*
3 J. Kiddie GB *Honda*
4 P. Courtney GB *Yamaha*
5 R. Watts GB *Honda*
6 C. Ward GB *Maïco*

GP de Hollande, ASSEN
1 A. Nieto E *Derbi* 134,231 km/h
2 B. Sheene GB *Suzuki*
3 B. Jansson Suède *Maïco*
4 D. Braun All. *Maïco*
5 C. Mortimer GB *Yamaha*
6 T. Gruber All. *Maïco*

GP de Belgique, SPA
1 B. Sheene GB *Suzuki* 177,526 km/h
2 G. Bender All. *Maïco*
3 D. Braun All. *Maïco*
4 C. VanDongen Holl. *Yamaha*
5 C. Mortimer GB *Yamaha*
6 J. Lenk All. Est *MZ*

GP d'All. de l'Est, SACHSENRING
1 A. Nieto E *Derbi* 154,615 km/h
2 B. Sheene GB *Suzuki*
3 B. Jansson Suède *Maïco*
4 D. Braun All. *Maïco*
5 C. VanDongen Holl. *Yamaha*
6 J. Lenk All. Est *MZ*

GP de Tchécoslovaquie, BRNO
1 A. Nieto E *Derbi* 123,813 km/h
2 B. Jansson Suède *Maïco*
3 B. Sheene GB *Suzuki*
4 D. Simmonds GB *Kawasaki*
5 J. Lenk All. Est *MZ*
6 H. Bischoff All. Est *MZ*

GP de Suède, ANDERSTORP
1 B. Sheene GB *Suzuki* 122,261 km/h
2 B. Jansson Suède *Maïco*
3 K. Andersson Suède *Yamaha*
4 D. Braun All. *Maïco*
5 D. Simmonds GB *Kawasaki*
6 T. Gruber All. *Maïco*

GP de Finlande, IMATRA
1 B. Sheene GB *Suzuki* 131,315 km/h
2 D. Braun All. *Maïco*
3 G. Bender All. *Maïco*
4 J. Lenk All. Est *MZ*
5 D. Simmonds GB *Kawasaki*
6 C. Mortimer GB *Yamaha*

GP d'Italie, MONZA
1 G. Parlotti I *Morbidelli* 174,196 km/h
2 A. Nieto E *Derbi*
3 B. Sheene GB *Suzuki*
4 B. Jansson Suède *Maïco*
5 A. Bartol Autr. *Suzuki*
6 D. Simmonds GB *Kawasaki*

GP d'Espagne, JARAMA
1 A. Nieto E *Derbi* 108,654 km/h
2 C. Mortimer GB *Yamaha*
3 B. Sheene GB *Suzuki*
4 D. Simmonds GB *Kawasaki*
5 K. Andersson Suède *Yamaha*
6 O. Buscherini I *Derbi*

ANGEL NIETO E *Champion du monde 1971*

A difficult year for Nieto, in both the classes he entered he had to await the last event to see whether he would take the title or be beaten. It was touch and go in the 125 cc class, and 'El Nino' took victory at Jarama, in his own country.
He runs a cafe a few miles from the circuit. His victorious finish created utter confusion - all his fans invading the track before the race was over.

1971 - 250 cc.

GP d'Autriche, SALZBURG

1 S. Grassetti I *MZ* 167,830 km/h
2 G. Bartusch All. Est *MZ*
3 G. Marsovszki CH *Yamaha*
4 K. Andersson Suède *Yamaha*
5 J. Drapal Hong. *Yamaha*
6 B. Granath Suède *Yamaha*

GP d'Allemagne, HOCKENHEIM

1 Ph. Read GB *Yamaha* 154,400 km/h
2 K. Huber All. *Yamaha*
3 J. Dodds Austr. *Yamaha*
4 G. Marsovszki CH *Yamaha*
5 K. Andersson Suède *Yamaha*
6 J. Drapal Hong. *Yamaha*

TT Anglais, ILE DE MAN

1 Ph. Read GB *Yamaha* 157,710 km/h
2 B. Randle GB *Yamaha*
3 A. Barnett GB *Yamaha*
4 R. Gould GB *Yamaha*
5 B. Henderson GB *Yamaha*
6 G. Marsovszki CH *Yamaha*

GP de Hollande, ASSEN

1 Ph. Read GB *Yamaha* 137,784 km/h
2 T. Bult Holl. *Yamaha*
3 D. Braun All. *Yamaha*
4 T. Rutter GB *Yamaha*
5 C. Mortimer GB *Yamaha*
6 G. Marsovszki CH *Yamaha*

GP de Belgique, SPA

1 S. Grassetti I *MZ* 192,399 km/h
2 J. Dodds Austr. *Yamaha*
3 D. Braun All. *Yamaha*
4 P. Smart GB *Yamaha*
5 C. Mortimer GB *Yamaha*
6 R. Gould GB *Yamaha*

GP d'All. de l'Est, SACHSENRING

1 D. Braun All. *Yamaha* 164,471 km/h
2 R. Gould GB *Yamaha*
3 Ph. Read GB *Yamaha*
4 G. Marsovszki CH *Yamaha*
5 J. Saarinen Finl. *Yamaha*
6 B. Sheene GB *Yamaha*

GP de Tchécoslovaquie, BRNO

1 J. Drapal Hong. *Yamaha* 130,364 km/h
2 L. Szabo Hong. *Yamaha*
3 J. Saarinen Finl. *Yamaha*
4 C. Mortimer GB *Yamaha*
5 B. Granath Suède *Yamaha*
6 H. Schmid CH *Yamaha*

GP de Suède, ANDERSTORP

1 R. Gould GB *Yamaha* 128,001 km/h
2 P. Smart GB *Yamaha*
3 J. Saarinen Finl. *Yamaha*
4 T. Lansivuori Finl. *Yamaha*
5 F. Perris GB *Yamaha*
6 B. Nelson GB *Yamaha*

GP de Finlande, IMATRA

1 R. Gould GB *Yamaha* 140,723 km/h
2 J. Dodds Austr. *Yamaha*
3 D. Braun All. *Yamaha*
4 C. Mortimer GB *Yamaha*
5 G. Marsovszki CH *Yamaha*
6 J. Saarinen Finl. *Yamaha*

GP d'Ulster, BELFAST

1 R. Mc. Cullough Irl. *Yamaha* 152,582 km/h
2 J. Saarinen Finl. *Yamaha*
3 D. Braun All. *Yamaha*
4 P. Williams GB *MZ*
5 S. Machin GB *Yamaha*
6 R. Gould GB *Yamaha*

GP d'Italie, MONZA

1 G. Marsovszki CH *Yamaha* 185,458 km/h
2 J. Dodds Austr. *Yamaha*
3 S. Grassetti I *MZ*
4 R. Gould GB *Yamaha*
5 J. Saarinen Finl. *Yamaha*
6 Ph. Read GB *Yamaha*

GP d'Espagne, JARAMA

1 J. Saarinen Finl. *Yamaha* 112,639 km/h
2 Ph. Read GB *Yamaha*
3 C. Mortimer GB *Yamaha*
4 W. Pfirter CH *Yamaha*
5 R. Pasolini I *Aermacchi*
6 J. Dodds Austr. *Yamaha*

PHIL READ GB *Champion du monde 1971*

250 cc.
Ph. Read
Yamaha

After his disputes in 1968 with Yamaha, Read reverted to the role of private entrant in the conquest of the 250 cc class title. The genius Fath prepared his engines for him. He made an attack on the works machines, succeeding particularly well against Gould and MV. His comeback did not pass un-noticed; travelling in a gleaming Rolls Royce; a large lorry bearing in sizable letters with the words 'The Phil Read Castrol Team'; qualified mechanics; and to lend credence to it all, outstanding results. A well organised publicity campaign, that coincided with the peak of his prowess.

1971 - 350 cc.

GP d'Autriche, SALZBURG

1 G. Agostini I *MV-Agusta* 171,210 km/h
2 W. Pfirter CH *Yamaha*
3 S. Ellis GB *Yamaha*
4 I. Carlsson Suède *Yamaha*
5 B. Granath Suède *Ducati*
6 J. Saarinen Finl. *Yamaha*

GP d'Allemagne, HOCKENHEIM

1 G. Agostini I *MV-Agusta* 160,673 km/h
2 L. Szabo Hong. *Yamaha*
3 P. Smart GB *Yamaha*
4 T. Bult Holl. *Yamaha*
5 J. Saarinen Finl. *Yamaha*
6 W. Pfirter CH *Yamaha*

TT Anglais, ILE DE MAN

1 T. Jefferies GB *Yamaha* 144,786 km/h
2 G. Pantall GB *Yamaha*
3 B. Smith GB *Honda*
4 J. Williams GB *AJS*
5 M. Chatterton GB *Yamaha*
6 G. Mateer Irl. *Aermacchi*

GP de Hollande, ASSEN

1 G. Agostini I *MV-Agusta* 142,616 km/h
2 Ph. Read GB *Yamaha*
3 T. Bult Holl. *Yamaha*
4 R. Gould GB *Yamaha*
5 R. Chandler GB *Yamaha*
6 M. Pesonen Finl. *Yamaha*

GP d'All. de l'Est, SACHSENRING

1 G. Agostini I *MV-Agusta* 167,707 km/h
2 P. Smart GB *Yamaha*
3 L. Szabo Hong. *Yamaha*
4 T. Bult Holl. *Yamaha*
5 W. Pfirter CH *Yamaha*
6 I. Carlsson Suède *Yamaha*

GP de Tchécoslovaquie, BRNO

1 J. Saarinen Finl. *Yamaha* 130,133 km/h
2 B. Stasa Tchécos. *CZ*
3 T. Bult Holl. *Yamaha*
4 B. Granath Suède *Yamaha*
5 J. Reisz Hong. *Aermacchi*
6 A. Juhosz Hong. *Aermacchi*

GP de Suède, ANDERSTORP

1 G. Agostini I *MV-Agusta* 128,630 km/h
2 P. Smart GB *Yamaha*
3 J. Saarinen Finl. *Yamaha*
4 R. Gould GB *Yamaha*
5 I. Carlsson Suède *Yamaha*
6 T. Lansivuori Finl. *Yamaha*

GP de Finlande, IMATRA

1 G. Agostini I *MV-Agusta* 143,26 km/h
2 J. Saarinen Finl. *Yamaha*
3 B. Nelson GB *Yamaha*
4 W. Sommer All. *Yamaha*
5 T. Robb Irl. *Yamaha*
6 L. Szabo Hong. *Yamaha*

GP d'Ulster, BELFAST

1 P. Williams GB *MZ* 142,090 km/h
2 D. Braun All. *Yamaha*
3 T. Jefferies GB *Yamaha*
4 J. Williams GB *Honda*
5 S. Machin GB *Yamaha*
6 M. Chatterton GB *Yamaha*

GP d'Italie, MONZA

1 J. Saarinen Finl. *Yamaha* 186,998 km/h
2 S. Grassetti I *MZ*
3 B. Randle GB *Yamaha*
4 W. Sommer All. *Yamaha*
5 I. Carlsson Suède *Yamaha*
6 T. Lansivuori Finl. *Yamaha*

GP d'Espagne, JARAMA

1 T. Lansivuori Finl. *Yamaha* 110,258 km/h
2 I. Carlsson Suède *Yamaha*
3 W. Pfirter CH *Yamaha*
4 H. Kuparinen Finl. *Yamaha*
5 B. Granath Suède *Yamaha*
6 J. Findlay Austr. *Yamaha*

GIACOMO AGOSTINI | *Champion du monde 1971*

Yet another year dominated by Agostini, who was beginning to bore the crowds. His indomitable superiority, combined with his powerful MV machine, meant that the outcome of the race was known as soon as it had started. Everyone wanted to see the master beaten. He, like the great professional he is, continued to break records. The greatest discovery during these championships was Saarinen, placed second.

CHAMPIONNAT DU MONDE
1971 - 500 cc.

GP d'Autriche, SALZBURG

1 G. Agostini I *MV-Agusta* 172,580 km/h
2 K. Turner NZ *Suzuki*
3 E. Offenstadt Fr. *Kawasaki*
4 J. Findlay Austr. *Suzuki*
5 L. John All. *Yamaha*
6 B. Nelson GB *Paton*

GP d'Allemagne, HOCKENHEIM

1 G. Agostini I *MV-Agusta* 162,324 km/h
2 R. Bron Holl. *Suzuki*
3 R. Chandler GB *Kawasaki*
4 M. Hawthorne GB *Kawasaki*
5 A. Pagani I *Linto*
6 T. Robb Irl. *Seeley*

TT Anglais, ILE DE MAN

1 G. Agostini I *MV-Agusta* 165,060 km/h
2 P. Williams GB *Matchless*
3 F. Perris GB *Suzuki*
4 S. Griffiths GB *Matchless*
5 G. Pantall GB *Kawasaki*
6 R. Sutcliffe GB *Matchless*

GP de Hollande, ASSEN

1 G. Agostini I *MV-Agusta* 140,992 km/h
2 R. Bron Holl. *Suzuki*
3 D. Simmonds GB *Kawasaki*
4 K. Turner NZ *Suzuki*
5 J. Curry GB *Seeley*
6 B. Nelson GB *Paton*

GP de Belgique, SPA

1 G. Agostini I *MV-Agusta* 198,776 km/h
2 E. Offenstadt Fr. *Kawasaki*
3 J. Findlay Austr. *Suzuki*
4 R. Bron Holl. *Suzuki*
5 R. Chandler GB *Kawasaki*
6 I. Carlsson Suède *Yamaha*

GP d'All. de l'Est, SACHSENRING

1 G. Agostini I *MV-Agusta* 167,707 km/h
2 K. Turner NZ *Suzuki*
3 E. Hiller All. *Kawasaki*
4 H. Brungger CH *Kawasaki*
5 K. Auer Autr. *Matchless*
6 J. Campiche CH *Honda*

GP de Suède, ANDERSTORP

1 G. Agostini I *MV-Agusta* 113,125 km/h
2 K. Turner NZ *Suzuki*
3 T. Robb Irl. *Seeley*
4 U. Nilsson Suède *Seeley*
5 K. Koivuniemi Finl. *Seeley*
6 D. Simmonds GB *Kawasaki*

GP de Finlande, IMATRA

1 G. Agostini I *MV-Agusta* 145,120 km/h
2 D. Simmonds GB *Kawasaki*
3 R. Bron Holl. *Suzuki*
4 K. Turner NZ *Suzuki*
5 J. Findlay Austr. *Suzuki*
6 M. Salonen Finl. *Yamaha*

GP d'Ulster, BELFAST

1 J. Findlay Austr. *Suzuki* 152,870 km/h
2 R. Bron Holl. *Suzuki*
3 T. Robb Irl. *Seeley*
4 P. Tait GB *Seeley*
5 G. Mateer Irl. *Norton*
6 B. Granath Suède *Yamaha*

GP d'Italie, MONZA

1 A. Pagani I *MV-Agusta* 189,891 km/h
2 G. Zubani I *Kawasaki*
3 D. Simmonds GB *Kawasaki*
4 Ph. Read GB *Ducati*
5 J. Findlay Austr. *Suzuki*
6 K. Turner NZ *Suzuki*

GP d'Espagne, JARAMA

1 D. Simmonds GB *Kawasaki* 109,107 km/h
2 K. Koivuniemi Finl. *Seeley*
3 E. Offenstadt Fr. *Kawasaki*
4 B. Grau E *Bultaco*
5 K. Turner NZ *Suzuki*
6 J. Findlay Austr. *Suzuki*

GIACOMO AGOSTINI I *Champion du monde 1971*

He secured his tenth title, with eight wins.
He is now the rider with the greatest number of titles, overtaking Ubbiali and Hailwood who each had nine.
In the Italian Championships he has won no less than fourteen victories. As many champions have done before
him, he began to speak of motor racing. Very conclusive trials took place in a Formula Two Ferrari,
but his passion for two wheels remained to the fore.

Championnat du monde de side-cars 1971

GP d'Autriche, SALZBURG

1 A. Butscher / J. Huber All. *BMW* 155,340 km/h
2 G. Auerbacher / H. Hahn All. *BMW*
3 R. Wegener / A. Heinrichs All. *BMW*
4 J.-C. Castella / A. Castella CH *BMW*
5 H. Owesle / J. Kremer All. *URS-Fath*
6 W. Klenk / R. Veil All. *BMW*

GP d'Allemagne, HOCKENHEIM

1 G. Auerbacher / H. Hahn All. *BMW* 145,550 km/h
2 A. Butscher / J. Huber All. *BMW*
3 R. Wegener / A. Heinrichs All. *BMW*
4 H. Luthringshauser / J. Cusnik All. *BMW*
5 J.-C. Castella / A. Castella CH *BMW*
6 G. Milton / J. Thornton GB *BMW*

TT Anglais, ILE DE MAN

1 S. Schauzu / W. Kallaugh All. *BMW* 139,930 km/h
2 G. Auerbacher / H. Hahn All. *BMW*
3 A. Butscher / J. Huber All. *BMW*
4 J. Gawley / C. Allock GB *BMW*
5 R. Wegener / A. Heinrichs All. *BMW*
6 C. Vincent / D. Jacobson GB *BSA*

GP de Hollande, ASSEN

1 H. Owesle All. / P. Rutterford GB *URS-Fath* 120,916 km/h
2 A. Butscher / J. Huber All. *BMW*
3 S. Maier All. / H. Mathews GB *BMW*
4 H. Luthringshauser / A. Neumann All. *BMW*
5 C. Vincent / D. Jacobson GB *BSA*
6 W. Klenk / R. Veil All. *BMW*

GP de Belgique, SPA

1 S. Schauzu / W. Kallaugh All. *BMW* 178,615 km/h
2 H. Owesle All. / P. Rutterford GB *URS-Fath*
3 G. Auerbacher / H. Hahn All. *BMW*
4 H. Luthringshauser / A. Neumann All. *BMW*
5 J.-C. Castella / A. Castella CH *BMW*
6 A. Butscher / J. Huber All. *BMW*

GP de Tchécoslovaquie, BRNO

1 S. Schauzu / W. Kallaugh All. *BMW* 130,500 km/h
2 H. Owesle All. / J. Blanchard GB *URS-Fath*
3 H. Luthringshauser / A. Neumann All. *BMW*
4 J.-C. Castella / A. Castella CH *BMW*
5 A. Butscher / J. Huber All. *BMW*
6 H. Binding / H. Fleck All. *BMW*

GP de Finlande, IMATRA

1 H. Owesle All. / P. Rutterford GB *URS-Fath* 128,701 km/h
2 R. Wegener / A. Heinrichs All. *BMW*
3 J.-C. Castella / A. Castella CH *BMW*
4 R. Kurth / D. Rowe CH *CAT-Crescent*
5 H. Binding / H. Fleck All. *BMW*
6 W. Klenk / R. Veil All. *BMW*

GP d'Ulster, BELFAST

1 H. Owesle All. / P. Rutterford GB *URS-Fath* 146,630 km/h
2 S. Schauzu / W. Kallaugh All. *BMW*
3 H. Luthringshauser / J. Cusnik All. *BMW*
4 A. Butscher / J. Huber All. *BMW*
5 G. Auerbacher / H. Hahn All. *BMW*
6 J.-C. Castella / A. Castella CH *BMW*

HORST OWESLE All./
PETER RUTTERFORD GB
Champions du monde 1971

*Junior German side-car Champion
in 1969, on a BMW, Owesle worked
for a long time with Helmut Fath
on the construction of the famous
four cylinder engine. He was almost
unknown when he created such a
great surprise by carrying off the
title. After this exploit, Owesle
retired from racing, as did Rutterford.
It was the Englishman Chris
Vincent who was to use the four
cylinder engine during the 1972
season, riding for Munch.*

Side-cars
H. Owesle / P. Rutterford
URS-Fath

Championnat du monde 1972 - 50 cc.

GP d'Allemagne, NURBURGRING

1 J. DeVries Holl. *Kreidler* 115,928 km/h
2 A. Nieto E *Derbi*
3 B. Jansson Suède *Jamathi*
4 H. Bartol Autr. *Kreidler*
5 G. Thurow All. *Kreidler*
6 J. Bruins Holl. *Kreidler*

GP d'Italie, IMOLA

1 J. DeVries Holl. *Kreidler* 131,889 km/h
2 A. Nieto E *Derbi*
3 R. Kunz All. *Kreidler*
4 O. Buscherini I *Malanca*
5 J. Huberts Holl. *Kreidler*
6 A. Ieva I *Malanca*

GP de Yougoslavie, OPATIJA

1 J. Bruins Holl. *Kreidler* 121,409 km/h
2 A. Nieto E *Derbi*
3 O. Buscherini I *Malanca*
4 I. Carlsson Suède *Monark*
5 A. Bernetic Youg. *Tomos*
6 B. Miklos Youg. *Tomos*

GP de Hollande, ASSEN

1 A. Nieto E *Derbi* 125,821 km/h
2 J. DeVries Holl. *Kreidler*
3 H. Bartol Autr. *Kreidler*
4 T. Timmer Holl. *Jamathi*
5 G. Thurow All. *Kreidler*
6 J. Huberts Holl. *Kreidler*

GP de Belgique, SPA

1 A. Nieto E *Derbi* 154,779 km/h
2 J. DeVries Holl. *Kreidler*
3 T. Timmer Holl. *Jamathi*
4 H. Bartol Autr. *Kreidler*
5 R. Kunz All. *Kreidler*
6 J. Bruins Holl. *Kreidler*

GP d'All. de l'Est, SACHSENRING

1 T. Timmer Holl. *Jamathi* 134,190 km/h
2 H. Hummel Autr. *Kreidler*
3 O. Buscherini I *Malanca*
4 J. Huberts Holl. *Kreidler*
5 L. Rinaudo I *Tomos*
6 L. Uhlig All. *Eigenbau*

GP de Suède, ANDERSTORP

1 J. DeVries Holl. *Kreidler* 118,110 km/h
2 T. Timmer Holl. *Jamathi*
3 J. Pares E *Derbi*
4 J. Bruins Holl. *Kreidler*
5 T. Ramaker Holl. *Kreidler*
6 L. Persson Suède *Monark*

GP d'Espagne, BARCELONE

1 A. Nieto E *Derbi* 109,747 km/h
2 J. DeVries Holl. *Kreidler*
3 K. Andersson Suède *Kreidler*
4 B. Grau E *Derbi*
5 J. Bruins Holl. *Kreidler*
6 T. Timmer Holl. *Jamathi*

N.B. Angle Nieto and Jan DeVries being neck and neck, the same procedure was adopted as had been used to create an outright winner in the 350 cc category in 1968.

	A. Nieto	J. DeVries
Allemagne	35'37"9	35'28"6
Italie	27'23"6	27'23"3
Hollande	29'23"5	29'23"8
Belgique	21'51"8	22'07"9
Espagne	33'09"49	33'24"01
	2 h 27'26"29	2 h 27'47"61

The difference, in Nieto's favour, was 21"32.

ANGEL NIETO E *Champion du monde 1972*

A title contested like no other; split second finishers, with a gap of only 21.32 seconds after five Grands Prix. This shows the skill of two champions, Nieto and De Vries. 'El Nino' carried off this fourth title in identical conditions to those in the 125 cc class in 1971. He decided to take up motor racing. His attempts at Jarama showed that he had a certain skill, but his true love remained in motorcycle racing.

CHAMPIONNAT DU MONDE

1972 - 125 cc.

GP d'Allemagne, NURBURGRING

1 G. Parlotti I *Morbidelli* 132,640 km/h
2 C. Mortimer GB *Yamaha*
3 B. Jansson Suède *Maïco*
4 D. Simmonds GB *Kawasaki*
5 K. Andersson Suède *Yamaha*
6 G. Bender All. *Maïco*

GP de France, CLERMONT-FERRAND

1 G. Parlotti I *Morbidelli* 118,407 km/h
2 C. Mortimer GB *Yamaha*
3 B. Jansson Suède *Maïco*
4 D. Simmonds GB *Kawasaki*
5 T. Tchernine Fr. *Yamaha*
6 H. Bartol Autr. *Suzuki*

GP d'Autriche, SALZBURG

1 A. Nieto E *Derbi* 159,580 km/h
2 G. Parlotti I *Morbidelli*
3 K. Andersson Suède *Yamaha*
4 B. Jansson Suède *Maïco*
5 S. Bertarelli I *Suzuki*
6 E. Lazzarini I *Maïco*

GP d'Italie, IMOLA

1 A. Nieto E *Derbi* 148,093 km/h
2 C. Mortimer GB *Yamaha*
3 G. Parlotti I *Morbidelli*
4 B. Jansson Suède *Maïco*
5 E. Lazzarini I *Maïco*
6 J. Lenk All. Est *MZ*

TT Anglais, ILE DE MAN

1 C. Mortimer GB *Yamaha* 140,865 km/h
2 C. Williams GB *Yamaha*
3 B. Rae GB *Maïco*
4 L. Porter GB *Honda*
5 R. Hackett GB *Honda*
6 R. Watts GB *Honda*

GP de Yougoslavie, OPATIJA

1 K. Andersson Suède *Yamaha* 134,100 km/h
2 C. Mortimer GB *Yamaha*
3 H. Bartol Autr. *Suzuki*
4 E. Lazzarini I *Maïco*
5 B. Kohler All. Est *MZ*
6 M. Salonen Finl. *Yamaha*

GP de Hollande, ASSEN

1 A. Nieto E *Derbi* 134,531 km/h
2 B. Jansson Suède *Maïco*
3 D. Simmonds GB *Kawasaki*
4 J. Schurgers Holl. *Brigestone*
5 C. VanDongen Holl. *Yamaha*
6 G. Fischer All. *Maïco*

GP de Belgique, SPA

1 A. Nieto E *Derbi* 182,467 km/h
2 C. Mortimer GB *Yamaha*
3 K. Andersson Suède *Yamaha*
4 B. Jansson Suède *Maïco*
5 H. Bartol Autr. *Suzuki*
6 D. Braun All. *Maïco*

GP d'All. de l'Est, SACHSENRING

1 B. Jansson Suède *Maïco* 155,310 km/h
2 C. Mortimer GB *Yamaha*
3 K. Andersson Suède *Yamaha*
4 H. Bartol Autr. *Suzuki*
5 J. Schurgers Holl. *Brigestone*
6 H. Bischoff All. Est *MZ*

GP de Tchécoslovaquie, BRNO

1 B. Jansson Suède *Maïco* 141,077 km/h
2 C. Mortimer GB *Yamaha*
3 K. Andersson Suède *Yamaha*
4 G. Bender All. *Maïco*
5 D. Braun All. *Maïco*
6 P. Isnardi I *Mondial*

GP de Suède, ANDERSTORP

1 A. Nieto E *Derbi* 125,799 km/h
2 K. Andersson Suède *Yamaha*
3 C. Mortimer GB *Yamaha*
4 B. Jansson Suède *Maïco*
5 J. Schurgers Holl. *Brigestone*
6 M. Salonen Finl. *Yamaha*

GP de Finlande, IMATRA

1 K. Andersson Suède *Yamaha* 133,359 km/h
2 A. Nieto E *Derbi*
3 D. Braun All. *Maïco*
4 H. Bartol Autr. *Suzuki*
5 D. Simmonds GB *Kawasaki*
6 B. Grau E *Derbi*

GP d'Espagne, BARCELONE

1 K. Andersson Suède *Yamaha* 117,648 km/h
2 C. Mortimer GB *Yamaha*
3 A. Nieto E *Derbi*
4 D. Simmonds GB *Kawasaki*
5 B. Jansson Suède *Maïco*
6 B. Grau E *Derbi*

ANGEL NIETO E *Champion du monde 1972*

*A difficult start to the season for the man from Madrid, who was forced to retire twice.
The pace set by Gilberto Parlotti and his extraordinary Morbidelli had the upper hand over
the two cylinder Derbi. At the TT the Italian Champion was involved in a fatal accident - becoming the TT's ninety-ninth victim. The race for
the title remained closely contested by Andersson, Mo rtimer and Jansson. At the end of 1972, Derbi retired from the sporting scene and
Nieto was taken on by Morbidelli.*

1972 - 250 cc.

GP d'Allemagne, NURBURGRING
1 H. Kanaya Jap. *Yamaha* 137,608 km/h
2 D. Braun All. *Yamaha*
3 J. Saarinen Finl. *Yamaha*
4 O. Memola Belg. *Yamaha*
5 J. Dodds Austr. *Yamaha*
6 R. Gould GB *Yamaha*

GP de France, CLERMONT-FERRAND
1 Ph. Read GB *Yamaha* 125,917 km/h
2 R. Pasolini I *Aermacchi*
3 H. Kanaya Jap. *Yamaha*
4 J. Saarinen Finl. *Yamaha*
5 W. Pfirter CH *Yamaha*
6 T. Lansivuori Finl. *Yamaha*

GP d'Autriche, SALZBURG
1 B. Jansson Suède *Derbi* 169,480 km/h
2 J. Saarinen Finl. *Yamaha*
3 J. Dodds Austr. *Yamaha*
4 B. Sheene GB *Yamaha*
5 C. Mortimer GB *Yamaha*
6 W. Pfirter CH *Yamaha*

GP d'Italie, IMOLA
1 R. Pasolini I *Aermacchi* 157,345 km/h
2 R. Gould GB *Yamaha*
3 J. Saarinen Finl. *Yamaha*
4 T. Lansivuori Finl. *Yamaha*
5 S. Grassetti I *MZ*
6 J. Dodds Austr. *Yamaha*

TT Anglais, ILE DE MAN
1 Ph. Read GB *Yamaha* 161,980 km/h
2 R. Gould GB *Yamaha*
3 J. Williams GB *Yamaha*
4 C. Williams GB *Yamaha*
5 W. Pfirter CH *Yamaha*
6 B. Henderson GB *Yamaha*

GP de Yougoslavie, OPATIJA
1 R. Pasolini I *Aermacchi* 144,600 km/h
2 R. Gould GB *Yamaha*
3 K. Andersson Suède *Yamaha*
4 J. Dodds Austr. *Yamaha*
5 J. Drapal Hong. *Yamaha*
6 G. Fischer All. *Yamaha*

GP de Hollande, ASSEN
1 R. Gould GB *Yamaha* 145,198 km/h
2 R. Pasolini I *Aermacchi*
3 J. Saarinen Finl. *Yamaha*
4 Ph. Read GB *Yamaha*
5 G. Mandracci I *Yamaha*
6 O. Memola Belg. *Yamaha*

GP de Belgique, SPA
1 J. Saarinen Finl. *Yamaha* 195,465 km/h
2 R. Gould GB *Yamaha*
3 Ph. Read GB *Yamaha*
4 D. Braun All. *Yamaha*
5 J. Dodds Austr. *Yamaha*
6 B. Jansson Suède *Yamaha*

GP d'All. de l'Est, SACHSENRING
1 J. Saarinen Finl. *Yamaha* 167,419 km/h
2 R. Pasolini I *Aermacchi*
3 R. Gould GB *Yamaha*
4 J. Drapal Hong. *Yamaha*
5 K. Andersson Suède *Yamaha*
6 B. Tungethal All. Est *MZ*

GP de Tchécoslovaquie, BRNO
1 J. Saarinen Finl. *Yamaha* 154,690 km/h
2 R. Pasolini I *Aermacchi*
3 Ph. Read GB *Yamaha*
4 R. Gould GB *Yamaha*
5 S. Grassetti I *MZ*
6 B. Jansson Suède *Yamaha*

GP de Suède, ANDERSTORP
1 R. Gould GB *Yamaha* 130,639 km/h
2 J. Saarinen Finl. *Yamaha*
3 R. Pasolini I *Aermacchi*
4 K. Andersson Suède *Yamaha*
5 T. Lansivuori Finl. *Yamaha*
6 T. Virtanen Finl. *Yamaha*

GP de Finlande, IMATRA
1 J. Saarinen Finl. *Yamaha* 141,725 km/h
2 S. Grassetti I *MZ*
3 K. Andersson Suède *Yamaha*
4 T. Lansivuori Finl. *Yamaha*
5 B. Jansson Suède *Yamaha*
6 T. Virtanen Finl. *Yamaha*

GP d'Espagne, BARCELONE
1 R. Pasolini I *Aermacchi* 121,150 km/h
2 T. Lansivuori Finl. *Yamaha*
3 B. Sheene GB *Yamaha*
4 C. Mortimer GB *Yamaha*
5 W. Pfirter CH *Yamaha*
6 W. Sommer All. *Yamaha*

JARNO SAARINEN Finl. *Champion du monde 1972*

250 cc.

J. Saarinen
Yamaha

Champion of Finland on both ice and speedway, this prodigy on two wheels confronted the 'Continental Circus' in 1970. Runner up in the 350 cc class in 1971 and 1972, he won the 250 cc class after a memorable struggle with Gould and Pasolini. In the first Grands Prix of 1973, he made the running in the 250 cc and 500 cc classes. He was the first European to win at Daytona. He also won on his 350 cc machine, the 200 Miles Race at Imola. In a very short time he proved himself to be a particularly gifted champion. Alas, there was to be Monza ... (11th December 1945 †20th April 1973).

1972 - 350 cc.

GP d'Allemagne, NURBURGRING

1 J. Saarinen Finl. *Yamaha* 141,087 km/h
2 G. Agostini I *MV-Agusta*
3 H. Kanaya Jap. *Yamaha*
4 W. Sommer All. *Yamaha*
5 R. Pasolini I *Aermacchi*
6 T. Lansivuori Finl. *Yamaha*

GP de France, CLERMONT-FERRAND

1 J. Saarinen Finl. *Yamaha* 116,488 km/h
2 T. Lansivuori Finl. *Yamaha*
3 R. Pasolini I *Aermacchi*
4 G. Agostini I *MV-Agusta*
5 J. Drapal Hong. *Yamaha*
6 D. Braun All. *Yamaha*

GP d'Autriche, SALZBURG

1 G. Agostini I *MV-Agusta* 177,580 km/h
2 H. Kanaya Jap. *Yamaha*
3 R. Pasolini I *Aermacchi*
4 J. Saarinen Finl. *Yamaha*
5 J. Drapal Hong. *Yamaha*
6 T. Lansivuori Finl. *Yamaha*

GP d'Italie, IMOLA

1 G. Agostini I *MV-Agusta* 162,744 km/h
2 R. Pasolini I *Aermacchi*
3 J. Saarinen Finl. *Yamaha*
4 Ph. Read GB *MV-Agusta*
5 H. Kanaya Jap. *Yamaha*
6 R. Gould GB *Yamaha*

TT Anglais, ILE DE MAN

1 G. Agostini I *MV-Agusta* 164,201 km/h
2 T. Rutter GB *Yamaha*
3 M. Grant GB *Yamaha*
4 J. Findlay Austr. *Yamaha*
5 D. Chatterton GB *Yamaha*
6 S. Griffiths GB *Yamaha*

GP de Yougoslavie, OPATIJA

1 J. Drapal Hong. *Yamaha* 147,600 km/h
2 D. Braun All. *Yamaha*
3 Ph. Read GB *MV-Agusta*
4 H. Kanaya Jap. *Yamaha*
5 B. Kneubuhler CH *Yamaha*
6 M. Salonen Finl. *Yamaha*

GP de Hollande, ASSEN

1 G. Agostini I *MV-Agusta* 146,637 km/h
2 J. Saarinen Finl. *Yamaha*
3 R. Pasolini I *Aermacchi*
4 D. Braun All. *Yamaha*
5 Ph. Read GB *MV-Agusta*
6 H. Kanaya Jap. *Yamaha*

GP d'All. de l'Est, SACHSENRING

1 Ph. Read GB *MV-Agusta* 170,180 km/h
2 R. Pasolini I *Aermacchi*
3 D. Braun All. *Yamaha*
4 S. Grassetti I *MZ*
5 T. Lansivuori Finl. *Yamaha*
6 M. Ankone Holl. *Yamaha*

GP de Tchécoslovaquie, BRNO

1 J. Saarinen Finl. *Yamaha* 160,233 km/h
2 R. Pasolini I *Aermacchi*
3 D. Braun All. *Yamaha*
4 B. Kneubuhler CH *Yamaha*
5 W. Pfirter CH *Yamaha*
6 T. Lansivuori Finl. *Yamaha*

GP de Suède, ANDERSTORP

1 G. Agostini I *MV-Agusta* 132,566 km/h
2 Ph. Read GB *MV-Agusta*
3 J. Saarinen Finl. *Yamaha*
4 R. Pasolini I *Aermacchi*
5 D. Braun All. *Yamaha*
6 J. Findlay Austr. *Yamaha*

GP de Finlande, IMATRA

1 G. Agostini I *MV-Agusta* 148,600 km/h
2 J. Saarinen Finl. *Yamaha*
3 R. Pasolini I *Aermacchi*
4 B. Kneubuhler CH *Yamaha*
5 T. Lansivuori Finl. *Yamaha*
6 J. Dodds Austr. *Yamaha*

GP d'Espagne, BARCELONE

1 B. Kneubuhler CH *Yamaha* 119,510 km/h
2 R. Pasolini I *Aermacchi*
3 J. Drapal Hong. *Yamaha*
4 A. Celso-Santos Brésil *Yamaha*
5 I. Carlsson Suède *Yamaha*
6 B. Nelson GB *Yamaha*

GIACOMO AGOSTINI | *Champion du monde 1972*

350 cc.

G. Agostini
MV-Agusta

A difficult year for Agostini. Although he had been accumulating victories easily since 1967, following the withdrawal of Honda, and Hailwood's retirement, the arrival of the talented Saarinen posed him a number of problems, Beaten in Germany and France by the 'Flying Finlander' the ace from Lovera had to give of his best in order to retain his crown. MV provided him with a new machine with which to counter Yamaha's assaults and keep his supreme title.

CHAMPIONNAT DU MONDE
1972 - 500 cc.

GP d'Allemagne, NURBURGRING

1 G. Agostini I *MV-Agusta* 141,254 km/h
2 A. Pagani I *MV-Agusta*
3 K. Newcombe NZ *Konig*
4 D. Simmonds GB *Kawasaki*
5 E. Hiller All. *Konig*
6 B. Granath Suède *Husqvarna*

GP de France, CLERMONT-FERRAND

1 G. Agostini I *MV-Agusta* 124,886 km/h
2 C. Bourgeois Fr. *Yamaha*
3 R. Bron Holl. *Suzuki*
4 B. Kneubuhler CH *Yamaha*
5 A. Pogolotti Fr. *Suzuki*
6 B. Granath Suède *Husqvarna*

GP d'Autriche, SALZBURG

1 G. Agostini I *MV-Agusta* 173,160 km/h
2 G. Mandracci I *Suzuki*
3 B. Granath Suède *Husqvarna*
4 R. Bron Holl. *Suzuki*
5 C. Bourgeois Fr. *Yamaha*
6 G. Zubani I *Kawasaki*

GP d'Italie, IMOLA

1 G. Agostini I *MV-Agusta* 161,869 km/h
2 A. Pagani I *MV-Agusta*
3 B. Spaggiari I *Ducati*
4 P. Smart GB *Ducati*
5 B. Kneubuhler CH *Yamaha*
6 K. Huber All. *Kawasaki*

TT Anglais, ILE DE MAN

1 G. Agostini I *MV-Agusta* 167,460 km/h
2 A. Pagani I *MV-Agusta*
3 M. Grant GB *Kawasaki*
4 K. Cowley GB *Seeley*
5 D. Chatterton GB *Yamaha*
6 C. Williams GB *Yamaha*

GP de Yougoslavie, OPATIJA

1 A. Pagani I *MV-Agusta* 145,200 km/h
2 C. Mortimer GB *Yamaha*
3 P. Eickelberg All. *Konig*
4 G. Mandracci I *Suzuki*
5 B. Granath Suède *Husqvarna*
6 C. Dobson GB *Kawasaki*

GP de Hollande, ASSEN

1 G. Agostini I *MV-Agusta* 145,469 km/h
2 A. Pagani I *MV-Agusta*
3 B. Kneubuhler CH *Yamaha*
4 D. Simmonds GB *Kawasaki*
5 C. Mortimer GB *Yamaha*
6 J. Findlay Austr. *Jada*

GP de Belgique, SPA

1 G. Agostini I *MV-Agusta* 196,118 km/h
2 A. Pagani I *MV-Agusta*
3 R. Gould GB *Yamaha*
4 H. Kanaya Jap. *Yamaha*
5 B. Granath Suède *Husqvarna*
6 E. Offenstadt Fr. *Kawasaki*

GP d'All. de l'Est, SACHSENRING

1 G. Agostini I *MV-Agusta* 170,690 km/h
2 R. Gould GB *Yamaha*
3 K. Newcombe NZ *Konig*
4 B. Kneubuhler CH *Yamaha*
5 C. Mortimer GB *Yamaha*
6 B. Granath Suède *Husqvarna*

GP de Tchécoslovaquie, BRNO

1 G. Agostini I *MV-Agusta* 160,350 km/h
2 J. Findlay Austr. *Jada*
3 B. Kneubuhler CH *Yamaha*
4 R. Gould GB *Yamaha*
5 B. Nelson GB *Yamaha*
6 S. Gunnarsson Suède *Kawasaki*

GP de Suède, ANDERSTORP

1 G. Agostini I *MV-Agusta* 131,158 km/h
2 R. Gould GB *Yamaha*
3 B. Granath Suède *Husqvarna*
4 D. Simmonds GB *Kawasaki*
5 K. Newcombe NZ *Konig*
6 S. Gunnarsson Suède *Kawasaki*

GP de Finlande, IMATRA

1 G. Agostini I *MV-Agusta* 147,549 km/h
2 A. Pagani I *MV-Agusta*
3 R. Gould GB *Yamaha*
4 B. Nelson GB *Yamaha*
5 D. Simmonds GB *Kawasaki*
6 P. Korhonen Finl. *Yamaha*

GP d'Espagne, BARCELONE

1 C. Mortimer GB *Yamaha* 119,190 km/h
2 D. Simmonds GB *Kawasaki*
3 J. Findlay Austr. *Jada*
4 B. Kneubuhler CH *Yamaha*
5 S. Gunnarsson Suède *Kawasaki*
6 B. Nelson GB *Paton*

GIACOMO AGOSTINI | *Champion du monde 1972*

*No other firm ever found machines capable of rivalling the 500 cc
MV-Agusta's. Agostini and his team-mate Pagani took the first two places, often
at speeds inferior to those in the 350 cc class. The Suzuki, Yamaha and Konig machines did not have the reliability and the
power of the MVs, but equipped a good number of private entrants, and it was on this plane that the most interesting stage
of the races took place. Bruno Kneubuhler, a rider to follow closely, was this year's discovery.*

Championnat du monde de side-cars 1972

GP d'Allemagne, NURBURGRING

1 S. Schauzu / W. Kallaugh All. *BMW* 129,306 km/h
2 H. Luthringshauser / J. Cusnik All. *BMW*
3 R. Wegener / A. Heinrichs All. *BMW*
4 G. Auerbacher / H. Hahn All. *BMW*
5 G. Milton / J. Thornton GB *BMW*
6 T. Wakefield / A. Mc. Fadzean GB *BMW*

GP de France, CLERMONT-FERRAND

1 H. Luthringshauser / J. Cusnik All. *BMW* 114,003 km/h
2 S. Schauzu / W. Kallaugh All. *BMW*
3 R. Wegener / A. Heinrichs All. *BMW*
4 T. Wakefield / A. Mc. Fadzean GB *BMW*
5 R. Steinhausen / R. Kapp All. *Konig*
6 W. Klenk / N. Scheurer All. *BMW*

GP d'Autriche, SALZBURG

1 K. Enders / R. Engelhardt All. *BMW* 156,630 km/h
2 H. Luthringshauser / J. Cusnik All. *BMW*
3 K. Venus / R. Gundel All. *BMW*
4 R. Steinhausen / W. Kapp All. *Konig*
5 G. Pape / F. Kallenberg All. *BMW*
6 L. Currie / K. Scott GB *Weslake*

TT Anglais, ILE DE MAN

1 S. Schauzu / W. Kallaugh All. *BMW* 147,870 km/h
2 H. Luthringshauser / J. Cusnik All. *BMW*
3 G. Boret / N. Boret GB *Konig*
4 W. Klenk / N. Scheurer All. *BMW*
5 B. Dungsworth / C. Allock GB *BMW*
6 R. Hanks / P. Mann GB *BSA*

GP de Hollande, ASSEN

1 K. Enders / R. Engelhardt All. *BMW* 133,286 km/h
2 C. Vincent / P. Cassey GB *URS-Munch*
3 S. Schauzu / W. Kallaugh All. *BMW*
4 R. Wegener / A. Heinrichs All. *BMW*
5 T. Wakefield / A. Mc. Fadzean GB *BMW*
6 W. Klenk / N. Scheurer All. *BMW*

GP de Belgique, SPA

1 K. Enders / R. Engelhardt All. *BMW* 177,473 km/h
2 H. Luthringshauser / J. Cusnik All. *BMW*
3 S. Schauzu / W. Kallaugh All. *BMW*
4 C. Vincent / P. Cassey GB *URS-Munch*
5 G. Milton / J. Thornton GB *BMW*
6 T. Wakefield / A. Mc. Fadzean GB *BMW*

GP de Tchécoslovaquie, BRNO

1 K. Enders / R. Engelhardt All. *BMW* 143,320 km/h
2 C. Vincent / P. Cassey GB *URS-Munch*
3 R. Wegener / A. Heinrichs All. *BMW*
4 S. Schauzu / W. Kallaugh All. *BMW*
5 K. Venus / R. Gundel All. *BMW*
6 H. Binding / H. Fleck All. *BMW*

GP de Finlande, IMATRA

1 C. Vincent / P. Cassey GB *URS-Munch* 133,800 km/h
2 K. Enders / R. Engelhardt All. *BMW*
3 S. Schauzu / W. Kallaugh All. *BMW*
4 R. Wegener / A. Heinrichs All. *BMW*
5 W. Klenk / N. Scheurer All. *BMW*
6 G. Pape / F. Kallenberg All. *BMW*

**KLAUS ENDERS /
RALF ENGELHARDT** All.
Champions du monde 1972

Enders decision to retire at the end
of 1970 was short lived. His
attempts on four wheels, still for
BMW, did not have the success
that had been expected. Considering
himself to be too young to leave
the circuits, he contemplated
donning his leathers again at 35.
What is more, BMW encouraged him
in this direction, needing to
contest a title challenged by the
arrival of the Englishman Chris
Vincent on the powerful URS
machine, constructed by Fath.
Enders comeback was successful,
permitting him to rival the great
three wheel champions Oliver
and Deubel.

Side-cars
K. Enders / R. Engelhardt
BMW

Championnat du monde 1973 - 50 cc.

GP d'Allemagne, HOCKENHEIM

1 T. Timmer Holl. *Jamathi* 128,600 km/h
2 H. VanKessel Holl. *Kreidler*
3 W. Gedlich All. *Kreidler*
4 H. Rittberger All. *Kreidler*
5 J. Roller All. *Kreidler*
6 J. Huberts Holl. *Kreidler*

GP d'Italie, MONZA

1 J. DeVries Holl. *Kreidler* 152,823 km/h
2 B. Kneubuhler CH *Kreidler*
3 G. Thurow All. *Kreidler*
4 T. Timmer Holl. *Jamathi*
5 J. Huberts Holl. *Kreidler*
6 U. Graf CH *Kreidler*

GP de Yougoslavie, OPATIJA

1 J. DeVries Holl. *Kreidler* 122,200 km/h
2 U. Graf CH *Kreidler*
3 S. Dorflinger CH *Kreidler*
4 H. Bartol Autr. *Kreidler*
5 H. Rittberger All. *Kreidler*
6 L. Persson Suède *Monark*

GP de Hollande, ASSEN

1 B. Kneubuhler CH *Kreidler* 123,119 km/h
2 T. Timmer Holl. *Jamathi*
3 G. Thurow All. *Kreidler*
4 J. Bruins Holl. *Monark*
5 L. Persson Suède *Monark*
6 J. Huberts Holl. *Kreidler*

GP de Belgique, SPA

1 J. DeVries Holl. *Kreidler* 160,861 km/h
2 B. Kneubuhler CH *Kreidler*
3 T. Timmer Holl. *Jamathi*
4 R. Kunz All. *Kreidler*
5 G. Thurow All. *Kreidler*
6 J. Huberts Holl. *Kreidler*

GP de Suède, ANDERSTORP

1 J. DeVries Holl. *Kreidler* 116,463 km/h
2 B. Kneubuhler CH *Kreidler*
3 T. Timmer Holl. *Jamathi*
4 G. Thurow All. *Kreidler*
5 R. Kunz All. *Kreidler*
6 H. VanKessel Holl. *Kreidler*

GP d'Espagne, JARAMA

1 J. DeVries Holl. *Kreidler* 104,942 km/h
2 B. Kneubuhler CH *Kreidler*
3 H. VanKessel Holl. *Kreidler*
4 G. Thurow All. *Kreidler*
5 T. Timmer Holl. *Jamathi*
6 J. Huberts Holl. *Kreidler*

A real 'cafe' racer.

JAN DeVRIES Holl. *Champion du monde 1973*

After the withdrawal of Derbi, the fast Van Veen Kreidler machines had no difficulty in making their mark. DeVries could not fail to win the title, all the more because the runner-up was his team mate Bruno Kneubuhler, whose orders were to be content with second place. It was DeVries' last season in road racing, for he had decided to retire.

1973 - 125 cc.

GP de France, LE CASTELLET

1 K. Andersson Suède *Yamaha* 137,583 km/h
2 B. Jansson Suède *Maïco*
3 T. Tchernine Fr. *Yamaha*
4 E. Lazzarini I *Piovaticci*
5 M. Salonen Finl. *Yamaha*
6 O. Buscherini I *Malanca*

GP d'Autriche, SALZBURG

1 K. Andersson Suède *Yamaha* 147,960 km/h
2 B. Jansson Suède *Maïco*
3 A. Nieto E *Morbidelli*
4 O. Buscherini I *Malanca*
5 E. Lazzarini I *Piovaticci*
6 M. Salonen Finl. *Yamaha*

GP d'Allemagne, HOCKENHEIM

1 K. Andersson Suède *Yamaha* 146,000 km/h
2 A. Nieto E *Morbidelli*
3 J. Schurgers Holl. *Brigestone*
4 P. Salonen Finl. *Yamaha*
5 H. Seel All. *Maïco*
6 B. Jansson Suède *Maïco*

GP d'Italie, MONZA

1 K. Andersson Suède *Yamaha* 171,490 km/h
2 J. Schurgers Holl. *Brigestone*
3 E. Lazzarini I *Piovaticci*
4 H. Seel All. *Maïco*
5 P. Bianchi I *Yamaha*
6 H. Bartol Autr. *Suzuki*

TT Anglais, ILE DE MAN

1 T. Robb Irl. *Yamaha* 143,070 km/h
2 J. Kostwinder Holl. *Yamaha*
3 N. Tuxworth GB *Yamaha*
4 I. Hodgkinson GB *Yamaha*
5 A. Jones GB *Maïco*
6 L. Porter GB *Honda*

GP de Yougoslavie, OPATIJA

1 K. Andersson Suède *Yamaha* 137,300 km/h
2 C. Mortimer GB *Yamaha*
3 J. Schurgers Holl. *Brigestone*
4 E. Lazzarini I *Piovaticci*
5 H. Bartol Autr. *Suzuki*
6 R. Minhoff All. *Maïco*

GP de Hollande, ASSEN

1 E. Lazzarini I *Piovaticci* 133,153 km/h
2 R. Minhoff All. *Maïco*
3 C. Mortimer GB *Yamaha*
4 M. Salonen Finl. *Yamaha*
5 P. Salonen Finl. *Yamaha*
6 R. Mankiewicz Pol. *MZ*

GP de Belgique, SPA

1 J. Schurgers Holl. *Brigestone* 179,572 km/h
2 A. Nieto E *Morbidelli*
3 C. Mortimer GB *Yamaha*
4 R. Minhoff All. *Maïco*
5 R. Mankiewicz Pol. *MZ*
6 T. Tchernine Fr. *Yamaha*

GP de Tchécoslovaquie, BRNO

1 O. Buscherini I *Malanca* 140,090 km/h
2 C. Mortimer GB *Yamaha*
3 J. Schurgers Holl. *Brigestone*
4 R. Minhoff All. *Maïco*
5 G. Bender All. *Maïco*
6 M. Salonen Finl. *Yamaha*

GP de Suède, ANDERSTORP

1 B. Jansson Suède *Maïco* 124,955 km/h
2 K. Andersson Suède *Yamaha*
3 C. Mortimer GB *Yamaha*
4 O. Buscherini I *Malanca*
5 S. Liebet Suède *Yamaha*
6 R. Minhoff All. *Maïco*

GP de Finlande, IMATRA

1 O. Buscherini I *Malanca* 132,830 km/h
2 K. Andersson Suède *Yamaha*
3 B. Jansson Suède *Maïco*
4 J. Schurgers Holl. *Brigestone*
5 C. Mortimer GB *Yamaha*
6 M. Salonen Finl. *Yamaha*

GP d'Espagne, JARAMA

1 C. Mortimer GB *Yamaha* 110,092 km/h
2 A. Nieto E *Morbidelli*
3 B. Jansson Suède *Maïco*
4 E. Lazzarini I *Piovaticci*
5 P. Salonen Finl. *Yamaha*
6 J. Schurgers Holl. *Brigestone*

KENT ANDERSSON S *Champion du monde 1973*

After five Grands Prix, Kent had achieved five victories. It took a fall during the Dutch TT to break his record of outstanding superiority. Out of the running for two Grands Prix, he rejoined the contest in Sweden, with his leg in plaster. He finished second, and attained the title. Born on the 1st August 1942, he entered road racing at the age of nineteen with a 250 cc Monark, which he exchanged for a Bultaco and carried off the national titles in 1966 and 1967. Faithful to the 'Continental Circus' since 1968, he finished second in the 250 cc World Class in 1969, and again second in 1972.

1973 - 250 cc.

GP de France, LE CASTELLET

1 J. Saarinen Finl. *Yamaha* 146,007 km/h
2 H. Kanaya Jap. *Yamaha*
3 R. Pasolini I *Harley-Davidson*
4 M. Rougerie Fr. *Harley-Davidson*
5 T. Lansivuori Finl *Yamaha*
6 R. Gallina I *Yamaha*

GP d'Autriche, SALZBURG

1 J. Saarinen Finl. *Yamaha* 157,220 km/h
2 H. Kanaya Jap. *Yamaha*
3 C. Mortimer GB *Yamaha*
4 T. Lansivuori Finl. *Yamaha*
5 J. Dodds Austr. *Yamaha*
6 R. Gallina I *Yamaha*

GP d'Allemagne, HOCKENHEIM

1 J. Saarinen Finl. *Yamaha* 159,600 km/h
2 H. Kanaya Jap. *Yamaha*
3 T. Lansivuori Finl. *Yamaha*
4 D. Braun All. *Yamaha*
5 B. Jansson Suède *Yamaha*
6 S. Grassetti I *Yamaha*

GP d'Italie, MONZA

*This 250 cc event was stopped because of
the deaths of Jarno Saarinen and Renzo
Pasolini who had fallen at the Curva-Grande.*

TT Anglais, ILE DE MAN

1 C. Williams GB *Yamaha* 161,014 km/h
2 J. Williams GB *Yamaha*
3 B. Rae GB *Yamaha*
4 D. Chatterton GB *Yamaha*
5 A. Georges GB *Yamaha*
6 T. Rutter GB *Yamaha*

GP de Yougoslavie, OPATIJA

1 D. Braun All. *Yamaha* 147,400 km/h
2 S. Grassetti I *MZ*
3 R. Gallina I *Yamaha*
4 M. Lega I *Yamaha*
5 C. Mortimer GB *Yamaha*
6 A. Celso-Santos Brés. *Yamaha*

GP de Hollande, ASSEN

1 D. Braun All. *Yamaha* 142,454 km/h
2 M. Rougerie Fr. *Harley-Davidson*
3 J. Dodds Austr. *Yamaha*
4 M. Grant GB *Yamaha*
5 C. Mortimer GB *Yamaha*
6 A. Celso-Santos Brés. *Yamaha*

GP de Belgique, SPA *

1 T. Lansivuori Finl. *Yamaha* 196,906 km/h
2 J. Dodds Austr. *Yamaha*
3 O. Memola Belg. *Yamaha*
4 P. Pileri I *Yamaha*
5 M. Rougerie Fr. *Harley-Davidson*
6 C. Bourgeois Fr. *Yamaha*

GP de Tchécoslovaquie, BRNO

1 D. Braun All. *Yamaha* 155,615 km/h
2 M. Rougerie Fr. *Harley-Davidson*
3 T. Lansivuori Finl. *Yamaha*
4 P. Pileri I *Yamaha*
5 P. Pons Fr. *Yamaha*
6 J. Dodds Austr. *Yamaha*

GP de Suède, ANDERSTORP

1 D. Braun All. *Yamaha* 129,976 km/h
2 R. Gallina I *Yamaha*
3 A. Celso-Santos Brés. *Yamaha*
4 B. Kneubuhler CH *Yamaha*
5 L. Gustafsson Suède *Yamaha*
6 H. Hallberg Suède *Yamaha*

GP de Finlande, IMATRA

1 T. Lansivuori Finl. *Yamaha* 142,300 km/h
2 D. Braun All. *Yamaha*
3 J. Dodds Austr. *Yamaha*
4 C. Bourgeois Fr. *Yamaha*
5 W. Pfirter CH *Yamaha*
6 B. Kneubuhler CH *Yamaha*

GP d'Espagne, JARAMA

1 J. Dodds Austr. *Yamaha* 114,746 km/h
2 B. Kneubuhler CH *Yamaha*
3 C. Mortimer GB *Yamaha*
4 W. Pfirter CH *Yamaha*
5 W. Giger CH *Yamaha*
6 M. Rougerie Fr. *Harley-Davidson*

*Following the protest lodged by Paulo Pileri
against Oronzo Memola, for having an illegal
engine Memola was disqualified for refusing
to undergo a check. Patrick Pons, of France,
for Yamaha, took sixth place.*

DIETER BRAUN All. *Champion du monde 1973*

Already World Champion in 1970, Braun carried off a title which should logically have belonged to the much missed Saarinen. Riding a privately entered machine, against Teuvo Lansivuori who was supported by the works, he gave proof of a true talent all through the season. Braun abandoned 125 cc machines for good at the end of 1972, to devote himself to beating, with a 350 cc machine, the absolute record for motorcycles, held by Agostini on his 500 cc MV.

1973 - 350 cc.

GP de France, LE CASTELLET

1 G. Agostini I *MV-Agusta* 149,107 km/h
2 Ph. Read GB *MV-Agusta*
3 T. Lansivuori Finl. *Yamaha*
4 W. Pfirter CH *Yamaha*
5 K. Andersson Suède *Yamaha*
6 W. Villa I *Yamaha*

GP d'Autriche, SALZBURG

1 J. Drapal Hong. *Yamaha* 157,930 km/h
2 W. Villa I *Yamaha*
3 T. Lansivuori Finl. *Yamaha*
4 B. Nelson GB *Yamaha*
5 B. Granath Suède *Yamaha*
6 D. Braun All. *Yamaha*

GP d'Allemagne, HOCKENHEIM

1 T. Lansivuori Finl. *Yamaha* 165,000 km/h
2 V. Palomo Ando. *Yamaha*
3 P. Korhonen Finl. *Yamaha*
4 B. Nelson GB *Yamaha*
5 G. Marsovszki CH *Yamaha*
6 H. Kassner All. *Yamaha*

GP d'Italie, MONZA

1 G. Agostini I *MV-Agusta* 196,713 km/h
2 T. Lansivuori Finl. *Yamaha*
3 K. Andersson Suède *Yamaha*
4 J. Dodds Austr. *Yamaha*
5 W. Villa I *Benelli*
6 W. Pfirter CH *Yamaha*

TT Anglais, ILE DE MAN

1 T. Rutter GB *Yamaha* 164,136 km/h
2 K. Huggett GB *Yamaha*
3 J. Williams GB *Yamaha*
4 B. Randle GB *Yamaha*
5 D. Carpenter GB *Yamaha*
6 D. Chatterton GB *Yamaha*

GP de Yougoslavie, OPATIJA

1 J. Drapal Hong. *Yamaha* 151,100 km/h
2 D. Braun All. *Yamaha*
3 J. Dodds Austr. *Yamaha*
4 K. Andersson Suède *Yamaha*
5 A. Celso-Santos Brés. *Yamaha*
6 M. Ankone Holl. *Yamaha*

GP de Hollande, ASSEN

1 G. Agostini I *MV-Agusta* 147,148 km/h
2 Ph. Read GB *MV-Agusta*
3 T. Lansivuori Finl. *Yamaha*
4 J. Dodds Austr. *Yamaha*
5 D. Braun All. *Yamaha*
6 K. Andersson Suède *Yamaha*

GP de Tchécoslovaquie, BRNO

1 T. Lansivuori Finl. *Yamaha* 159,400 km/h
2 G. Agostini I *MV-Agusta*
3 Ph. Read GB *MV-Agusta*
4 G. Bonera I *Harley-Davidson*
5 D. Braun All. *Yamaha*
6 J. Dodds Austr. *Yamaha*

GP de Suède, ANDERSTORP

1 T. Lansivuori Finl. *Yamaha* 134,610 km/h
2 G. Agostini I *MV-Agusta*
3 Ph. Read GB *MV-Agusta*
4 J. Dodds Austr. *Yamaha*
5 A. Celso-Santos Brés. *Yamaha*
6 M. Grant GB *Yamaha*

GP de Finlande, IMATRA

1 G. Agostini I *MV-Agusta* 147,540 km/h
2 Ph. Read GB *Yamaha*
3 J. Dodds Austr. *Yamaha*
4 P. Korhonen Finl. *Yamaha*
5 O. Chevalier Fr. *Yamaha*
6 K. Andersson Suède *Yamaha*

GP d'Espagne, JARAMA

1 A. Celso-Santos Brés. *Yamaha* 116,163 km/h
2 B. Nelson GB *Yamaha*
3 P. Pons Fr. *Yamaha*
4 I. Carlsson Suède *Yamaha*
5 A. Georges GB *Yamaha*
6 Ph. Coulon CH *Yamaha*

The famous Italian make Aermacchi, which is no longer manufactured as such, is racing in the colours of Harley Davidson, following the merger of the two firms.

With this latest success, Agostini holds thirteen world titles,
and 108 victories in Grands Prix. An absolute record which is in no danger of being beaten;
he is the most successful rider of all time. A fall at Misano, during a private practice session, prevented him from
taking part in the last event in Spain. In 1974 he was to transfer to Yamaha, the firm which caused him so many
problems in 1973, with his former team mate Phil Read as principal adversary, on the machine with which he achieved most of his recent successes.

1973 - 500 cc.

GP de France, LE CASTELLET

1 J. Saarinen Finl. *Yamaha* 151,713 km/h
2 Ph. Read GB *MV-Agusta*
3 H. Kanaya Jap. *Yamaha*
4 C. Léon Fr. *Kawasaki*
5 K. Newcombe NZ *Konig*
6 G. Mandracci I *Suzuki*

GP d'Autriche, SALZBURG

1 J. Saarinen Finl. *Yamaha* 168,550 km/h
2 H. Kanaya Jap. *Yamaha*
3 K. Newcombe NZ *Konig.*
4 G. Mandracci I *Suzuki*
5 W. Giger CH *Yamaha*
6 R. Gallina I *Paton*

GP d'Allemagne, HOCKENHEIM

1 Ph. Read GB *MV-Agusta* 170,809 km/h
2 W. Giger CH *Yamaha*
3 E. Hiller All. *Konig.*
4 G. Pohlmann All. *Yamaha*
5 B. Nelson GB *Yamaha*
6 R. Hiller All. *Konig*

GP d'Italie, MONZA

Race cancelled after the terrible catastrophe in the 250 category.

TT Anglais, ILE DE MAN

1 J. Findlay Austr. *Suzuki* 163,428 km/h
2 P. Williams GB *Matchless*
3 C. Sanby GB *Suzuki*
4 A. Georges GB *Yamaha*
5 R. Nichols GB *Suzuki*
6 D. Hughes GB *Matchless*

GP de Yougoslavie, OPATIJA

1 K. Newcombe NZ *Konig* 145,800 km/h
2 S. Ellis GB *Yamaha*
3 G. Bonera I *Harley-Davidson*
4 S. Kangasniemi Finl. *Yamaha*
5 W. Giger CH *Yamaha*
6 A. Georges GB *Yamaha*

GP de Hollande, ASSEN

1 Ph. Read GB *MV-Agusta* 146,257 km/h
2 K. Newcombe NZ *Konig*
3 C. Bourgeois Fr. *Yamaha*
4 W. Hartog Holl. *Yamaha*
5 J. Findlay Austr. *Suzuki*
6 W. Giger CH *Yamaha*

GP de Belgique, SPA

1 G. Agostini I *MV-Agusta* 206,810 km/h
2 Ph. Read GB *MV-Agusta*
3 J. Findlay Austr. *Suzuki*
4 K. Newcombe NZ *Konig*
5 M. Rougerie Fr. *Harley-Davidson*
6 P. Eickelberg All. *Konig*

GP de Tchécoslovaquie, BRNO

1 G. Agostini I *MV-Agusta* 159,115 km/h
2 Ph. Read GB *MV-Agusta*
3 B. Kneubuhler CH *Yamaha*
4 E. Offenstadt Fr. *Kawasaki*
5 J. Findlay Austr. *Suzuki*
6 B. Stasa Tchécos. *Yamaha*

GP de Suède, ANDERSTORP

1 Ph. Read GB *MV-Agusta* 133,363 km/h
2 G. Agostini I *MV-Agusta*
3 K. Newcombe NZ *Konig*
4 U. Nielsen Suède *Yamaha*
5 W. Giger CH *Yamaha*
6 C. Bourgeois Fr. *Yamaha*

GP de Finlande, IMATRA

1 G. Agostini I *MV-Agusta* 147,632 km/h
2 Ph. Read GB *MV-Agusta*
3 B. Kneubuhler CH *Yamaha*
4 K. Newcombe NZ *Konig*
5 P. Eickelberg All. *Konig*
6 R. Hiller All. *Konig*

GP d'Espagne, JARAMA

1 Ph. Read GB *MV-Agusta* 115,960 km/h
2 B. Kneubuhler CH *Yamaha*
3 W. Giger CH *Yamaha*
4 C. Mortimer GB *Yamaha*
5 M. Ankone Holl. *Yamaha*
6 B. Granath Suède *Husqvarna*

PHIL READ GB *Champion du monde 1973*

After his titles in the 125 cc and 250 cc classes, Read carried off the 500 cc championship.
Consistent right from the start of the season, despite Saarinen's dominance, he was out of Agostini's
reach by the time the latter emerged from his off spell. A well deserved victory, which re-established Great Britain as a successful participant
in the World Class, who, for the first time, fielded no champion in 1972. Read is a perfect stylist who uses every inch of his ability, a fighter
who chases victory. His runner-up was the much lamented Kim Newcombe, who was killed at Silverstone on the 12th August.

Championnat du monde de side-cars 1973

GP de France, LE CASTELLET

1 K. Enders / R. Engelhardt All. *BMW* 133,277 km/h
2 J. Gawley / P. Sales GB *Konig*
3 W. Schwarzel / K. Kleis All. *Konig*
4 R. Wegener / R. Kapp All. *BMW*
5 R. Steinhausen / K. Scheurer All. *Konig*
6 M. Vanneste / S. Vanneste Belg. *BMW*

GP d'Autriche, SALZBURG

1 K. Enders / R. Engelhardt All. *BMW* 151,050 km/h
2 J. Gawley / P. Sales GB *Konig*
3 M. Vanneste / S. Vanneste Belg. *BMW*
4 H. Luthringshauser / H. Hahn All. *BMW*
5 W. Schwarzel / K. Kleis All. *Konig*
6 S. Schauzu / W. Kallaugh All. *BMW*

GP d'Allemagne, HOCKENHEIM

1 K. Enders / R. Engelhardt All. *BMW* 151,600 km/h
2 W. Schwarzel / K. Kleis All. *Konig*
3 M. Vanneste / S. Vanneste Belg. *BMW*
4 H. Luthringshauser / H. Hahn All. *BMW*
5 G. Milton / R. Smith GB *BMW*
6 H. Binding / H. Fleck All. *BMW*

TT Anglais, ILE DE MAN

1 K. Enders / R. Engelhardt All. *BMW* 152,774 km/h
2 S. Schauzu / W. Kallaugh All. *BMW*
3 R. Steinhausen / R. Kapp All. *Konig*
4 M. Vanneste / S. Vanneste Belg. *BMW*
5 R. Williamson / J. McPherson GB *BMW*
6 R. Dutton / T. Wright GB *BMW*

GP de Hollande, ASSEN

1 K. Enders / R. Engelhardt All. *BMW* 135,005 km/h
2 G. Boret / N. Boret GB *Konig*
3 W. Schwarzel / K. Kleis All. *Konig*
4 S. Schauzu / W. Kallaugh All. *BMW*
5 M. Vanneste / S. Vanneste All. *BMW*
6 R. Steinhausen / E. Schmitz All. *Konig*

GP de Belgique, SPA

1 K. Enders / R. Engelhardt All. *BMW* 182,711 km/h
2 J. Gawley / P. Sales GB *Konig*
3 H. Luthringshauser / H. Hahn All. *BMW*
4 S. Schauzu / W. Kallaugh All. *BMW*
5 G. Milton / R. Smith GB *BMW*
6 T. Wakefield / A. McFadzean GB *BMW*

GP de Tchécoslovaquie, BRNO

1 K. Enders / R. Engelhardt All. *BMW* 139,500 km/h
2 S. Schauzu / W. Kallaugh All. *BMW*
3 W. Schwarzel / K. Kleis All. *Konig*
4 R. Wegener All. / D. Jacobson GB *BMW*
5 R. Steinhausen / K. Scheurer All. *Konig*
6 O. Haller / E. Haselbeck All. *BMW*

GP de Finlande, IMATRA

1 K. Rahko / K. Laatikainen Finl. *Honda* 106,200 km/h
2 J. Palomaki / J. Vesterinen Finl. *BMW*
3 P. Moskari / O. Sten Finl. *BMW*
4 M. Satukangas / J. Alanen Finl. *Sachs*
5 M. Kettola / J. Saksa Finl. *Konig*
6 K. Jelonek / W. Stahl All. *BMW*

The Italian leg, due to be held at Monza, did not in fact take place, due to the 250 cc disaster. For financial reasons, no member of the 'Continental Circus' made the journey to Imatra, and the race had an air of tourism about it!

KLAUS ENDERS /
RALF ENGELHARDT All.
Champions du monde 1973

A further title for this team, who did not miss a single win out of the seven events in which they took part. The very strong opposition provided by the new four cylinder Konigs, was not enough to dethrone the champions or interrupt their progress towards a title which BMW has held for twenty years. Their riding skill enabled them to leave behind opponents who were better equipped with horsepower than they were. Enders is the most successful of all the side-car drivers.

Side-cars
K. Enders / R. Engelhardt
BMW

Championnat du monde 1974 - 50 cc.

GP de France, CLERMONT-FERRAND

1 H. VanKessel Holl. *Kreidler* 111,418 km/h
2 R. Junz All. *Kreidler*
3 O. Buscherini I *Malanca*
4 H. Rittberger All. *Kreidler*
5 W. Gedlich All. *Kreidler*
6 U. Graf CH. *Kreidler*

GP de Finlande, IMATRA

1 J. VanZeebroeck Belg. *Kreidler* 115,520 km/h
2 R. Kunz All. *Kreidler*
3 U. Graf CH. *Kreidler*
4 G. Thurow All. *Kreidler*
5 S. Dorflinger CH. *Kreidler*
6 T. Timer Holl. *Jamathi*

GP de Hollande, ASSEN

1 H. Rittberger All. *Kreidler* 125,306 km/h
2 H. VanKessel Holl. *Kreidler*
3 J. Bruins Holl. *Jamathi*
4 R. Kunz All. *Kreidler*
5 S. Dorflinger CH. *Kreidler*
6 H. Hummel Autr. *Kreidler*

GP de Suede, ANDERSTORP

1 H. VanKessel Holl. *Kreidler* 118,274 km/h
2 H. Rittberger All. *Kreidler*
3 J. VanZeebroeck Belg. *Kreidler*
4 G. Thurow All. *Kreidler*
5 O. Buscherini I *Malanca*
6 U. Graf CH *Kreidler*

GP d' Italie, IMOLA

1 H. VanKessel Holl. *Kreidler* 119,823 km/h
2 J. Bruins Holl. *Jamathi*
3 O. Buscherini I *Malanca*
4 U. Graf CH. *Kreidler*
5 J. Huberts Holl. *Kreidler*
6 C. Lusuardi I *Villa*

GP de Yougoslavie, OPATIJA

1 H. VanKessel Holl. *Kreidler* 128,000 km/h
2 H. Rittberger All. *Kreidler*
3 U. Graf CH. *Kreidler*
4 G. Thurow All. *Kreidler*
5 R. Kunz All. *Kreidler*
6 C. Lusuardi I *Villa*

GP d'Espagne, BARCELONE

1 H. VanKessel Holl. *Kreidler* 111,265 km/h
2 H. Rittberger All. *Kreidler*
3 J. VanZeebroeck Belg. *Kreidler*
4 G. Thurow All. *Kreidler*
5 U. Graf CH *Kreidler*
6 S. Dorflinger CH *Keidler*

GP de Tchecoslovaquie, BRNO

1 H. VanKessel Holl. *Kreidler* 128,358 km/h
2 J. VanZeebroeck Belg. *Kreidler*
3 G. Thurow All. *Kreidler*
4 H. Hummel Autr. *Kreidler*
5 H. Rittberger All. *Kreidler*
6 T. Timmer Holl. *Jamathi*

GP de Belgique, SPA

1 G. Thurow All. *Kreidler* 161,491 km/h
2 H. VanKessel Holl. *Kreidler*
3 R. Kunz All. *Kreidler*
4 J. VanZeebroeck Belg. *Kreidler*
5 J. Huberts Holl. *Kreidler*
6 C. VanDongen Holl. *Kreidler*

GP d'Allemagne, NURBURGRING

1 I. Emmerich All. *Kreidler* 109,549 km/h
2 A. Teuschert All. *Kreidler*
3 W. Golembeck All. *Kreidler*
4 P. Ruttjeroth All. *Kreidler*

The organisers of the German Grand Prix had not observed the required safety measures and the majority of riders boycotted, with reason, the Nurburgring race. This explains why the honour lists are so sparsely populated in the solo categories, and why the averages are so low. Regrettably the side-car riders did not follow the boycott

The Italian Otello Bushcherini, on a Malanca, who was the first to cross the finishing line in the Yugoslav Grand Prix, was disqualified. His gear box contained seven ratios, whereas the permitted maximum had been six since 1970.

HENK VON KESSEL Holl. *Champion du monde 1974*

This tall Dutchman, who has difficulty in squeezing his 173 cm. into the tiny Kreidler machine, was born on the 25th June 1946. He entered road racing in 1967, and carried off his first title on the fantastic 50 cc machine produced by Van Veen, the model ridden by DeVries in 1973. DeVries himself, retired from racing, acts as trainer and advisor to the new champion. He was Dutch Champion in the 50 cc class in 1969, 1973 and 1974, and in the 125 cc class in 1972 and 1974.

1974 - 125 cc.

GP de France, CLERMONT-FERRAND

1 K. Andersson Suede *Yamaha* 123,855 km/h
2 B. Kneubuhler CH *Yamaha*
3 O. Buscherini I *Malanca*
4 T. Tchernine Fr. *Yamaha*
5 B. Grau E *Derbi*
6 E. Delamarre Fr. *Yamaha*

GP de Hollande, ASSEN

1 B. Kneubuhler CH *Yamaha* 139,370 km/h
2 O. Buscherini I *Malanca*
3 K. Andersson Suede *Yamaha*
4 G. Bender All. *Eigenbau*
5 J. Schurgers Holl. *Bridgestone*
6 L. Gustafsson Suede *Maico*

GP de Suede, ANDERSTORP

1 K. Andersson Suede *Yamaha* 125,713 km/h
2 H. VanKessel Holl. *Bridgestone*
3 B, Kneubuhler CH *Yamaha*
4 L. Gustafsson Suede *Maico*
5 J. Zemsauer Autr. *Rotax*
6 R. Minhoff All. *Maico*

GP d'Italie, IMOLA

1 A. Nieto E *Derbi* 134,387 km/h
2 K. Andersson Suede *Yamaha*
3 P. Bianchi I *Minarelli*
4 M. Salonen Finl. *Yamaha*
5 L. Ghiselli I *Harley-Davidson*
6 A. Pero I *Carem*

GP de Yougoslavie, OPATIJA

1 K. Andersson Suede *Yamaha* 140,500 km/h
2 A. Bieto E *Derbi*
3 H. VanKessel Holl. *Bridgestone*
4 H. Bartol Autr. *Suzuki*
5 T. Tchernine Fr. *Yamaha*
6 B. Kneubuhler CH *Yamaha*

GP d'Espagne, BARCELONE

1 B. Grau E *Derbi* 121,981 km/h
2 O. Buscherini I *Malanca*
3 B. Kneubuhler CH *Yamaha*
4 K. Andersson Suede *Yamaha*
5 A. Nieto E *Derbi*
6 M. Salonen Finl. *Yamaha*

GP de Tchecoslovaquie, BRNO

1 K. Andersson Suede *Yamaha* 146,510 km/h
2 P. Pileri I *Morbidelli*
3 O. Buscherini I *Malanca*
4 G. Bender All. *Eigenbau*
5 B. Kneubuhler CH *Yamaha*
6 J. Lenk All. Est *MZ*

GP de Belgique, SPA

1 A. Nieto E *Derbi* 185,129 km/h
2 K. Andersson Suede *Yamaha*
3 B. Kneubuhler CH *Yamaha*
4 H. Bartol Autr. *Suzuki*
5 O. Buscherini I *Malanca*
6 E. Lazzarini I *Piovaticci*

GP d'Allemagne, NURBURGRING

1 F. Reitmaier All. *Maico* 122,105 km/h
2 W. Rubel All. *Maico*
3 H. Dittberner All. *Maico*
4 R. Weiss Autr. *Maico*
5 G. Repitz Hong. *MZ*
6 P. Ruttjeroth All. *Maico*

GP d' Autriche, SALZBURG

1 K. Andersson Suede *Yamaha* 145,690 km/h
2 A. Nieto E *Derbi*
3 O. Buscherini I *Malanca*
4 H. VanKessel Holl. *Bridgestone*
5 L. Gustafsson Suede *Maico*
6 P. Salonen Finl. *Yamaha*

KENT ANDERSSON Suede Champion du monde 1974

Kent repeated his achievement of the previous year, but with less ease. Often threatened by opponents such as Kneubuhler, his team-mate, or Nieto, once again with Derbi, he eventually achieved this second title twenty four points in advance of his runner-up. As ever versatile, he was placed eighth in the 250 cc World Class in 1974, with a fine victory in the Belgian Grand Prix, at an average of more than 200 kilometres an hour.

125 cc.
K. Andersson
Yamaha

CHAMPIONNAT DU MONDE
1974 - 250 cc.

GP de Finlande, IMATRA

1 W. Villa I *Harley-Davidson* 145,284 km/h
2 M. Rougerie Fr. *Harley-Davidson*
3 D. Braun All. *Yamaha*
4 K. Andersson Suede *Yamaha*
5 T. Katayama Jap. *Yamaha*
6 J. Dodds Austr. *Yamaha*

GP de Hollande, ASSEN

1 W. Villa I *Harley-Davidson* 144,535 km/h
2 B, Kneubuhler CH *Yamaha*
3 K. Roberts USA *Yamaha*
4 P. Pons Fr. *Yamaha*
5 J. Dodds Austr. *Yamaha*
6 C. Mortimer GB *Yamaha*

GP de Suede, ANDERSTORP

1 T. Katayama Jap. *Yamaha* 133,455 km/h
2 W. Villa I *Harley-Davidson*
3 P. Pons Fr. *Yamaha*
4 C. Mortimer GB *Yamaha*
5 D. Braun All. *Yamaha*
6 M. Grant GB. *Yamaha*

GP d'Italie, IMOLA

1 W. Villa I *Harley-Davidson* 144,535 km/h
2 B. Kneubuhler CH *Yamaha*
3 P. Pons Fr. *Yamaha*
4 G. Proni I *Yamaha*
5 K. Andersson Suede *Yamaha*
6 A. Toracca I *Yamaha*

GP de Yougoslavie, OPATIJA

1 C. Mortimer GB *Yamaha* 148,000 km/h
2 P. Pons Fr. *Yamaha*
3 D. Braun All. *Yamaha*
4 H. Muhlebach CH *Yamaha*
5 R. Minhoff All. *Yamaha*
6 P. Korhonen Finl. *Yamaha*

GP d'Espagne, BARCELONE

1 J. Dodds Austr. *Yamaha*
2 P. Korhonen Finl. *Yamaha*
3 D. Braun All. *Yamaha*
4 B. Kneubuhler CH *Yamaha*
5 V. Palomo Ando. *Yamaha*
6 R. Minhoff All. *Yamaha*

GP de Tchecoslovaquie, BRNO

1 W. Villa I *Harley-Davidson* 154,836 km/h
2 T. Katayama Jap. *Yamaha*
3 D. Braun All. *Yamaha*
4 B. Kneubuhler CH *Yamaha*
5 P. Pons Fr. *Yamaha*
6 K. Andersson Suede *Yamaha*

GP de Belgique, SPA

1 K. Andersson Suede *Yamaha* 200,404 km/h
2 D. Braun All. *Yamaha*
3 T. Katayama Jap. *Yamaha*
4 J. Dodds Austr. *Yamaha*
5 M. Rougerie Fr. *Harley-Davidson*
6 W. Villa I *Harley-Davidson*

GP d'Allemagne, NURBURGRING

1 H. Kassner All. *Yamaha* 134,148 km/h
2 H. Lahfeld All. *Yamaha*
3 H. Hoffman All. *Yamaha*
4 F. Reitmaier All. *Yamaha*
5 J. Reisz Hong. *Yamaha*
6 A. Heck All. *Yamaha*

TT Anglais, ILE DE MAN

1 C. Williams GB *Yamaha* 151,590 km/h
2 M. Grant GB *Yamaha*
3 C. Mortimer GB *Yamaha*
4 T. Herron Irl. *Yamaha*
5 T. Rutter GB *Yamaha*
6 P. Mc.Kinley GB *Yamaha*

On the limit.

WALTER VILLA I *Champion du monde 1974*

With this brilliant achievement, Villa carried the 250 cc class title back to Italy. It is a title which has been dominated by the Italians since the Japanese invasion. His task was not easy, in face of strong and unified opposition from Yamaha. Born on the 13th August 1943, Walter entered competition racing in 1965, on machines of his own construction, in the 125 cc class. He has also raced Benellis and MV-Agustas, before becoming works rider for Harley-Davidson. Italian Champion in the 250 cc class in 1973 and 1974.

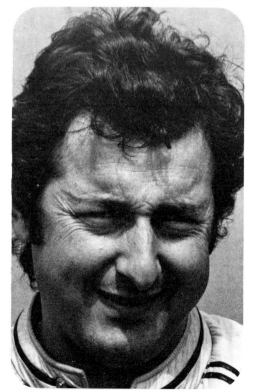

1974 - 350 cc.

GP de France, CLERMONT-FERRAND

1 G. Agostini I *Yamaha* 132,821 km/h
2 T. Lansivuori Finl. *Yamaha*
3 C. Bourgeois Fr. *Yamaha*
4 P. Pons Fr. *Yamaha*
5 M. Rougerie Fr. *Harley-Davidson*
6 B. Kneubuhler CH *Yamaha*

GP de Finlande, IMATRA

1 J. Dodds Austr. *Yamaha* 145,520 km/h
2 B. Kneubuhler CH *Yamaha*
3 D. Braun All. *Yamaha*
4 K. Sollberg Suede *Yamaha*
5 T. Virtanen Finl. *Yamaha*
6 W. Giger CH *Yamaha*

GP de Hollande, ASSEN

1 G. Agostini I *Yamaha* 149,093 km/h
2 D. Braun All. *Yamaha*
3 P. Pons Fr. *Yamaha*
4 B. Nelson GB *Yamaha*
5 P. Korhonen Finl. *Yamaha*
6 K. Auer Autr. *Yamaha*

GP de Suede, ANDERSTORP

1 T. Lansivuori Finl. *Yamaha* 136,802 km/h
2 P. Pons Fr. *Yamaha*
3 P. Korhonen Finl. *Yamaha*
4 D. Braun All. *Yamaha*
5 M. Grant GB *Yamaha*
6 C. Mortimer GB *Yamaha*

GP d'Italie, IMOLA

1 G. Agostini I *Yamaha* 147,359 km/h
2 M. Lega I *Yamaha*
3 M. Rougerie Fr. *Harley-Davidson*
4 W. Villa I *Harley-Davidson*
5 C. Mortimer GB *Yamaha*
6 G. Proni I *Yamaha*

GP de Yougoslavie, OPATIJA

1 G. Agostini I *Yamaha* 155,400 km/h
2 J. Dodds Austr. *Yamaha*
3 D. Braun All. *Yamaha*
4 P. Pons Fr. *Yamaha*
5 P. Korhonen Finl. *Yamaha*
6 V. Palomo Ando. *Yamaha*

GP d'Espagne, BARCELONE

1 V. Palomo Ando. *Yamaha* 126,783 km/h
2 D. Braun All. *Yamaha*
3 O. Chevalier Fr. *Yamaha*
4 A. Georges GB *Yamaha*
5 C. Mortimer GB *Yamaha*
6 H. Muhlebach CH *Yamaha*

GP d'Allemagne, NURBURGRING

1 H. Kassner All. *Yamaha* 138,145 km/h
2 W. Stephan All. *Yamaha*
3 F. Weidacher All. *Yamaha*
4 W. Kaletsch All. *Yamaha*
5 A. Heck All. *Yamaha*
6 W. Fries All. *Yamaha*

TT Anglais, ILE DE MAN

1 T. Rutter GB *Yamaha* 168,140 km/h
2 M. Grant GB *Yamaha*
3 P. Cott GB *Yamaha*
4 T. Herron Irl. *Yamaha*
5 B. Nelson GB *Yamaha*
6 B. Guthrie Irl. *Yamaha*

GP d'Autriche, SALZBURG

1 G. Agostini I *Yamaha* 149,680 km/h
2 C. Mortimer GB *Yamaha*
3 D. Braun All. *Yamaha*
4 P. Pons Fr. *Yamaha*
5 M. Rougerie Fr. *Harley-Davidson*
6 W. Villa I *Harley-Davidson*

GIACOMO AGOSTINI I *Champion du monde 1974*

'King Ago' achieved his fourteenth title, this time with Yamaha. He dominated every 350 cc race he entered. Ill-luck dogged him in the 500 cc class, depriving him of again winning the double.
A fall at the Swedish Grand Prix, resulting in a broken shoulder, putting him out of action until the Czechoslovakian Grand Prix. Ago surprised everyone by the speed. He is the second European to win the Daytona 200 miles event and at Imola, following in the steps of Saarinen.

1974 - 500 cc.

GP de France, CLERMONT-FERRAND
1 Ph. Read GB *MV-Agusta* 133,479 km/h
2 B. Sheene GB *Suzuki*
3 G. Bonera I *MV-Agusta*
4 T. Lansivuori Finl. *Yamaha*
5 M. Rougerie Fr. *Harley-Davidson*
6 B. Nelson GB *Yamaha*

GP de Finlande, IMATRA
1 Ph. Read GB *MV-Agusta* 154,828 km/h
2 G. Bonera I *MV-Agusta*
3 T. Lansivuori Finl. *Yamaha*
4 J. Findlay Austr. *Suzuki*
5 P. Korhonen Finl. *Yamaha*
6 J. Williams GB *Yamaha*

GP de Hollande, ASSEN
1 G. Agostini I *Yamaha* 151,217 km/h
2 T. Lansivuori Finl. *Yamaha*
3 Ph. Read GB *MV-Agusta*
4 G. Bonera I *MV-Agusta*
5 C. Williams GB *Yamaha*
6 K. Auer Autr. *Yamaha*

GP de Suede, ANDERSTORP
1 T. Lansivuori Finl. *Yamaha* 136,727 km/h
2 Ph. Read GB *MV-Agusta*
3 P. Korhonen Finl. *Yamaha*
4 G. Bonera I *MV-Agusta*
5 K. Auer Autr. *Yamaha*
6 B. Nelson GB *Yamaha*

GP d'Italie, IMOLA
1 G. Bonera I *MV-Agusta* 152,042 km/h
2 T. Lansivuori Finl. *Yamaha*
3 Ph. Read GB *MV-Agusta*
4 J. Findlay Austr. *Suzuki*
5 R. Gallina I *Yamaha*
6 A. Georges GB *Yamaha*

GP de Tchecoslovaquie, BRNO
1 Ph. Read GB *MV-Agusta* 164,641 km/h
2 G. Bonera I *MV-Agusta*
3 T. Lansivuori Finl. *Yamaha*
4 B. Sheene GB *Suzuki*
5 D. Braun All. *Yamaha*
6 G. Agostini I *Yamaha*

GP de Belgique, SPA
1 Ph. Read GB *MV-Agusta* 212,407 km/h
2 G. Agostini I *Yamaha*
3 D. Braun All. *Yamaha*
4 P. Pons Fr. *Yamaha*
5 J. Findlay Austr. *Suzuki*
6 M. Rougerie Fr. *Harley-Davidson*

GP d'Allemagne, NURBURGRING
1 E. Czihack All. *Yamaha* 132, 597 km/h
2 H. Kassner All. *Yamaha*
3 W. Kaletsch All. *Yamaha*
4 U. Kochanski All. *Konig*

Only 4 finishers.

TT Anglais, ILE DE MAN
1 P. Carpenter GB *Yamaha* 156,150 km/h
2 C. Williams GB *Yamaha*
3 T. Rutter GB *Yamaha*
4 B. Guthrie Irl. *Yamaha*
5 P. Cott GB *Yamaha*
6 H. Kassner All. *Yamaha*

GP d'Autriche, SALZBURG
1 G. Agostini I *Yamaha* 157,100 km/h
2 G. Bonera I *MV-Agusta*
3 B. Sheene GB *Suzuki*
4 J. Findlay Austr. *Suzuki*
5 D. Braun All. *Yamaha*
6 K. Auer Autr. *Yamaha*

PHIL READ GB *Champion du monde 1974*

The talented Phil emerged triumphant from his struggle against the almost overwhelming opposition of 'King Ago'. Gaining a little advantage from his opponent's bad luck, he is nevertheless not undeserving of the title, winning four victories, one of them in Spa, in which he set up the absolute lap record at more than 214 kilometers an hour. With his team-mate Gianfranco Bonera as runner up in his first year of Grand Prix competition, they took the double for MV-Agusta against the powerful Yamahas. Read is not to be found in any of the 350 cc class lists, for the simple reason that MV withdrew.

Championnat du monde de side-cars 1974

GP de France, CLERMONT-FERRAND

1 S. Schauzu / W. Kallaugh All. *BMW* 116, 684 km/h
2 W. Schwarzel / K. Kleis All. *Konig*
3 R. Kurth CH / D. Rowe GB *Cat*
4 R. Wegener All. / D. Jacobson GB *BMW*
5 D. Keen / R. Worrall GB *Konig*
6 H. Luthringshauser / H. Hahn All. *BMW*

GP de Hollande, ASSEN

1 K. Enders / R. Engelhardt All. *Busch-BMW* 135,066 km/h
2 R. Steinhausen / J. Huber All. *Konig*
3 S. Schauzu / W. Kallaugh All. *BMW*
4 H. Luthringshauser / H. Hahn All. *BMW*
5 W. Schwarzel / K. Kleis All. *Konig*
6 S. Maier / G. Lehmann All. *BMW*

GP d'Italie, IMOLA

1 K. Enders / R. Engelhardt All. *Busch-BMW* 133,726 km/h
2 R. Biland / F. Freiburghaus CH *Cat*
3 R. Steinhausen / K. Scheurer All. *Konig*
4 S. Schauzu / W. Kallaugh All. *BMW*
5 H. Luthringshauser / H. Hahn All. *BMW*
6 R. Wegener All. / D. Jacobson GB *BMW*

GP de Tchecoslovaquie, BRNO

1 W. Schwarzel / K. Kleis All. *Konig* 135, 242 km/h
2 K. Enders / R. Engelhardt All. *Busch-BMW*
3 S. Schauzu / W. Kallaugh All. *BMW*
4 R. Steinhausen / K. Scheurer All. *Konig*
5 R. Wegener All. / D. Jacobson GB *BMW*
6 G. Page / F. Kallenberg All. *Konig*

GP de Belgique, SPA

1 R. Steinhausen / J. Huber All. *Konig* 187,978 km/h
2 K. Enders / R. Engelhardt All. *Busch-BMW*
3 W. Schwarzel / K. Kleis All. *Konig*
4 M. Boddice / D. Loach GB *Konig*
5 H. Luthringsauser / H. Hahn All. *BMW*
6 O. Haller / E. Haselbeck All. *BMW*

GP d'Allemagne, NURBURGRING

1 W. Schwarzel / K. Kleis All. *Konig* 148, 478 km/h
2 K. Enders / R. Engelhardt All. *Busch-BMW*
3 S. Schauzu / W. Kallaugh All. *BMW*
4 W. Meier / H. Gehrig CH *Konig*
5 O. Haller / E. Haselbeck All. *BMW*
6 G. Page / F. Kallenberg All. *Konig*

TT Anglais, ILE DE MAN

1 H. Luthringshauser / H. Hahn All. *BMW* 148,550 km/h
2 G. O'Dell / B. Boldison GB *Konig*
3 M. Hobson / J. Armstrong GB *Yamaha*
4 D. Hawes / E. Kiff GB *Weslake*
5 T. Ireson / G. Hunt GB *Konig*
6 B. Crook / S. Collins GB *BSA*

GP d'Austriche, SALZBURG

1 S. Schauzu / W. Kallaugh All. *BMW* 136,940 km/h
2 W. Schwarzel / K. Kleis All. *Konig*
3 H. Luthringshauser / H. Hahn All. *BMW*
4 J. Gawley / K. Birch GB *Konig*
5 H. Hubacher / K. Huber CH *Yamaha*
6 R. Kurth CH / D. Rowe GB *Cat*

**KLAUS ENDERS/
RALF ENGELHARDT All.**
Champions du monde 1974

Klaus Enders and Ralf Engelhardt took their sixth and fifth World titles respectively. Accustomed to taking the lead in the first leg, they were forced this year to await the outcome of the last event before winning the title. Problems with the tuning of their new Busch engine, as well as with the ever increasing competition from Konig, caused the title to be in dispute until the end. Only Klaus' highly skilled riding was able to save the day!

Side-cars
K. Enders / R. Engelhardt
BUSCH-BMW

Championnat du monde 1975 - 50 cc.

GP d'Espagne, JARAMA

1 A. Nieto E *Kreidler* 101, 373 km/h
2 J. VanZeebroeck Belg. *Kreidler*
3 S. Dorflinger CH *Kreidler*
4 E. Lazzarini I *Piovaticci*
5 N. Polane Holl. *Kreidler*
6 H. Rittberger All. *Kreidler*

GP d'Italie, IMOLA

1 A. Neito E *Kreidler* 121, 357 km/h
2 E. Lazzarini I *Piovaticci*
3 S. Dorflinger CH *Kreidler*
4 C. Lusuardi I *Derbi*
5 H. Rittberger All. *Kreidler*
6 H. VanKessel Holl. *Kreidler*

GP de Belgique, SPA

1 J. VanZeebroeck Belg. *Kreidler* 163, 804 km/h
2 A. Nieto E *Kreidler*
3 E. Lazzarini I *Piovaticci*
4 T. Timmer Holl. *Jamathi*
5 N. Polane Holl. *Kreidler*
6 C. VanDongen Holl. *Kreidler*

GP de Finlande, IMATRA

1 A. Nieto E *Kreidler* 125, 400 km/h
2 E. Lazzarini I *Piovaticci*
3 R. Kunz All. *Kreidler*
4 N. Polane Holl. *Kreidler*
5 H. Hummel Autr. *Kreidler*
6 H. VanKessel Holl. *Kreidler*

GP d'Allemagne, HOCKENHEIM

1 A. Nieto E *Kreidler* 137, 685 km/h
2 E. Lazzarini I *Piovaticci*
3 J. VanZeebroeck Belg. *Kreidler*
4 H. Rittberger All. *Kreidler*
5 R. Kunz All. *Kreidler*
6 S. Dorflinger CH *Kreidler*

GP de Hollande, ASSEN

1 A. Nieto E *Kreidler* 127, 169 km/h
2 H. Rittberger All. *Kreidler*
3 E. Lazzarini I *Piovaticci*
4 G. Strikker Holl. *Kreidler*
5 J. VanZeebroeck Belg. *Kreidler*
6 R. Kunz All. *Kreidler*

GP de Suede, ANDERSTORP

1 E. Lazzarini I *Piovaticci* 120, 100 km/h
2 A. Nieto E *Kreidler*
3 H. Hummel Autr. *Kreidler*
4 N. Polane Holl. *Kreidler*
5 G. Thurow All. *Kreidler*
6 T. Timmer Holl. *Jamathi*

GP de Yougoslavie, OPATIJA

1 A. Nieto E *Kreidler* 129, 070 km/h
2 R. Kunz All. *Kreidler*
3 A. Pero I *Kreidler*
4 C. Lusuardi I *Derbi*
5 S. Dorflinger CH *Kreidler*
6 G. Thurow All. *Kreidler*

Futuristic motorcycle — Piovaticci 50

ANGEL NIETO E *Champion du monde 1975*

*After his ill-fated attempt on the Morbidelli in 1973 and his 3rd place with the 125 cc
Derbi in 1974, Nieto is back on the winner's trail. He won his fourth 50 cc title, this time on the
Kreidler Van Veen, the make which gave him so many problems in the pursuit of previous laurels. His tuner is none other than his old
rival of the years 1971-1973, Jan DeVries. As fiery as ever despite his 29 years, he never hesitates to stake all on winning, and has
succeeded in doing so!*

CHAMPIONNAT DU MONDE

1975 - 125 cc.

GP de France, LE CASTELLET

1 K. Andersson Suede *Yamaha* 135, 612 km/h
2 L. Gustafsson Suede *Yamaha*
3 P. Pileri I *Morbidelli*
4 E. Lazzarini I *Piovaticci*
5 H. Bartol Autr. *Suzuki*
6 M. Maingret Fr. *Yamaha*

GP d'Autriche, SALZBURG

1 P. Pileri I *Morbidelli* 160, 590 km/h
2 P. Bianchi I *Morbidelli*
3 H. VanKessel Holl. *Condor-AGV*
4 K. Andersson Suede *Yamaha*
5 L. Gustafsson Suede *Yamaha*
6 B. Kneubuhler CH *Yamaha*

GP d'Italie, IMOLA

1 P. Pileri I *Morbidelli* 137, 375 km/h
2 P. Bianchi I *Morbidelli*
3 H. VanKessel Holl. *Condor-AGV*
4 L. Gustafsson Suede *Yamaha*
5 P. Conforti I *Malanca*
6 B. Kneubuhler CH *Yamaha*

GP de Belgique, SPA

1 P. Pileri I *Morbidelli* 189, 835 km/h
2 P. Bianchi I *Morbidelli*
3 K. Andersson Suede *Yamaha*
4 H. VanKessel Holl. *Condor-AGV*
5 E. Lazzarini ! *Piovaticci*
6 C. VanDongen Holl. *Yamaha*

GP de Tchecoslovaquie, BRNO

1 L. Gustafsson Suede *Yamaha* 143, 460 km/h
2 K. Andersson Suede *Yamaha*
3 E. Lazzarini I *Piovaticci*
4 B. Kneubuhler CH *Yamaha*
5 H. Bartol Autr. *Suzuki*
6 J. Zemzauer Autr. *Rotax*

GP d'Espagne, JARAMA

1 P. Pileri I *Morbidelli* 109, 395 km/h
2 K. Andersson Suede *Yamaha*
3 B. Kneubuhler CH *Yamaha*
4 P. Bianchi I *Morbidelli*
5 L. Gustafsson Suede *Yamaha*
6 H. Muller CH *Yamaha*

GP d'Allemagne, HOCKENHEIM

1 P. Pileri I *Morbidelli* 156, 161 km/h
2 P. Bianchi I *Morbidelli*
3 K. Andersson Suede *Yamaha*
4 L. Gustafsson Suede *Yamaha*
5 H. VanKessel Holl. *Condor-AGV*
6 B. Kneubuhler CH *Yamaha*

GP de Hollande, ASSEN

1 P. Pileri I *Morbidelli* 140, 080 km/h
2 P. Bianchi I *Morbidelli*
3 B. Kneubuhler CH *Yamaha*
4 L. Gustafsson Suede *Yamaha*
5 J. Schurgers Holl. *Bridgestone*
6 O. Buscherini I *Malanca*

GP de Suede, ANDERSTORP

1 P. Pileri I *Morbidelli* 130, 400 km/h
2 P. Bianchi I *Morbidelli*
3 E. Lazzarini I *Piovaticci*
4 K. Andersson Suede *Yamaha*
5 J. Zemzauer Autr. *Rotax*
6 B. Kneubuhler CH *Yamaha*

GP de Yougoslavie, OPATIJA

1 D. Braun All. *Morbidelli* 145, 940 km/h
2 P. Conforti I *Morbidelli*
3 E. Lazzarini I *Piovaticci*
4 K. Andersson Suede *Yamaha*
5 H. Bartol Autr. *Suzuki*
6 L. Gustafsson Suede *Yamaha*

PAOLO PILERI | *Champion du monde 1975*

Paolo Pileri, born 31st July 1944, has the ideal build for the 125 cc events, being 1.69 m tall, and weighing 66 kg. He entered into the world championships in 1973 and quickly made a name for himself. In the 1974 Czech Grand Prix, following a fall during the 250 cc race, he set off in the 125 cc event with a broken collar-bone. Just as he appeared to be an easy winner, he ran out of petrol 200 metres from the finish, and pushing his bike, finished second, completely exhausted, five tenths of a second in front of the third man.

1975 - 250 cc.

GP de France, LE CASTELLET

1 J. Cecotto V *Yamaha* 150, 028 km/h
2 I. Takay Jap. *Yamaha*
3 M. Rougerie Fr. *Harley-Davidson*
4 P. Pons Fr. *Yamaha*
5 L. Gustafsson Suede *Yamaha*
6 G. Choukroun Fr. *Yamaha*

GP d'Allemagne, HOCKENHEIM

1 W. Villa I *Harley-Davidson* 164, 020 km/h
2 M. Rougerie Fr. *Harley-Davidson*
3 V. Palomo Ando. *Yamaha*
4 L. Gustafsson Suede *Yamaha*
5 P. Pons Fr. *Yamaha*
6 E. Ferreira Bres. *Yamaha*

TT Anglais, ILE DE MAN

1 C. Mortimer GB *Yamaha* 162, 720 km/h
2 D. Chatterton GB *Yamaha*
3 J. Williams GB *Yamaha*
4 T. Rutter GB *Yamaha*
5 A. George GB *Yamaha*
6 B. Henderson GB *Yamaha*

GP de Belgique, SPA

1 J. Cecotto V *Yamaha* 201, 450 km/h
2 M. Rougerie Fr. *Harley-Davidson*
3 W. Villa I *Harley-Davidson*
4 B. Kneubuhler CH *Yamaha*
5 L. Gustafsson Suede *Yamaha*
6 H. Bartol Autr. *Yamaha*

GP de Finlande, IMATRA

1 M. Rougerie Fr. *Harley-Davidson* 148, 400 km/h
2 J. Cecotto V *Yamaha*
3 O. Buscherini I *Yamaha*
4 D. Braun All. *Yamaha*
5 P. Pons Fr. *Yamaha*
6 J. Dodds Austr. *Yamaha*

GP de Yougoslavie, OPATIJA

1 D. Braun All. *Yamaha* 151, 450 km/h
2 C. Mortimer GB *Yamaha*
3 P. Pons Fr. *Yamaha*
4 H. Bartol Autr. *Suzuki*
5 O. Buscherini I *Yamaha*
6 T. Herron Irl. *Yamaha*

GP d'Espagne, JARAMA

1 W. Villa I *Harley-Davidson* 117, 204 km/h
2 P. Pons Fr. *Yamaha*
3 B. Grau E *Derbi*
4 C. Mortimer GB *Yamaha*
5 R. Minhoff All. *Yamaha*
6 M. Rougerie Fr. *Harley-Davidson*

GP d'Italie, IMOLA

1 W. Villa I *Harley-Davidson* 143, 928 km/h
2 J. Cecotto V *Yamaha*
3 M. Rougerie Fr. *Harley-Davidson*
4 D. Braun All. *Yamaha*
5 P. Pons Fr. *Yamaha*
6 M. Lega I *Yamaha*

GP de Hollande, ASSEN

1 W. Villa I *Harley-Davidson* 147, 854 km/h
2 M. Rougerie Fr. *Harley-Davidson*
3 D. Braun All. *Yamaha*
4 B. Kneubuhler CH *Yamaha*
5 Y. DuHamel Can. *Kawasaki*
6 P. Korhonen Finl. *Yamaha*

GP de Suede, ANDERSTORP

1 W. Villa I *Harley-Davidson* 134, 500 km/h
2 O. Buscherini I *Yamaha*
3 T. Virtanen Finl. *MZ*
4 V. Palomo Ando. *Yamaha*
5 P. Pileri I *Yamaha*
6 D. Braun All. *Yamaha*

GP de Tchecoslovaquie, BRNO

1 M. Rougerie Fr. *Harley-Davidson* 166, 113 km/h
2 O. Buscherini I *Yamaha*
3 D. Braun All. *Yamaha*
4 L. Gustafsson Suede *Yamaha*
5 P. Pons Fr. *Yamaha*
6 T. Virtanen Finl. *MZ*

WALTER VILLA | *Champion du monde 1975*

A second consecutive title for the gallant Walter Villa who dominated the class in spite of the challenge from Cecotto and his team mate Rougerie, who finished second. Between the two of them, they shared the spoils of their class, which provided one noteworthy fact: there were only two Harley-Davidsons, and they took the first two places. There were fears for his form at the start of the season, after the serious illness he contracted during the winter. In spite of this second success, Walter is as modest and unassuming as ever.

1975 - 350 cc.

GP de France, LE CASTELLET

1 J. Cecotto V *Yamaha* 152, 292 km/h
2 G. Agostini I *Yamaha*
3 G. Choukroun Fr. *Yamaha*
4 J.-L. Guignabodet Fr. *Yamaha*
5 C. Huguet Fr. *Yamaha*
6 J.-F. Balde Fr. *Yamaha*

GP d'Autriche, SALZBURG

1 I. Kanaya Jap. *Yamaha* 177, 810 km/h
2 J. Eckerhold S.Afr. *Yamaha*
3 A. Celso-Santos Bres. *Yamaha*
4 P. Coulon CH *Yamaha*
5 P. Pons Fr. *Yamaha*
6 A. Mang All. *Yamaha*

GP d'Italie, IMOLA

1 J. Cecotto V *Yamaha* 146, 983 km/h
2 G. Agostini I *Yamaha*
3 P. Pons Fr. *Yamaha*
4 D. Braun All. *Yamaha*
5 G. Choukroun Fr. *Yamaha*
6 G. Proni I *Yamaha*

GP de Hollande, ASSEN

1 D. Braun All. *Yamaha* 150, 282 km/h
2 P. Korhonen Finl. *Yamaha*
3 A. George GB *Yamaha*
4 G. Agostini I *Yamaha*
5 J. Cecotto V *Yamaha*
6 W. Hartog Holl. *Yamaha*

GP de Tchecoslovaquie, BRNO

1 O. Buscherini I *Yamaha* 166, 546 km/h
2 O. Chevalier Fr. *Yamaha*
3 V. Palomo Ando. *Yamaha*
4 T. Herron Irl. *Yamaha*
5 P. Pons Fr. *Yamaha*
6 A. George GB *Yamaha*

GP d'Espagne, JARAMA

1 G. Agostini I *Yamaha* 120, 713 km/h
2 J. Cecotto V *Yamaha*
3 I. Kanaya Jap. *Yamaha*
4 V. Palomo Ando. *Yamaha*
5 D. Braun All. *Yamaha*
6 P. Korhonen Finl. *Yamaha*

GP d'Allemagne, HOCKENHEIM

1 J. Cecotto V *Yamaha* 170, 298 km/h
2 D. Braun All. *Yamaha*
3 P. Korhonen Finl. *Yamaha*
4 P. Coulon CH *Yamaha*
5 H. Stadelmann CH *Yamaha*
6 K. Auer Autr. *Yamaha*

TT Anglais, ILE DE MAN

1 C. Williams GB *Yamaha* 168, 050 km/h
2 C. Mortimer GB *Yamaha*
3 T. Herron Irl. *Yamaha*
4 S. Tonkin GB *Yamaha*
5 D. Chatterton GB *Yamaha*
6 B. Guthrie Irl. *Yamaha*

GP de Finlande, ANDERSTORP

1 J. Cecotto V *Yamaha* 152, 600 km/h
2 G. Agostini I *Yamaha*
3 P. Pons Fr. *Yamaha*
4 B. Kneubuhler CH *Yamaha*
5 D. Braun All. *Yamaha*
6 K. Auer Autr. *Yamaha*

GP de Yougoslavie, OPATIJA

1 P. Korhonen Finl. *Yamaha* 153, 020 km/h
2 O. Buscherini I *Yamaha*
3 C. Mortimer GB *Yamaha*
4 T. Herron Irl. *Yamaha*
5 F. Kunz CH *Yamaha*
6 B. Henderson GB *Yamaha*

JOHNNY CECOTTO V *Champion du monde 1975*

Johnny Cecotto, the youngest world motor-cycling champion of all times, was born in Caracas, on 25th January 1956. This Venezuelan prodigy has surprised everyone with his stylish riding and his feel for racing. In his first year in the 'Continental Circus', he carried off this title and finished third in the 250 cc class. His first competitive races, on Hondas, were made only after altering his date of birth, being 16 years of age at the time, therefore not old enough to race! South American champion in the 350 cc and 500 cc classes, he has totalled more than 50 victories to date.

CHAMPIONNAT DU MONDE
1975 - 500 cc.

GP de France, LE CASTELLET

1 G. Agostini I *Yamaha* 152, 884 km/h
2 I. Kanaya Jap. *Yamaha*
3 Ph. Read GB *MV-Agusta*
4 A. Toracca I *MV-Agusta*
5 P. Pons Fr. *Yamaha*
6 P. McKinley GB *Yamaha*

GP d'Allemagne, HOCKENHEIM

1 G. Agostini I *Yamaha* 175, 092 km/h
2 Ph. Read GB *MV-Agusta*
3 T. Lansivuori Finl. *Suzuki*
4 I. Kanaya Jap. *Yamaha*
5 S. Woods GB *Suzuki*
6 D. Braun All. *Yamaha*

TT Anglais, ILE DE MAN

1 M. Grant GB *Kawasaki* 161, 432 km/h
2 J. Williams GB *Yamaha*
3 C. Mortimer GB *Yamaha*
4 B. Guthrie Irl. *Yamaha*
5 S. Tonkin GB *Yamaha*
6 G. Barry GB *Yamaha*

GP de Belgique, SPA

1 Ph. Read GB *MV-Agusta* 214, 396 km/h
2 J. Newbold GB *Suzuki*
3 J. Findlay Austr. *Yamaha*
4 A. George GB *Yamaha*
5 J. Williams GB *Yamaha*
6 C. Leon Fr. *Yamaha*

GP de Finlande, IMATRA

1 G. Agostini I *Yamaha* 156, 900 km/h
2 T. Lansivuori Finl. *Suzuki*
3 J. Findlay Austr. *Yamaha*
4 C. Mortimer GB *Yamaha*
5 S. Ellis GB *Yamaha*
6 H. Lahfeld All. *Konig*

GP d'Autriche, SALZBURG

1 I. Kanaya Jap. *Yamaha* 182, 580 km/h
2 T. Lansivuori Finl. *Suzuki*
3 Ph. Read GB *MV-Agusta*
4 A. Toracca I *MV-Agusta*
5 H. Lahfeld All. *Konig*
6 D. Braun All. *Yamaha*

GP d'Italie, IMOLA

1 G. Agostini I *Yamaha* 152, 547 km/h
2 Ph. Read GB *MV-Agusta*
3 I. Kanaya Jap. *Yamaha*
4 A. Toracca I *MV-Agusta*
5 S. Woods GB *Suzuki*
6 A. George GB *Yamaha*

GP de Hollande, ASSEN

1 B. Sheene GB *Suzuki* 154, 088 km/h
2 G. Agostini I *Yamaha*
3 Ph. Read GB *MV-Agusta*
4 J. Newbold GB *Suzuki*
5 T. Lansivuori Finl. *Suzuki*
6 G. Bonera I *MV-Agusta*

GP de Suede, ANDERSTORP

1 B. Sheene GB *Suzuki* 139, 100 km/h
2 Ph. Read GB *MV-Agusta*
3 J. Williams GB *Yamaha*
4 G. Bonera I *MV-Agusta*
5 D. Braun All. *Yamaha*
6 P. Korhonen Finl. *Yamaha*

GP de Tchecoslovaquie, BRNO

1 Ph. Read GB *MV-Agusta* 172, 961 km/h
2 G. Agostini I *Yamaha*
3 A. George GB *Yamaha*
4 K. Auer Autr. *Yamaha*
5 O. Chevalier Fr. *Yamaha*
6 C. Mortimer GB *Yamaha*

GIACOMO AGOSTINI | *Champion du monde 1975*

500 cc.

G. Agostini
Yamaha

After 13 years of competition at the highest level, and 15 world titles, Agostini can lay
claim to the coveted title of 'Greatest Rider of all time'. This title has certainly been the more difficult to
acquire as it was achieved in the face of the second giant of the 'Continental Circus', Phil Read. He had to wait until the last round to be thus
crowned. In the Italian Grand Prix he proved to his numerous critics that it was not only the quality of his machines that permitted this
unqualified run of success, but also his unquestionable talent.

Championnat du monde de side-cars 1975

GP de France, LE CASTELLET
1 H. Schmid/M. Matile CH *Konig* 136, 909 km/h
2 W. Schwarzel/A. Huber All. *Konig*
3 M. Hobson/J. Armstrong GB *Yamaha*
4 R. Steinhausen/J. Huber All. *Busch-Konig*
5 A. Pantellini/A. Mazzoni CH *Konig*
6 A. Zini/A. Fornaro I *Konig*

GP d'Autriche, SALZBURG
1 R. Steinhausen/J. Huber All. *Busch-Konig* 161, 970 km/h
2 A. Pantellini/A. Mazzoni CH *Konig*
3 H. Preugl/J. Kussberger Autr. *Konig*
4 H. Luthringshauser/H. Hahn All. *BMW*
5 G. Boret/N. Boret GB *Konig*
6 G. O'Dell/A. Gosling GB *Konig*

GP d'Allemagne, HOCKENHEIM
1 R. Biland/F. Freiburghaus CH *Seyma* 156, 086 km/h
2 W. Schwarzel/A. Huber All. *Konig*
3 R. Steinhausen/J. Huber All. *Busch-Konig*
4 S. Schauzu/W. Kallaugh All. *ARO*
5 H. Haller/S. Neumann All. *Konig*
6 O. Haller/E. Haselbeck All. *BMW*

GP d'Italie, IMOLA
The annual race did not take place because of bad feeling and lack of good organization.

TT Anglais, ILE DE MAN
1 R. Steinhausen/J. Huber All. *Busch-Konig* 152, 070 km/h
2 M. Hobson/G. Russell GB *Yamaha*
3 D. Greasley/C. Holland GB *Yamaha*
4 H. Schilling All./F. Knights GB *BMW*
5 D. Plummer/C. Birke GB *Konig*
6 G. Pape/F. Kallenberg All. *Konig*

GP de Hollande, ASSEN
1 W. Schwarzel/A. Huber All. *Konig* 135, 753 km/h
2 R. Biland CH/B. Grube All. *Seyma*
3 A. Pantellini/A. Mazzoni CH *Konig*
4 G. O'Dell/A. Gosling GB *Konig*
5 A. Zini/A. Fornaro I *Konig*
6 S. Maier/G. Lehmann All. *SMS*

GP de Belgique, SPA
1 R. Steinhausen/J. Huber All. *Busch-Konig* 187, 431 km/h
2 G. Pape/F. Kallenberg All. *Konig*
3 M. Boddice/M. Boddice GB *Konig*
4 O. Haller/E. Haselbeck All. *BMW*
5 H. Schilling/R. Gundel All. *Konig*
6 H. Haller/S. Neumann All. *Konig*

GP de Tchecoslovaquie, BRNO
1 W. Schwarzel/A. Huber All. *Konig* 157, 151 km/h
2 R. Steinhausen/J. Huber All. *Busch-Konig*
3 H. Haller/S. Neumann All. *Konig*
4 W. Ormann/B. Grube All. *Yamaha*
5 G. Ayme/P. Loiseau Fr. *Konig*
6 H. Schmid/M. Matile CH *Yamaha*

ROLF STEINHAUSEN /
JOSEF HUBER All.
Champion du monde 1975

Rolf Steinhausen, born 27th July 1943, made his debut on the world circuits in 1972. After finishing tenth after that first season, he has made continued progress, to finish fifth in 1973 and 1974 and winner this year. Always riding a Konig, tuned by Dieter Busch, he took his first crown, partnered by Josef Huber, born 4th November 1934, an excellent passenger who has been 'leaning' since 1962, when he paired up with his brother, on a Matchless.

Side-cars
R. Steinhausen / J. Huber
Busch-Konig

Circuit plans

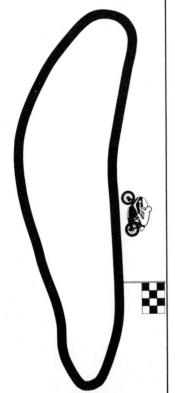

Grand Prix of Germany Hockenheim
A very fast circuit, Bob MacIntyre on a Gilera 4 set up the record in 1957 of a 208kph lap, in the rain. 7.725km.

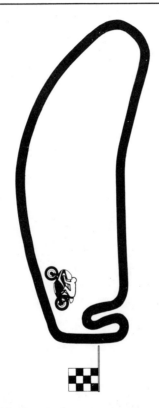

Hockenheim transformed. The 1966 version. 6.768 km.

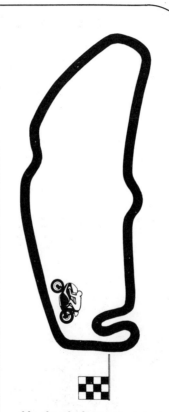

Hockenheim the latest version, 1970, with the addition of two obstacles. 6.788 km.

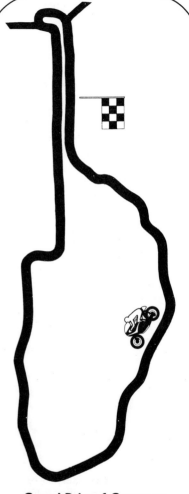

Grand Prix of Germany Nurburgring-South
One can see the juctions at the top with the big circuits. 7.747 km.

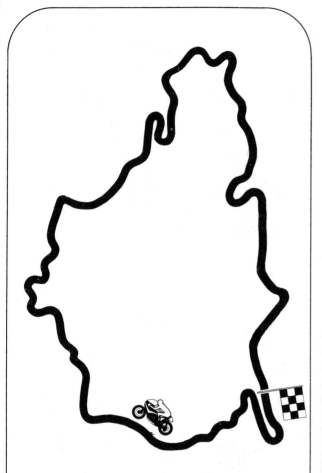

Grand Prix of Germany Nurburgring
Comprising more than 170 bends in the heart of the Black Forest, it has the reputation of being very difficult. 22.850 km.

Grand Prix of Germany Schotten
Used only once.
Once the 125 and 250 cc categories raced here. Not used because of the bad surface.
16.080 km.

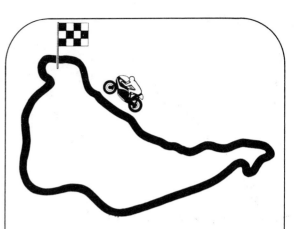

Grand Prix of Germany, Solitude
At the gates of Stuttgart, this circuit is no longer used. 11.453 km.

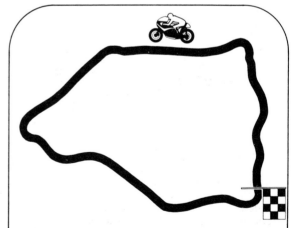

Grand Prix of East Germany Sachsenring
The track which attracts the most spectators, more than 250,000 a year. 8.618 km.

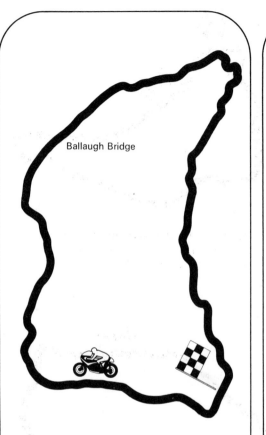

Ballaugh Bridge

Tourist Trophy England
Mountain Circuit
English TT, Isle of Man. Situated in the
North Sea, half way between England and
Ireland. First used in 1907, the oldest
circuit is today disliked by some of the
big names. It is slippery, bumpy, narrow
and bordered by walls for the full length
of its 60.720 km.

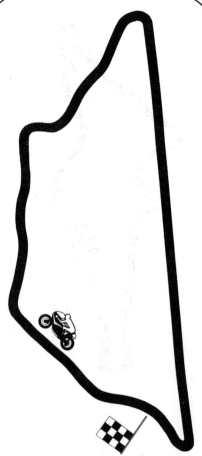

Grand Prix of Ulster Belfast
Clady Circuit
The Clady circuit was used for
the last time in 1952.
With 11.2 kilometres of straight
road, it is a 'killer' for the multi-
cylinder machines. 26.500 km.

Tourist Trophy
England
Clypse Circuit
A circuit which uses
some of the Isle of Man's
inland roads, and where the 125, 250
cc and side-car classes were contested until 1959. 17.364 km.

Grand Prix of Ulster, Belfast
Dundrod Circuit
The new Dundrod circuit, replacing Clady in
1953 is a track calling for skilled riding, where
the safety measures are rather 'thin'. Lined
with walls, trees and telegraph poles. 12.067 km.

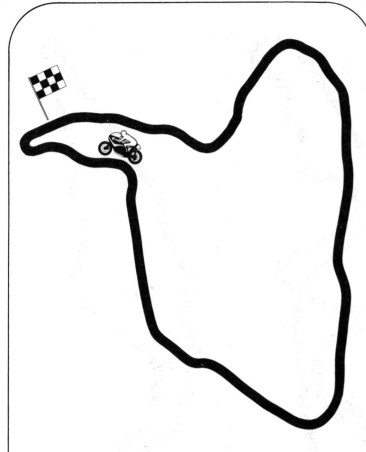

Grand Prix of Belgium, Spa-Francorchamps
The fastest circuit of all, where the talented
Agostini set up the absolute motorcycle record of
210.709 kilometres an hour on his powerful
four cylinder MV-Agusta.
14.120 km.

Grand Prix of Holland
Assen
Van Drenthe Circuit
Replaces the former Van
Drenthe circuit. The finest
and the safest in the
'Continental Circus'.
7.702 km.

**Grand Prix of
Austria**
Salzburg
An artificial
circuit, made up
of wide fast bends.
Regrettably lined with
crash barriers. 4.238 km.

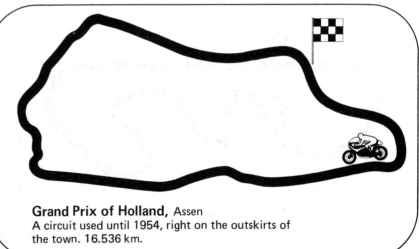

Grand Prix of Holland, Assen
A circuit used until 1954, right on the outskirts of
the town. 16.536 km.

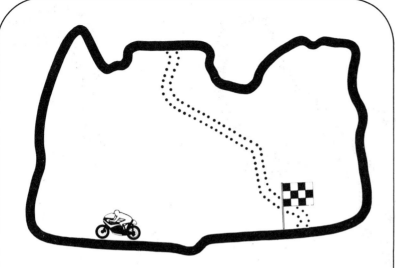

Grand Prix of Czechoslovakia, Brno
13.940 km. For 1975 the track was modified. The
new track measures 10.925 km.

Grand Prix of Japan   Fisco. 6.000 km.

Grand Prix of Japan
Suzuka
A circuit belonging to
Honda. 6.040 km.

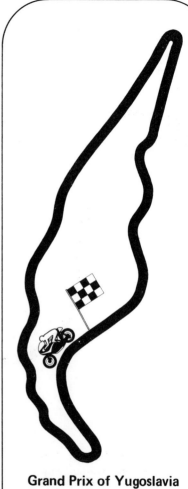

Grand Prix of Yugoslavia
Opatija
Circuit boycotted by the big
firms in its 1973 version,
because of a total lack of
safety measures. 6.000 km.

Grand Prix of France, Clermont-Ferrand
The Auvergne mountain circuit is a
succession of bends, hills and slopes. It
is relatively dangerous, and badly protected.
8.057 km.

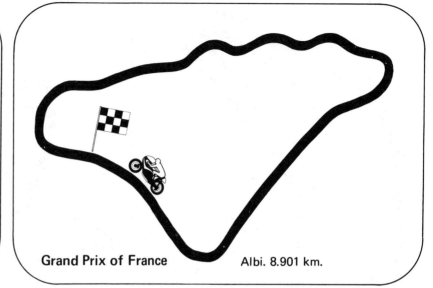

Grand Prix of France   Albi. 8.901 km.

Grand Prix of France   Reims 8.347 km.

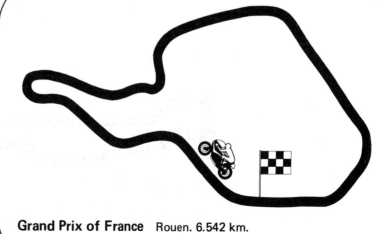

Grand Prix of France   Rouen. 6.542 km.

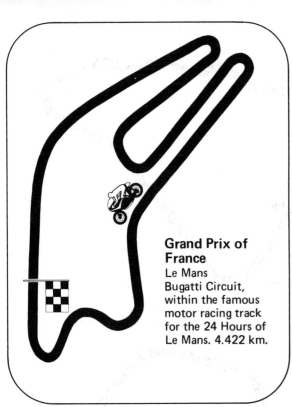

Grand Prix of France
Le Mans
Bugatti Circuit,
within the famous
motor racing track
for the 24 Hours of
Le Mans. 4.422 km.

Start
1951 to 1954

Finish

Grand Prix of Spain,
Barcelona
(The two flags are
marked) The start
from 1951 to 1954
and the current
start. The Montjuich Circuit. Essentially for
skilled riders, made of up and downhill
slopes. The riders have little protection in
the event of a fall. 3.790 km.

Grand Prix of Spain
Jarama
An artificial circuit,
near to Madrid. Too
slow to be any great
test of skill, despite
its twelve bends.
3.432 km.

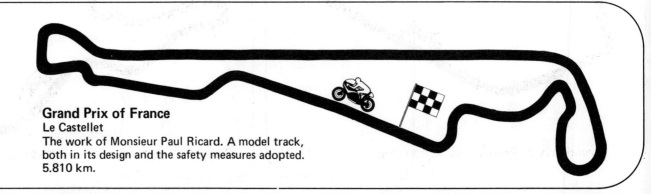

Grand Prix of France
Le Castellet
The work of Monsieur Paul Ricard. A model track,
both in its design and the safety measures adopted.
5.810 km.

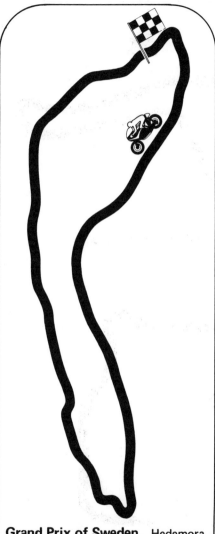

Grand Prix of Sweden, Hedemora
7.265 km.

**Grand Prix of
Sweden**
Kristianstadt 6.537 km.

Grand Prix of Finland
Imatra 6.030 km.

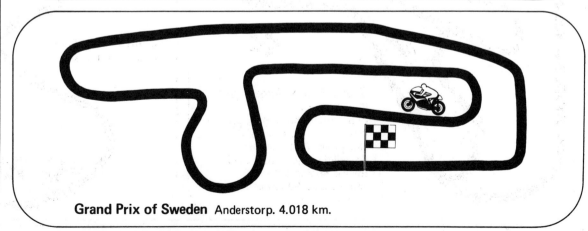

Grand Prix of Sweden Anderstorp. 4.018 km.

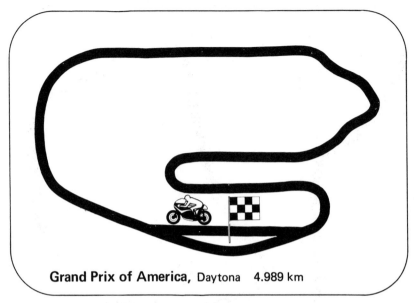

Grand Prix of America, Daytona   4.989 km

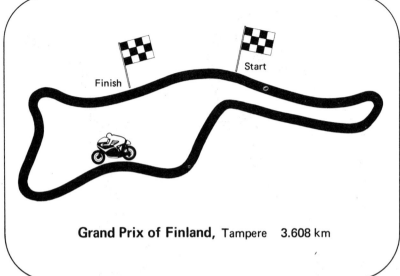

Finish

Start

Grand Prix of Finland, Tampere   3.608 km

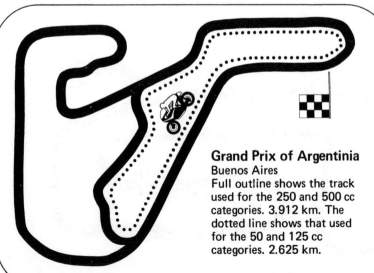

Grand Prix of Argentinia
Buenos Aires
Full outline shows the track
used for the 250 and 500 cc
categories. 3.912 km. The
dotted line shows that used
for the 50 and 125 cc
categories. 2.625 km.

Grand Prix of Canada
Mosport. 3.956 km.

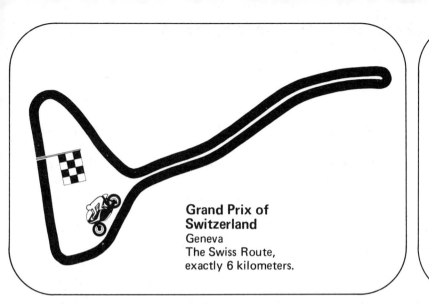

**Grand Prix of
Switzerland**
Geneva
The Swiss Route,
exactly 6 kilometers.

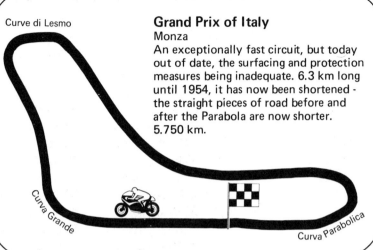

Curve di Lesmo

Grand Prix of Italy
Monza
An exceptionally fast circuit, but today
out of date, the surfacing and protection
measures being inadequate. 6.3 km long
until 1954, it has now been shortened -
the straight pieces of road before and
after the Parabola are now shorter.
5.750 km.

Curva Grande

Curva Parabolica

Grand Prix of Switzerland, Berne
The Bremgarten Circuit was cancelled
in 1955 following federal laws prohibiting
all races. It was the finest in Europe, or so
the champions şay.
7.280 km.

Grand Prix of Italy, Imola
5.057 km. With the new chicanes used since
1974, the circuit measures 5.080 km.

Distribution of titles according to marque

Years	50 cc	125 cc	250 cc	350 cc	500 cc	Side-car
1949		FB-Mondial	Moto-Guzzi	Vélocette	AJS 2	Norton
1950		FB-Mondial	Benelli	Vélocette	Norton	Norton
1951		FB-Mondial	Moto-Guzzi	Norton	Norton	Norton
1952		MV-Agusta	Moto-Guzzi	Norton	Gilera 4	Norton
1953		MV-Agusta	NSU 2	Moto-Guzzi	Gilera 4	Norton
1954		Titles were not listed according to Company.				
1955		MV-Agusta	MV-Agusta	Moto-Guzzi	Gilera 4	BMW 2
1956		MV-Agusta	MV-Agusta	Moto-Guzzi	MV-Agusta 4	BMW 2
1957		FB-Mondial	FB-Mondial 2	Gilera 4	Gilera 4	BMW 2
1958		MV-Agusta	MV-Agusta 2	MV-Agusta 4	MV-Agusta 4	BMW 2
1959		MV-Agusta	MV-Agusta 2	MV-Agusta 4	MV-Agusta 4	BMW 2
1960		MV-Agusta	MV-Agusta 2	MV-Agusta 4	MV-Agusta 4	BMW 2
1961		Honda 2	Honda 4	MV-Agusta 4	MV-Agusta 4	BMW 2
1962	Suzuki	Honda 2	Honda 4	Honda 4	MV-Agusta 4	BMW 2
1963	Suzuki	Suzuki 2	Honda 4	Honda 4	MV-Agusta 4	BMW 2
1964	Suzuki	Honda 4	Yamaha 2	Honda 4	MV-Agusta 4	BMW 2
1965	Honda 2	Suzuki 2	Yamaha 2	Honda 4	MV-Agusta 4	BMW 2
1966	Honda 2	Honda 5	Honda 6	Honda 4	Honda 4	BMW 2
1967	Suzuki 2	Yamaha 4	Honda 6	Honda 6	MV-Agusta 3	BMW 2
1968	Suzuki 2	Yamaha 4	Yamaha 4	MV-Agusta 3	MV-Agusta 3	BMW 2
1969	Derbi	Kawasaki 2	Benelli 4	MV-Agusta 3	MV-Agusta 3	BMW 2
1970	Derbi	Suzuki 2	Yamaha 2	MV-Agusta 3	MV-Agusta 3	BMW 2
1971	Kreidler	Derbi 2	Yamaha 2	MV-Agusta 3	MV-Agusta 3	BMW 2
1972	Kreidler	Derbi 2	Yamaha 2	MV-Agusta 4	MV-Agusta 3	BMW 2
1973	Kreidler	Yamaha 2	Yamaha 2	Yamaha 2	MV-Agusta 3-4	BMW 2
1974	Kreidler	Yamaha 2	Yamaha 2	Yamaha 2	Yamaha 4	Konig 4
1975	Kreidler	Morbidelli 2	Harley-Dav. 2	Yamaha 2	Yamaha 4	Konig 4

The number following the marque is the number of cylinders, when it is greater than one.

Distribution of titles according to rider

Number of titles per catagorie (cc)

Rider	Total			
Giacomo Agostini I	15	7 (350)	8 (500)	
Carlo Ubbiali I	9	6 (125)	3 (250)	
Mike Hailwood GB	9	3 (250)	2 (350)	4 (500)
John Surtees GB	7	3 (350)	4 (500)	
Phil Read GB	7	1 (125)	4 (250)	2 (500)
Geoffrey Duke GB	6	2 (350)	4 (500)	
Jim Redman Rhod.	6	2 (250)	4 (350)	
Angel Nieto E	6	4 (50)	2 (125)	
Klaus Enders All.	6	6 side-cars		
Eric Oliver GB	4	4 side-cars		
Max Deubel All.	4	4 side-cars		
Hugh Anderson NZ	4	2 (50)	2 (125)	
Bruno Ruffo I	3	1 (125)	2 (250)	
Werner Haas All.	3	1 (125)	2 (250)	
Hans-Georg Anscheidt All.	3	3 (50)		
Luigi Taveri CH	3	3 (125)		
Umberto Masetti I	2	2 (500)		
Fergus Anderson GB	2	2 (350)		
Tarquinio Provini I	2	1 (125)	1 (250)	
Bill Lomas GB	2	2 (350)		
Cecil Sandford GB	2	1 (125)	1 (250)	
Gary Hocking Rhod.	2	1 (350)	1 (500)	
Wilhelm Noll All.	2	2 side-cars		
Walter Schneider All.	2	2 side-cars		
Helmut Fath All.	2	2 side-cars		
Fritz Scheidegger CH	2	2 side-cars		
Dieter Braun All.	2	1 (125)	1 (250)	
Jan DeVries Holl.	2	2 (50)		
Kent Andersson Suède	2	2 (125)		
Walter Villa I	2	2 (250)		
Bob Foster GB	1	1 (350)		
Leslie Graham GB	1	1 (500)		
Dario Ambrosini I	1	1 (250)		
Freddy Frith GB	1	1 (350)		
Nello Pagani I	1	1 (125)		
Enrico Lorenzetti I	1	1 (250)		
Cyril Smith GB	1	1 side-cars		
Hermann-Peter Muller All.	1	1 (250)		
Keith Campbell Austr.	1	1 (350)		
Libero Liberati I	1	1 (500)		
Ruppert Hollaus Autr.	1	1 (125)		
Willy Faust All.	1	1 side-cars		
Fritz Hillebrand All.	1	1 side-cars		
Ernst Degner All.	1	1 (50)		
Ralph Bryans Irl.	1	1 (50)		
Bill Ivy GB	1	1 (125)		
Tom Phillis Austr.	1	1 (125)		
Kel Carruthers Austr.	1	1 (250)		
Dave Simmonds GB	1	1 (125)		
Horst Owesle All.	1	1 side-cars		
Rodney Gould GB	1	1 (250)		
Jarno Saarinen Finl.	1	1 (250)		
Henk VanKessel Holl.	1	1 (50)		
Paolo Pileri I	1	1 (125)		
Johnny Cecotto V	1	1 (350)		
Rolf Steinhausen All.	1	1 side-cars		

Final honours lists showing the first five in the World Championships

50 cc

Year	First	Second	Third	Fourth	Fifth
1962	E. Degner *Suzuki*	H.-G. Anscheidt *Kreidler*	L. Taveri *Honda*	J. Huberts	M. Itoh *Suzuki*
1963	H. Anderson *Suzuki*	H.-G. Anscheidt *Kreidler*	E. Degner *Suzuki*	I. Morishita *Suzuki*	M. Itoh *Suzuki*
1964	H. Anderson *Suzuki*	R. Bryans *Honda*	H.-G. Anscheidt *Kreidler*	I. Morishita *Suzuki*	M. Itoh *Suzuki*
1965	R. Bryans *Honda*	L. Taveri *Honda*	H. Anderson *Suzuki*	E. Degner *Suzuki*	M. Itoh *Suzuki*
1966	H.-G. Anscheidt *Suzuki*	R. Bryans *Honda*	L. Taveri *Honda*	H. Anderson *Suzuki*	Y. Katayama *Suzuki*
1967	H.-G. Anscheidt *Suzuki*	Y. Katayama *Suzuki*	S. Graham *Suzuki*	A. Nieto *Derbi*	B. Smith *Derbi*
1968	H.-G. Anscheidt *Suzuki*	P. Lodewijkx *Jamathi*	B. Smith *Derbi*	A. Nieto *Derbi*	R. Kunz *Kreidler*
1969	A. Nieto *Derbi*	A. Toersen *Kreidler*	B. Smith *Derbi*	J. De Vries *Kreidler*	P. Lodewijkx *Jamathi*
1970	A. Nieto *Derbi*	A. Toersen *Jamathi*	R. Kunz *Kreidler*	G. Canellas *Derbi*	J. De Vries *Kreidler*
1971	J. De Vries *Kreidler*	A. Nieto *Derbi*	J. Schurgers *Kreidler*	R. Kunz *Kreidler*	H. Meyer *Jamathi*
1972	A. Nieto *Derbi*	J. De Vries *Kreidler*	T. Timmer *Jamathi*	J. Bruins *Kreidler*	O. Buscherini *Malanca*
1973	J. De Vries *Kreidler*	B. Kneubuhler *Kreidler*	T. Timmer *Jamathi*	G. Thurow *Kreidler*	H. Van Kessel *Kreidler*
1974	H. VanKessel *Kreidler*	H. Rittberger *Kreidler*	J. VanZeebroeck *Kreidler*	G. Thurow *Kreidler*	R. Kunz *Kreidler*
1975	A. Nieto *Kreidler*	E. Lazzarini *Piovaticci*	J. VanZeebroeck *Kreidler*	R. Kunz *Kreidler*	S. Dorflinger *Kreidler*

125cc

Year	First	Second	Third	Fourth	Fifth
1949	N. Pagani *Mondial*	R. Magi *Morini*	C. Ubbiali *Mondial*	U. Masetti *Morini*	Gianni Leoni *Mondial*
1950	B. Ruffo *Mondial*	Gianni Leoni *Mondial*	C. Ubbiali *Mondial*	G. Matucci *Morini*	L. Zinzani *Morini*
1951	C. Ubbiali *Mondial*	Gianni Leoni *Mondial*	C. McCandless *Mondial*	L. Zinzani *Mondial*	Guido Leoni *Mondial*
1952	C. Sandford *MV-Agusta*	C. Ubbiali *Mondial*	E. Mendogni *Morini*	L. Graham *MV-Agusta*	L. Zinzani *Morini*
1953	W. Haas *NSU*	C. Sandford *MV-Agusta*	C. Ubbiali *MV-Agusta*	A. Copeta *MV-Agusta*	L. Graham *MV-Agusta*
1954	R. Hollaus *NSU*	C. Ubbiali *MV-Agusta*	H.-P. Muller *NSU*	T. Provini *Mondial*	W. Haas *NSU*
1955	C. Ubbiali *MV-Agusta*	L. Taveri *MV-Agusta*	R. Venturi *MV-Agusta*	G. Lattanzi *Mondial*	A. Copeta *MV-Agusta*
1956	C. Ubbiali *MV-Agusta*	R. Ferri *Gilera*	L. Taveri *MV-Agusta*	T. Provini *Mondial*	F. Libanori *MV-Agusta*
1957	T. Provini *Mondial*	C. Ubbiali *MV-Agusta*	L. Taveri *MV-Agusta*	S. Miller *Mondial*	R. Colombo *MV-Agusta*
1958	C. Ubbiali *MV-Agusta*	A. Gandossi *Ducati*	L. Taveri *MV-Agusta*	T. Provini *MV-Agusta*	D. Chadwick *Ducati*
1959	C. Ubbiali *MV-Agusta*	T. Provini *MV-Agusta*	M. Hailwood *Ducati*	L. Taveri *MZ & Ducati*	E. Degner *MZ*
1960	C. Ubbiali *MV-Agusta*	G. Hocking *MV-Agusta*	E. Degner *MZ*	B. Spaggiari *Ducati*	J. Hemplemann *MZ*
1961	T. Phillis *Honda*	E. Degner *MZ*	L. Taveri *Honda*	J. Redman *Honda*	K. Takahashi *Honda*
1962	L. Taveri *Honda*	J. Redman *Honda*	T. Robb *Honda*	K. Takahashi *Honda*	M. Hailwood *EMC*
1963	H. Anderson *Suzuki*	L. Taveri *Honda*	J. Redman *Honda*	F. Perris *Suzuki*	B. Schneider *Suzuki*
1964	L. Taveri *Honda*	J. Redman *Honda*	H. Anderson *Suzuki*	B. Schneider *Suzuki*	R. Bryans *Honda*
1965	H. Anderson *Suzuki*	F. Perris *Suzuki*	D. Woodman *MZ*	E. Degner *MZ*	L. Taveri *Honda*
1966	L. Taveri *Honda*	B. Ivy *Yamaha*	R. Bryans *Honda*	Ph. Read *Yamaha*	H. Anderson *Suzuki*
1967	B. Ivy *Yamaha*	Ph. Read *Yamaha*	S. Graham *Suzuki*	Y. Katayama *Suzuki*	L. Szabo *MZ*
1968	Ph. Read *Yamaha*	B. Ivy *Yamaha*	G. Molloy *Bultaco*	H. Rosner *MZ*	L. Szabo *MZ*
1969	D. Simmonds *Kawasaki*	D. Braun *Suzuki*	C. VanDongen *Suzuki*	K. Andersson *Maico*	H. Krinwanek *Rotax*
1970	D. Braun *Suzuki*	A. Nieto *Derbi*	B. Jansson *Maico*	D. Simmonds *Kawasaki*	L. Szabo *MZ*
1971	A. Nieto *Derbi*	B. Sheene *Suzuki*	B. Jansson *Maico*	D. Braun *Maico*	C. Mortimer *Yamaha*
1972	A. Nieto *Derbi*	K. Andersson *Yamaha*	C. Mortimer *Yamaha*	B. Jansson *Maico*	G. Parlotti *Morbidelli*
1973	K. Andersson *Yamaha*	C. Mortimer *Yamaha*	J. Schurgers *Brigestone*	B. Jansson *Maico*	E. Lazzarini *Piovaticci*
1974	**K. Andersson** *Yamaha*	B. Kneubuhler *Yamaha*	A. Nieto *Derbi*	O. Buscherini *Malanca*	H. VanKessel *Bridgestone*
1975.	P. Pileri *Morbidelli*	P. Bianchi *Morbidelli*	K. Andersson *Yamaha*	L. Gustafsson *Yamaha*	E. Lazzarini *Piovaticci*

250cc

Year	First	Second	Third	Fourth	Fifth
1949	B. Ruffo *Guzzi*	D. Ambrosini *Benelli*	M. Cann *Guzzi*	R. Mead *Norton*	T. Wood *Guzzi*
1950	D. Ambrosini *Benelli*	M. Cann *Guzzi*	B. Ruffo *Guzzi*	F. Anderson *Guzzi*	B. Francisci *Benelli*
1951	B. Ruffo *Guzzi*	T. Wood *Guzzi*	D. Ambrosini *Benelli*	E. Lorenzetti *Guzzi*	Gianni Leoni *Guzzi*
1952	E. Lorenzetti *Guzzi*	F. Anderson *Guzzi*	L. Graham *Vélocette*	M. Cann *Guzzi*	R. Felgenheier *DKW*
1953	W. Haas *NSU*	R. Armstrong *NSU*	F. Anderson *Guzzi*	E. Lorenzetti *Guzzi*	A. Montanari *Guzzi*
1954	W. Haas *NSU*	R. Hollaus *NSU*	H.-P. Muller *NSU*	A. Wheeler *Guzzi*	H. Baltisberger *NSU*
1955	H.-P. Muller *NSU*	B. Lomas *MV-Agusta*	C. Sandford *Guzzi*	L. Taveri *MV-Agusta*	S. Miller *NSU*
1956	C. Ubbiali *MV-Agusta*	L. Taveri *MV-Agusta*	E. Lorenzetti *Guzzi*	R. Colombo *MV-Agusta*	H. Kassner *NSU*
1957	C. Sandford *Mondial*	T. Provini *Mondial*	S. Miller *Mondial*	R. Colombo *MV-Agusta*	C. Ubbiali *MV-Agusta*
1958	T. Provini *MV-Agusta*	C. Ubbiali *MV-Agusta*	H. Fuegner *MZ*	M. Hailwood *NSU*	D. Falk *Adler*
1959	C. Ubbiali *MV-Agusta*	G. Hocking *MZ*	T. Provini *MV-Agusta*	E. Degner *MZ*	M. Hailwood *Mondial*
1960	C. Ubbiali *MV-Agusta*	G. Hocking *MV-Agusta*	L. Taveri *MV-Agusta*	J. Redman *Honda*	M. Hailwood *Ducati*
1961	M. Hailwood *Honda*	T. Phillis *'Honda*	J. Redman *Honda*	K. Takahashi *Honda*	B. McIntyre *Honda*
1962	J. Redman *Honda*	B. McIntyre *Honda*	A. Wheeler *Guzzi*	T. Phillis *Honda*	T. Provini *Morini*
1963	J. Redman *Honda*	T. Provini *Morini*	F. Ito *Yamaha*	T. Robb *Honda*	L. Taveri *Honda*
1964	Ph. Read *Yamaha*	J. Redman *Honda*	A. Shepherd *MZ*	M. Duff *Yamaha*	T. Provini *Benelli*
1965	Ph. Read *Yamaha*	M. Duff *Yamaha*	J. Redman *Honda*	H. Rosner *MZ*	D. Woodman *MZ*
1966	M. Hailwood *Honda*	Ph. Read *Yamaha*	J. Redman *Honda*	D. Woodman *MZ*	H. Rosner *MZ*
1967	M. Hailwood *Honda*	Ph. Read *Yamaha*	B. Ivy *Yamaha*	R. Bryans *Honda*	D. Woodman *MZ*
1968	Ph. Read *Yamaha*	B. Ivy *Yamaha*	H. Rosner *MZ*	R. Gould *Yamaha*	G. Molloy *Bultaco*
1969	K. Carruthers *Benelli*	K. Andersson *Yamaha*	S. Herrero *Ossa*	R. Pasolini *Benelli*	B. Jansson *Kawasaki*
1970	R. Gould *Yamaha*	K. Carruthers *Yamaha*	K. Andersson *Yamaha*	J. Saarinen *Yamaha*	B. Jansson *Yamaha*
1971	Ph. Read *Yamaha*	R. Gould *Yamaha*	J. Saarinen *Yamaha*	J. Dodds *Yamaha*	D. Braun *Yamaha*
1972	J. Saarinen *Yamaha*	R. Pasolini *Harley-Dav.*	R. Gould *Yamaha*	Ph. Read *Yamaha*	T. Lansivuori *Yamaha*
1973	D. Braun *Yamaha*	T. Lansivuori *Yamaha*	J. Dodds *Yamaha*	J. Saarinen *Yamaha*	M. Rougerie *Harley-Dav.*
1974	W. Villa *Harley-Davidson*	D. Braun *Yamaha*	P. Pons *Yamaha*	T. Katayama *Yamaha*	B Kneubuhler *Yamaha*
1975	W. Villa *Harley-Davidson*	M. Rougerie *Harley-Davidson*	D. Braun *Yamaha*	J. Cecotto *Yamaha*	P. Pons *Yamaha*

350cc

Year	First	Second	Third	Fourth	Fifth
1949	F. Frith *Vélocette*	B. Foster *Vélocette*	R. Armstrong *AJS*	J. Lockett *Norton*	E. McPherson *Norton*
1950	B. Foster *Vélocette*	G. Duke *Norton*	L. Graham *AJS*	A. Bell *Norton*	R. Armstrong *Vélocette*
1951	G. Duke *Norton*	J. Lockett *Norton*	B. Doran *AJS*	K. Kavanagh *Norton*	J. Brett *Norton*
1952	G. Duke *Norton*	R. Armstrong *Norton*	R. Amm *Norton*	R. Coleman *AJS*	K. Kavanagh *Norton*
1953	F. Anderson *Guzzi*	E. Lorenzetti *Guzzi*	R. Amm *Norton*	K. Kavanagh *Norton*	J. Brett *Norton*
1954	F. Anderson *Guzzi*	R. Amm *Norton*	R. Coleman *AJS*	K. Kavanagh *Guzzi*	E. Lorenzetti *Guzzi*
1955	B. Lomas *Guzzi*	D. Dale *Guzzi*	A. Hobl *DKW*	K. Kavanagh *Guzzi*	J. Surtees *Norton*
1956	B. Lomas *Guzzi*	D. Dale *Guzzi*	A. Hobl *DKW*	C. Sandford *DKW*	J. Surtees *MV-Agusta*
1957	K. Campbell *Guzzi*	L. Liberati *Gilera*	B. Mc. Intyre *Gilera*	K. Bryen *Guzzi & Nort.*	J. Hartle *Norton*
1958	J. Surtees *MV-Agusta*	J. Hartle *MV-Agusta*	G. Duke *Norton*	D. Chadwick *Norton*	B. Anderson *Norton*
1959	J. Surtees *MV-Agusta*	J. Hartle *MV-Agusta*	B. Brown *Norton*	G. Hocking *Norton*	G. Duke *Norton*
1960	J. Surtees *MV-Agusta*	G. Hocking *MV-Agusta*	J. Hartle *Norton*	F. Stastny *Jawa*	B. Anderson *Norton*
1961	G. Hocking *MV-Agusta*	F. Stastny *Jawa*	G. Havel *Jawa*	Ph. Read *Norton*	B. Mc. Intyre *Bianchi*
1962	J. Redman *Honda*	T. Robb *Honda*	M. Hailwood *MV-Agusta*	F. Stastny *Jawa*	S. Grassetti *Bianchi*
1963	J. Redman *Honda*	M. Hailwood *MV-Agusta*	L. Taveri *Honda*	F. Stastny *Jawa*	G. Havel *Jawa*
1964	J. Redman *Honda*	B. Beale *Honda*	M. Duff *AJS*	M. Hailwood *MV-Agusta*	G. Havel *Jawa*
1965	J. Redman *Honda*	G. Agostini *MV-Agusta*	M. Hailwood *MV-Agusta*	B. Beale *Honda*	F. Stastny *Jawa*
1966	M. Hailwood *Honda*	G. Agostini *MV-Agusta*	R. Pasolini *Aermacchi*	F. Stastny *Jawa*	G. Havel *Jawa*
1967	M. Hailwood *Honda*	G. Agostini *MV-Agusta*	R. Bryans *Honda*	H. Rosner *MZ*	D. Woodman *MZ*
1968	G. Agostini *MV-Agusta*	R. Pasolini *Benelli*	K. Carruthers *Aermacchi*	H. Rosner *MZ*	G. Molloy *Bultaco*
1969	G. Agostini *MV-Agusta*	S. Grassetti *Yamaha & Jawa*	G. Vicenzi *Yamaha*	H. Rosner *MZ*	R. Gould *Yamaha*
1970	G. Agostini *MV-Agusta*	K. Carruthers *Yamaha*	R. Pasolini *Benelli*	K. Andersson *Yamaha*	M. Pesonen *Yamaha*
1971	G. Agostini *MV-Agusta*	J. Saarinen *Yamaha*	I. Carlsson *Yamaha*	T. Bult *Yamaha*	P. Smart *Yamaha*
1972	G. Agostini *MV-Agusta*	J. Saarinen *Yamaha*	R. Pasolini *Harley-Dav.*	D. Braun *Yamaha*	Ph. Read *MV-Agusta*
1973	G. Agostini *MV-Agusta*	T. Lansivuori *Yamaha*	Ph. Read *MV-Agusta*	J. Dodds *Yamaha*	K. Andersson *Yamaha*
1974	**G. Agostini** *Yamaha*	D. Braun *Yamaha*	P. Pons *Yamaha*	J. Dodds *Yamaha*	C. Mortimer *Yamaha*
1975	J. Cecotto *Yamaha*	G. Agostini *Yamaha*	P. Korhonen *Yamaha*	D. Braun *Yamaha*	P. Pons *Yamaha*

500cc

Year	First	Second	Third	Fourth	Fifth
1949	L. Graham *AJS*	N. Pagani *Gilera*	A. Artesiani *Gilera*	B. Doran *AJS*	A. Bell *Norton*
1950	U. Masetti *Gilera*	G. Duke *Norton*	L. Graham *AJS*	N. Pagani *Gilera*	C. Bandirola *Gilera*
1951	G. Duke *Norton*	A. Milani *Gilera*	U. Masetti *Gilera*	B. Doran *AJS*	N. Pagani *Gilera*
1952	U. Masetti *Gilera*	L. Graham *MV-Agusta*	R. Armstrong *Norton*	R. Coleman *AJS*	K. Kavanagh *Norton*
1953	G. Duke *Gilera*	R. Armstrong *Gilera*	K. Kavanagh *Norton*	A. Milani *Gilera*	R. Amm *Norton*
1954	G. Duke *Gilera*	R. Amm *Norton*	K. Kavanagh *Guzzi*	R. Armstrong *Gilera*	D. Dale *MV-Agusta*
1955	G. Duke *Gilera*	R. Armstrong *Gilera*	U. Masetti *MV-Agusta*	G. Colnago *Gilera*	C. Bandirola *MV-Agusta*
1956	J. Surtees *MV-Agusta*	W. Zeller *BMW*	J. Hartle *Norton*	P. Monneret *Gilera*	R. Armstrong *Gilera*
1957	L. Liberati *Gilera*	B. McIntyre *Gilera*	J. Surtees *MV-Agusta*	J. Brett *Norton*	G. Duke *Gilera*
1958	J. Surtees *MV-Agusta*	J. Hartle *MV-Agusta*	D. Dale *BMW*	G. Duke *BMW & Norton*	D. Minter *Norton*
1959	J. Surtees *MV-Agusta*	R. Venturi *MV-Agusta*	B. Brown *Norton*	G. Duke *Norton*	G. Hocking *Norton*
1960	J. Surtees *MV-Agusta*	R. Venturi *MV-Agusta*	J. Hartle *Norton*	B. Brown *Norton*	E. Mendogni *MV-Agusta*
1961	G. Hocking *MV-Agusta*	M. Hailwood *Norton & MV*	F. Perris *Norton*	B. McIntyre *Norton*	A. King *Norton*
1962	M. Hailwood *MV-Agusta*	A. Shepherd *Matchless*	Ph. Read *Norton*	B. Schneider *Norton*	B. Caldarella *Gilera*
1963	M. Hailwood *MV-Agusta*	A. Shepherd *Matchless*	J. Hartle *Gilera-Duke*	Ph. Read *Gilera-Duke*	F. Stevens *Norton*
1964	M. Hailwood *MV-Agusta*	J. Ahearn *Norton*	Ph. Read *Matchless*	M. Duff *Matchless*	P. Driver *Matchless*
1965	M. Hailwood *MV-Agusta*	G. Agostini *MV-Agusta*	P. Driver *Matchless*	F. Stevens *Norton*	J. Ahearn *Norton*
1966	G. Agostini *MV-Agusta*	M. Hailwood *Honda*	J. Findlay *Matchless*	F. Stastny *Jawa*	J. Redman *Honda*
1967	G. Agostini *MV-Agusta*	M. Hailwood *Honda*	J. Hartle *Norton*	P. Williams *Matchless*	J. Findlay *Matchless*
1968	G. Agostini *MV-Agusta*	J. Findlay *Matchless*	G. Marsovszki *Matchless*	B. Fitton *Norton*	A. Pagani *Linto*
1969	G. Agostini *MV-Agusta*	G. Marsovszki *Linto*	G. Nash *Norton*	B. Nelson *Paton*	A. Barnett *Norton*
1970	G. Agostini *MV-Agusta*	G. Molloy *Kawasaki*	A. Bergamonti *Aermacchi & MV*	T. Robb *Seeley*	A. Pagani *Linto*
1971	G. Agostini *MV-Agusta*	K. Turner *Suzuki*	R. Bron *Suzuki*	D. Simmonds *Kawasaki*	J. Findlay *Suzuki*
1972	G. Agostini *MV-Agusta*	A. Pagani *MV-Agusta*	B. Kneubuhler *Yamaha*	R. Gould *Yamaha*	B. Grannath *Husqvarna*
1973	Ph. Read *MV-Agusta*	K. Newcombe *Konig*	G. Agostini *MV-Agusta*	W. Giger *Yamaha*	J. Findlay *Suzuki*
1974	Ph. Read *MV-Agusta*	G. Bonera *MV-Agusta*	T. Lansivuori *Yamaha*	G. Agostini *Yamaha*	J. Findlay *Suzuki*
1975	G. Agostini *Yamaha*	Ph. Read *MV-Agusta*	I. Kanaya *Yamaha*	T. Lansivuori *Suzuki*	J. Williams *Yamaha*

Side-cars

Year	First	Second	Third	Fourth	Fifth
1949	E. Oliver / D. Jenkinson *Norton*	E. Frigerio / E. Riccoti *Gilera*	F. Vanderschrick / M. Whitney *Norton*	A. Milani / G. Pizzocri *Gilera*	H. Haldemann / H. Laederach *Norton*
1950	E. Oliver / L. Dobelli *Norton*	E. Frigerio / E. Riccoti *Gilera*	H. Haldemann / J. Albisser *Norton*	F. Aubert / R. Aubert *Norton*	H. Meuwly / P. Devaud *Gilera*
1951	E. Oliver / L. Dobelli *Norton*	E. Frigerio / E. Riccoti *Gilera*	A. Milani / G. Pizzocri *Gilera*	P. Harris / N. Smith *Norton*	J. Murit / A. Emo *Norton*
1952	C. Smith / R. Clements *Norton*	A. Milani / G. Pizzocri *Gilera*	J. Drion / I. Stoll *Norton*	E. Merlo / M. Magri *Gilera*	E. Oliver / E. Bliss *Norton*
1953	E. Oliver / S. Dibben *Norton*	C. Smith / R. Clements *Norton*	H. Haldemann / J. Albisser *Norton*	J. Drion / I. Stoll *Norton*	P. Harris / R. Campbell *Norton*
1954	W. Noll / F. Cron *BMW*	E. Oliver / L. Nutt *Norton*	C. Smith / S. Dibben *Norton*	W. Schneider / H. Strauss *BMW*	F. Hillebrand / M. Grunwald *BMW*
1955	W. Faust / K. Remmert *BMW*	W. Noll / F. Cron *BMW*	W. Schneider / H. Strauss *BMW*	J. Drion / I. Stoll *Norton*	C. Smith / S. Dibben *Norton*
1956	W. Noll / F. Cron *BMW*	F. Hillebrand / M. Grunwald *BMW*	P. Harris / R. Campbell *Norton*	B. Mitchell / E. Bliss *Norton*	F. Camathias / M. Bula *BMW*
1957	F. Hillebrand / M. Grunwald *BMW*	W. Schneider / H. Strauss *BMW*	F. Camathias / J. Galliker *BMW*	J. Beeton / T. Partige *Norton*	A. Milani / R. Milani *Gilera*
1958	W. Schneider / H. Strauss *BMW*	F. Camathias / H. Cecco *BMW*	H. Fath / F. Rudolf *BMW*	J. Beeton / E. Bulgin *Norton*	C. Smith / S. Dibben *Norton*
1959	W. Schneider / H. Strauss *BMW*	F. Camathias / H. Cecco *BMW*	F. Scheidegger / H. Burckardt *BMW*	E. Strub / J. Siffert *BMW*	H. Fath / A. Wohlgemuth *BMW*
1960	H. Fath / A. Wohlgemuth *BMW*	F. Scheidegger / H. Burckardt *BMW*	P. Harris / R. Campbell *BMW*	F. Camathias / «Fiston» *BMW*	E. Strub / H. Cecco *BMW*
1961	M. Deubel / E. Horner *BMW*	F. Scheidegger / H. Burckardt *BMW*	E. Strub / R. Foell *BMW*	A. Rohsiepe / L. Bottcher *BMW*	O. Kolle / D. Hess *BMW*
1962	M. Deubel / E. Horner *BMW*	F. Camathias / H. Burckardt *BMW*	F. Scheidegger / J. Robinson *BMW*	O. Kolle / D. Hess *BMW*	C. Vincent / E. Bliss *BSA*
1963	M. Deubel / E. Horner *BMW*	F. Camathias / A. Herzig *BMW*	F. Scheidegger / J. Robinson *BMW*	O. Kolle / D. Hess *BMW*	G. Auerbacher / B. Heim *BMW*
1964	M. Deubel / E. Horner *BMW*	F. Scheidegger / J. Robinson *BMW*	C. Seeley / W. Rawling *BMW*	G. Auerbacher / B. Heim *BMW*	O. Kolle / H. Marquardt *BMW*
1965	F. Scheidegger / J. Robinson *BMW*	M. Deubel / E. Horner *BMW*	G. Auerbacher / P. Rykers *BMW*	F. Camathias / F. Ducret *BMW*	H. Luthringshauser / H. Hahn *BMW*
1966	F. Scheidegger / J. Robinson *BMW*	M. Deubel / E. Horner *BMW*	C. Seeley / W. Rawling *BMW*	G. Auerbacher / E. Dein *BMW*	K. Enders / R. Mannischeff *BMW*
1967	K. Enders / R. Engelhardt *BMW*	G. Auerbacher / E. Dein *BMW*	S. Schauzu / H. Schneider *BMW*	T. Wakefield / G. Milton *BMW*	J. Attenberger / J. Schillinger *BMW*
1968	H. Fath / W. Kallaugh *URS*	G. Auerbacher / H. Hahn *BMW*	S. Schauzu / H. Schneider *BMW*	J. Attenberger / J. Schillinger *BMW*	H. Luthringshauser / G. Hugues *BMW*
1969	K. Enders / R. Engelhardt *BMW*	H. Fath / W. Kallaugh *URS*	G. Auerbacher / H. Hahn *BMW*	S. Schauzu / H. Schneider *BMW*	F. Linnarz / R. Kuhnemund *BMW*
1970	K. Enders / W. Kallaugh *BMW*	G. Auerbacher / H. Hahn *BMW*	S. Schauzu / H. Schneider *BMW*	A. Butscher / J. Huber *BMW*	J. Cl. Castella / A. Castella *BMW*
1971	H. Owesle / P. Rutterford *URS-Fath*	S. Schauzu / W. Kallaugh *BMW*	A. Butscher / J. Huber *BMW*	G. Auerbacher / H. Hahn *BMW*	H. Luthringshauser / A. Neumann *BMW*
1972	K. Enders / R. Engelhardt *BMW*	H. Luthringshauser / J. Cusnik *BMW*	S. Schauzu / W. Kallaugh *BMW*	C. Vincent / P. Cassey *URS-Munch*	R. Wegener / A. Heinrichs *BMW*
1973	K. Enders / R. Engelhardt *BMW*	W. Schwarzel / K. Kleis *Konig*	S. Schauzu / W. Kallaugh *BMW*	M. Vanneste / S. Vanneste *BMW*	J. Gawley / P. Sales *Konig*
1974	K. Enders / R. Engelhardt *Busch-BMW*	W. Schwarzel / K. Kleis *Konig*	S. Schauzu / W. Kallaugh *BMW*	H. Luthringshauser / H. Hahn *BMW*	R. Steinhausen / J. Huber *Konig*
1975	R. Steinhausen / J. Huber *Busch-Konig*	W. Schwarzel / A. Huber *Konig*	R. Biland / F. Freiburghaus- *Seyma* B. Grube	A. Pantellini / A. Mazzoni *Konig*	M. Hobson / J. Armstrong- *Yamaha* G. Russel

We must thank everyone who by their contributions of information and advice has helped to produce this work; in particular the former riders Hans Heldemann, Carlo Ubbiali, Luigi Taveri, Max Deubel and Claude Lambert; Dr. Guido Candelo of Milan and Mr. Arturo Magni. Racing Manager for MV-Agusta; the companies Gilera, FB-Mondial, Moto-Guzzi and NSU.

Photographs appearing in *Grand Prix Motorcycle Championships of the World* are by Maurice Bula; photographers Karl Scheuter, Karl Schwatz, Max Rech, Jacques Bussillet, Novello Gamberini, Helmut Krackowizer and Mick Woollett allowed their work to augment his. The portrait of the Side-car Championships in 1956 and the photographs of the riders in action in the 250 cc class in 1953, and the 125 cc class in 1961, are by Photopress AG of Zurich.

Conception and production *Roland Bettex and Gaston Corthesy (Editions Payot)*
Cover and sketches *Claude Perusset (Editions Payot)*
Translation *Sue Patterson*
Layout *Sue Bull (G T Foulis)*
Editorial production *Tim Parker (G T Foulis)*
Printing and binding *J H Haynes and Company Limited Sparkford, Yeovil, Somerset, England*

Conversions

Speed/Distance

To reduce *mph* to *km/h,* multiply by *1.609*
To reduce *km/h* to *mph,* multiply by *0.6214*
To reduce *miles* to *kilometres,* multiply by *1.609*
To reduce *kilometres* to *miles,* multiply by *0.6214*
To reduce *feet* to *metres,* multiply by *0.3048*
To reduce *metres* to *feet,* multiply by *3.281*
To reduce *inches* to *millimetres,* multiply by *25.4*
To reduce *millimetres* to *inches,* multiply by *0.03937*

Volume

To reduce *gallons (imp)* to *litres,* multiply by *4.546*
To reduce *litres* to *gallons (imp),* multiply by *0.2202*

Weight

To reduce *pounds* to *kilograms,* multiply by *0.4536*
To reduce *kilograms* to *pounds,* multiply by *2.205*